Anne de Vries

# DIE KINDERBIBEL

Die Worte der Heiligen Schrift von

# ANNE DE VRIES

für die Kinder erzählt

Dieses Buch erscheint im

Friedrich Bahn Verlag zu Konstanz

am Bodensee

# DIE KINDER-BIBEL

DAS ALTE TESTAMENT

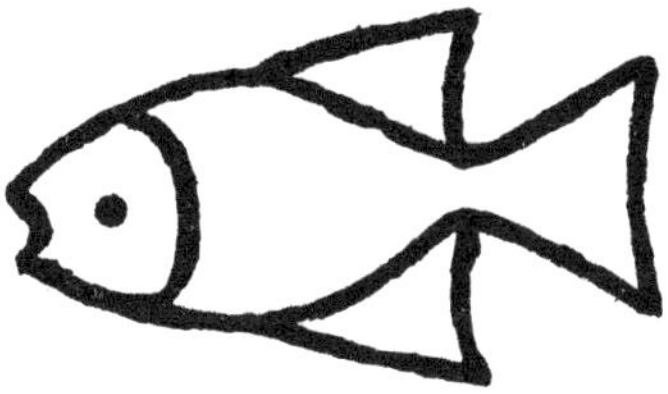

DAS NEUE TESTAMENT

## *ALLES KOMMT VON GOTT*

*Jetzt mußt du einmal gut zuhören.*
*Denn ich werde dir erzählen, wer alles erschaffen hat.*
*Weißt du wohl, woher dein Essen kommt?*
*Das dicke Butterbrot, das du gerade gegessen hast?*
*Nun, die Mutter hat es dir fertiggemacht, aber das Brot hat sie beim Bäcker gekauft.*
*Der hat es aus Mehl gebacken.*
*Das Mehl kam vom Müller. Der hat es aus Korn gemahlen.*
*Das Korn hat er vom Bauern bekommen.*
*Der hat es auf seinem Feld gemäht.*
*Wer aber hat das Korn wachsen lassen?*
*Gott. Der Herr.*
*Und wenn Gott das nicht getan hätte, dann hätte der Bauer kein Korn gehabt.*
*Dann hätte der Müller kein Mehl gehabt.*
*Dann hätte der Bäcker kein Brot backen können.*
*Und dann hätte die Mutter dir kein Brot geben können.*
*Dein Brot kommt also von Gott und alles andere Essen auch.*
*Darum sprechen wir jeden Tag andächtig: „Herr, hab Dank für diese Speise. Amen."*
*Unser Haus kommt auch von Gott.*
*Ja, der Zimmermann hat es gebaut, aus Steinen, aus Holz und anderen Dingen.*
*Aber die Steine wurden aus Lehm gemacht oder vielleicht auch aus den Felsen gehauen.*
*Der Lehm kommt aus dem Erdboden.*
*Wer aber hat den Boden gemacht und die Berge und die ganze Erde, so weit ihr schauen könnt?*
*Gott.*
*Und das Holz zu dem Haus wurde aus einem Baum gesägt. Aber wer hat den Baum wachsen lassen? Jedes Jahr ein bißchen mehr, jedes Jahr ein bißchen dicker, ganze Wälder von dicken Bäumen.*
*So dick, daß der Zimmermann Bretter daraus sägen konnte?*
*Das hat Gott auch getan.*
*Und wenn er das nicht getan hätte, hätten wir kein Haus.*
*Ja, so ist es mit allen Dingen.*
*Sie kommen alle von Gott.*
*Gott hat alles erschaffen: Die Erde, auf der wir wohnen, den Himmel, in dem er selber wohnt, und uns auch.*
*Ja, Gott hat auch dich erschaffen!*
*Als du noch ganz klein warst, da haben Vater und Mutter dich vom Herrn empfangen. Ein ganz, ganz kleines Kind warst du da noch. Du konntest weiter nichts als ein bißchen strampeln und weinen.*
*Aber dann hat Gott dafür gesorgt, daß du heranwuchsest. Und nun bist du schon richtig groß! Du kannst schon so viel. Du hast schon allerhand gelernt. Aber du mußt noch weiterwachsen und noch viel mehr lernen. Und auch dafür wird Gott sorgen.*
*Er gibt dir ein Dach über den Kopf und täglich zu essen und Kleidung und noch viele andere Dinge mehr.*
*Gott sorgt für uns.*
*Er ist unser Vater, der im Himmel wohnt.*

# DAS ALTE TESTAMENT

*DIE ERSCHAFFUNG DER WELT*

Jetzt mußt du noch einmal gut zuhören. Dann werde ich dir auch erzählen, wie Gott alles erschaffen hat.
Vor langer, langer Zeit schuf Gott Himmel und Erde. Im Himmel war es bereits schön und hell und fröhlich. Dort wohnte Gott mit allen Engeln. Und die Engel sangen wunderschön.
Aber auf der Erde wohnte noch niemand. Dort war es noch gar nicht schön. Dort war es kalt und still und dunkel, stockdunkel war es. Und die ganze Erde war noch mit Wasser bedeckt.
Da dachte Gott: Ich will auch die Erde schön machen!
Er sprach: „Es werde Licht!"
Und da wurde es hell, weil Gott es gesagt hatte. Denn was Gott sagt, das geschieht.
Aber als es Abend wurde, lag die Erde wieder im Dunkeln. Ja, so ist es, zum Abend wird es immer wieder dunkel.
Und Gott sprach: „Wenn es hell ist, dann ist es Tag, und wenn es dunkel ist, dann ist es Nacht."
Da war der erste Tag vorüber.

Am zweiten Tag setzte Gott sein Werk fort.
Er sprach: „Über der Erde soll ein blauer Himmel leuchten!"
Und schon war es so. Viele weiße Wolken schwebten am blauen Himmel dahin. Das sah sehr prächtig aus.
Dann wurde es wieder Abend. Da war der zweite Tag vorüber.
Die ganze Erde war immer noch mit Wasser bedeckt. Aber am dritten Tag machte Gott ein großes Stück der Erde trocken. Dort trieb er alles Wasser fort.
Und Gott sprach: „Das Trockene ist das Land, und das Wasser ist das Meer."
Danach ließ Gott auf dem Trockenen von allem wachsen: Gras und Blumen und Bäume. Die Blumen rochen so gut und blühten so fein! Und die Bäume rauschten gar schön, wenn der Wind darüber wehte.
Ja, wie herrlich wurde die Erde jetzt!

Aber am vierten Tag wurde alles noch viel schöner. Denn jetzt schuf Gott die Sonne.
Die stand des Morgens am Himmel, stieg hoch und höher und schien warm auf die Erde. Die Blumen drehten ihre Köpfe zum hellen Licht und blühten auf in aller Schönheit. Zum Abend sank dann die Sonne tiefer, immer tiefer, und schließlich war sie untergegangen.
Doch nun wurde es nicht mehr so ganz dunkel, denn jetzt stand der Mond am Himmel. Den hatte Gott auch erschaffen, und dazu die leuchtenden Sterne.
Und Gott sprach: „Die Sonne soll immer am Tage scheinen und der Mond des Nachts."
So geschah es auch.

Dann kam der fünfte Tag.
Weißt du, was Gott da erschaffen hat?
Die Fische und die Vögel.
Die Fische spielten im Wasser, und die Vögel sangen in den Bäumen. Es war genauso, als wollten sie Gott zeigen, wie sehr sie sich freuten.

Gott lehrte die Vögel ihre Nester bauen. Er sprach: „Nun müßt ihr Eier legen und sie ausbrüten, dann werden junge Vögelchen herausschlüpfen. So kommen immer mehr Vögel auf die Erde.“
Dann war der fünfte Tag auch vorüber.

Am sechsten Tag aber hat Gott das Schönste von allem erschaffen.
Zuerst alle Tiere: Die Pferde und die Kühe, die Schafe und die Kaninchen, den großen, großen Elefanten und die winzig kleine Maus. Sie wurden alle von Gott erschaffen.
Und dann sprach Gott: „Jetzt will ich einen Menschen machen, und der Mensch soll mir gleichen.“
Und Gott schuf den ersten Menschen und nannte ihn Adam.
Und Gott sprach: „Adam, du sollst der Herr sein über alles, was ich gemacht habe, über die Fische und Vögel und über alle Tiere. Alles muß dir gehorchen, du aber mußt mir gehorsam sein.“
Das verstand Adam genau.
Dann war auch der sechste Tag vorüber.

Am siebten Tag aber ruhte Gott aus von seinem Werk, denn jetzt war die Erde fertig.
Gott segnete diesen Tag.
Und von nun an sollten auch alle Menschen am siebten Tag ausruhen von ihrer Arbeit.

So gibt es also nichts auf der Welt, was Gott nicht gemacht hat.
Und auf der ganzen Welt gibt es nicht ein Kind, für das Gott nicht sorgt.
Willst du immer daran denken?

## *ADAM UND EVA*

Adam ging in einem wunderschönen Garten spazieren. Blumen blühten im Gras, die Vögel sangen in den Bäumen. Leckere Früchte hingen über seinem Kopf: Trauben, Äpfel und noch viele andere. Es gab dort auch allerlei Tiere. Und alle Tiere waren lieb und zutraulich. Kein böses Tier war darunter. Kein Tier tat dem andern weh.
Wie herrlich war es doch in dem schönen Garten!
Weißt du, wie der Garten hieß?
Garten Eden.
Wir nennen ihn auch manchmal das Paradies.
Und weißt du, wer auch dort war?
Gott, der Herr.
Er hatte den Garten gemacht und ihn Adam gegeben, damit er darin wohne. Gott sorgte sehr gut für Adam, wie ein Vater für sein Kind. Er wollte, daß Adam ganz froh und glücklich sei.

Einmal, als Adam im Paradies wandelte, kam der Herr zu ihm und unterhielt sich mit ihm. Da hörte Adam Gottes Stimme und wurde sehr froh dabei.
Denn das war für Adam das Herrlichste von allem, daß Gott so ganz nahe bei ihm war!
Adam mußte für den ganzen schönen Garten sorgen. Und er durfte von all den guten Früchten essen, soviel er nur mochte.
Aber da war ein Baum, von dem Adam nicht essen durfte. Der Baum stand mitten im Garten und hieß: Der Baum der Erkenntnis von Gut und Böse.

Gott hatte gesagt: „Von allen Bäumen darfst du ruhig essen, nur von diesem einen nicht. Denn wenn du davon ißt, dann mußt du sterben."
Adam hörte auf das Wort des Herrn.
Er ging immer an dem Baum vorbei.
Er wollte Gott nicht weh tun.

Eines Tages brachte Gott alle Tiere zu Adam. Er sollte jedem einen Namen geben. So wie er sie nennen würde, so sollten sie auch heißen.
Da kamen sie herbei, zu zwei und zwei, ein Männchen und ein Weibchen, in langer, langer Reihe. Zuerst zwei ganz große Tiere, die nannte er Elefanten. Zwei Vögelchen mit roter Brust nannte er Rotkehlchen. Dann kamen zwei Löwen, zwei Schlangen und zwei Schafe, und Adam gab ihnen allen einen Namen.
Doch als die Tiere wieder fort waren, war Adam nicht mehr ganz froh.
Denn alle Tiere waren stets zu zweien. Jedes Männchen hatte seine Gefährtin, jedes Tier hatte seinen Gespielen. Und Adam war allein.
Der Herr aber sah genau, was Adam dachte. Gott hatte über ihn gewacht, und so brauchte Adam seinen Wunsch gar nicht erst auszusprechen.
Der Herr sagte: „Es ist nicht gut, daß der Mensch allein sei."
Dann ließ er Adam in einen tiefen Schlaf fallen. Und als Adam wieder aufwachte, war eine Frau bei ihm. Die hatte Gott ihm gegeben. Sie hieß Eva.
Wie freute sich Adam! Nun war er nicht mehr allein. Er nahm Eva mit in den schönen Garten. Er zeigte ihr alles. Er machte sie aber auch auf den einen Baum aufmerksam, von dem sie nicht essen durften.
Sie waren sehr froh und glücklich, die beiden! Sie hatten niemals Schmerzen, sie waren nie krank. Sie brauchten weder ängstlich noch traurig zu sein. Sie lebten ganz nahe bei Gott. Gott war ihr Vater, und sie waren seine Kinder.
So glücklich, wie sie waren, ist nie wieder ein Mensch auf Erden gewesen.

Aber eines Tages ist das alles ganz anders geworden. Daran waren Adam und Eva aber selbst schuld!
Eva ging allein im Garten umher. Da kam sie in die Nähe des Baumes, von dem sie nicht essen durfte. Dort hörte sie jemand sprechen.
Wer war das?
Adam war es nicht. Und Gott war es auch nicht.
Eva blieb neugierig stehen. Da sah sie eine Schlange. Die guckte Eva mit ihren glitzernden Augen an und sprach: „Sag mal, ist es wahr, daß ihr von keinem einzigen Baum essen dürft? Hat Gott das gesagt?"
Eva antwortete: „Aber nein, wir dürfen von allen Bäumen essen, nur von diesem Baum nicht. Denn dann müssen wir sterben. Das hat Gott gesagt."
Da blickte die Schlange ganz listig drein und flüsterte: „Aber nein, ihr werdet nicht sterben! Gott sagt das zwar, aber es ist nicht wahr. Im Gegenteil, ihr werdet noch viel glücklicher werden. Ihr werdet genauso sein wie Gott, so weise und so mächtig. Glaub es mir ruhig. Ich weiß es viel besser als der Herr. Eßt nur ruhig davon. Es macht nichts."

Eva sah die Früchte an. Sie glänzten so schön in der Sonne. Sie würden sicher sehr gut schmecken!
Und dann tat sie es. Sie pflückte von dem Baum und aß davon. Und dann gab sie Adam von der Frucht, und Adam aß auch davon. Gott hatte es ihnen streng verboten, und trotzdem taten sie es. Das war eine große Sünde.
Und da wußten Adam und Eva aber auch schon, daß die Schlange gelogen hatte.
Sie fühlten es sofort.
Nun waren sie plötzlich nicht mehr froh. Sie wurden sehr traurig und ängstlich und sie schämten sich, denn auf einmal sahen sie, daß sie nackt waren. Daran hatten sie noch nie gedacht. Aber nun sahen sie es. Sie pflückten große Blätter und machten sich Schürzen daraus.
Da hörten sie die Stimme Gottes, die sie sonst immer so froh gemacht hatte.
Jetzt auf einmal machte sie die Stimme ängstlich. Sie liefen schnell fort. Sie versteckten sich vor Gott zwischen den Sträuchern. Und sie hofften, daß er sie nicht finden würde.
Aber Gott fand sie!
Er rief Adam und sprach: „Wo bist du? Komm sofort einmal her."
Ja, jetzt mußten sie wohl kommen, Gott hatte sie doch entdeckt. Zitternd kamen sie zum Vorschein. Sie wagten nicht, Gott anzuschauen.
Gott fragte: „Habt ihr von dem Baum gegessen?"
Das klang sehr zornig und zugleich sehr traurig.
Adam sagte: „Ja, Herr, aber Eva hat mir davon gegeben."
Und Eva flüsterte: „Ja, Herr, aber die Schlange hat gesagt, daß ich davon essen dürfe."
Oh, wie zornig war Gott auf die Schlange! Oder eigentlich noch viel mehr auf jemand anders, auf den bösen Feind, der der Schlange die Worte eingegeben hatte. Der hatte es eigentlich getan.
Der Satan, so hieß der böse Feind. Der war eifersüchtig auf Gott und wollte das schöne Werk des Herrn zerstören. Und das war ihm nun gelungen. Denn weil

Adam und Eva ungehorsam geworden waren, konnten sie nicht mehr so nahe bei Gott bleiben. Nun mußten sie fort aus dem schönen Paradies.
Aber trotzdem liebte Gott immer noch seine ungehorsamen Kinder. Er versprach ihnen, daß einmal alles wieder gut werden solle.
Er sagte, daß Eva Kinder bekommen solle. Einst aber solle ein Kindlein geboren werden, das würde stärker sein als der Satan. Das werde den Satan bestrafen und dafür sorgen, daß er nichts Böses mehr anstellen könne.
Wer sollte dieses Kindlein sein?
Der Herr Jesus.
Wenn Jesus kommen würde, dann würde Gott nicht mehr böse sein auf die Menschen, dann dürften sie wieder nahe bei ihm wohnen an einem Ort, wo es noch viel herrlicher wäre als im Paradies: Im Himmel.
Ja, Gott hatte seine Kinder doch noch lieb. Er sorgte gut für sie.
Er machte Röcke aus Tierfellen für Adam und Eva und zog sie ihnen selber an. Da froren sie nicht mehr so arg.
Nun aber mußten sie fort aus dem Paradies. Und sie konnten auch nicht zurückkommen, denn ein Engel stand davor und ließ niemand herein.
Armer Adam und arme Eva! Es war alles so sehr traurig. Aber es war ihre eigene Schuld.
Wie unglücklich waren sie nun!
Doch einst, wenn das Kindlein kommen würde, dann sollte alles wieder gut werden.
Und wenn sie daran dachten, dann wurden sie wieder ein bißchen froh.

## *KAIN UND ABEL*

Nun durften Adam und Eva nicht mehr in dem schönen Paradies wohnen.
Zuerst war ihr Leben froh und glücklich gewesen. Nun war es ganz traurig und mühselig. Das war die Strafe dafür, daß sie ungehorsam gewesen waren.
Eines Tages aber geschah etwas sehr Schönes. Da schenkte Gott ihnen ein Kind, einen kleinen, lieben Jungen.
Wie froh waren sie darüber! Nun war Eva Mutter geworden. Und sie nannte ihren Jungen Kain.
Eine Weile später wurde ihnen noch ein Kind geboren, wieder ein Junge. Der wurde Abel genannt. Nun hatten Adam und Eva bereits zwei Kinder.
Eva hatte keine Wiege, um ihre Kinder hineinzulegen. Sie hatte auch keine Dekken, um sie vor Kälte zu schützen. Sie war so arm, sie hatte fast nichts.
Aber sie sorgte für Kain und Abel so gut sie nur konnte. Sie machte ihnen ein Bettchen aus Heu und Stroh. Sie deckte sie zu mit einem Tierfell. Das war schön warm.
Die beiden Jungen wuchsen rasch heran. Sie lernten laufen und sprechen. Dann lehrten Adam und Eva sie auch das Beten. Und sie erzählten ihnen von Gott dem Herrn und vom Paradies und auch vom bösen Satan, der die Menschen immer ungehorsam machen will.
Und sie fragten ihre Kinder: „Wollt ihr den Herrn immer liebhaben und ihm allzeit gehorsam sein?“
Kain und Abel wurden tüchtige Burschen. Sie mußten nun arbeiten, genauso wie ihr Vater.

Kain wurde ein Bauer. Er arbeitete auf dem Acker und säte das Korn. Und wenn das Korn reif war, schnitt er es, mahlte die Körner und buk Brot daraus.
Abel wurde Schafhirte. Er ging mit seinen Schafen aufs Feld und suchte schönes Gras für sie aus. Die Milch der Schafe schmeckte sehr gut. Manchmal schlachtete er ein Schaf. Dann hatte er gutes Fleisch.
Kain säte mehr und mehr Korn. Und Abel bekam mehr und mehr Schafe, denn in jedem Jahre wurden Lämmer geboren.
Wer aber ließ das Korn für Kain wachsen?
Und wer gab Abel all die Schafe?
Gott der Herr.
Alles kommt von Gott. Das wußten Kain und Abel gut. Das hatte Adam ihnen oft gesagt.
Und darum wollten sie auch dem Herrn für alles danken und ihm etwas dafür wiedergeben.

Sie brachten Gott ein Opfer dar.
Weißt du, wie sie das machten?
Wenn Abel dem Herrn ein Opfer darbringen wollte, dann suchte er das schönste Schaf aus, das er hatte. Dann sprach er: „Das ist ein Schaf für Gott."
Nun suchte er trockene Zweige, die gut brannten. Die legte er auf einen Haufen Steine. Dann schlachtete er das Schaf und legte es auf die Zweige. Jetzt war das Opfer zubereitet.
Nun mußte das Opfer brennen, darum legte Abel glühende Kohlen unter die Zweige. Der Wind blies ins Feuer, die Zweige verbrannten, und das Fleisch des Schafes verbrannte auch. Und der Rauch stieg zum Himmel empor.
Dann kniete Abel nieder und sprach voll Ehrfurcht: „Lieber Gott, ich habe dich so lieb. Du sorgst so gut für mich. Darum will ich dir gerne dieses Schaf geben, um dir zu zeigen, wie dankbar ich bin."
Das hörte der Herr alles. Er hört immer, was die Menschen beten. Und er sah, daß Abel ihn liebhatte. Der Herr hatte Abel auch lieb. Er nahm das Opfer gern an; und das machte Abel froh und glücklich.
Auch Kain brachte dem Herrn Opfer. O ja, er suchte öfters einen Haufen Steine zusammen und baute Zweige darauf. Und auf die Zweige legte er ein wenig Korn, das der Herr auf seinem Acker hatte wachsen lassen. Das verbrannte er.
Dann begann Kain auch zu beten, aber richtig dankbar war er nicht. Er dachte: Warum muß ich dem Herrn eigentlich danken? Ich habe das Korn doch selbst gesät, ich habe doch mühsam dafür gearbeitet!
Und der Herr sah genau, was Kain dachte. Er sah, daß Kain ihn nicht liebhatte. Und darum wollte er Kains Opfer nicht annehmen. Er machte Kain auch nicht froh und glücklich.
Das merkte Kain auch genau. Da wurde er sehr böse auf Gott und auch auf Abel, aber auf Abel am meisten.
Er war neidisch. Er dachte: Gott zieht Abel immer vor. Er macht ihn glücklich und mich nicht.
Daran mußte er oft denken. Dann wurde er immer böser und zorniger. Er konnte nachts nicht schlafen und kaum noch etwas essen. Und er war oft häßlich zu Abel.
Der Herr warnte ihn und sprach: „Kain, warum bist du so böse und neidisch? Es ist doch allein deine Schuld. Du mußt mich liebhaben, Kain, dann wirst du auch froh und glücklich werden. Denk daran, Kain, du darfst nicht neidisch sein."
Aber Kain hörte nicht. Er tat, was ihm gefiel. Und eines Tages sagte er zu Abel: „Wir wollen aufs Feld gehen." Und als er mit Abel allein war, begann er Streit mit ihm. Er schlug ihn, ganz fest und hart. Kain schlug seinen Bruder Abel tot! Da lag Abel nun, und sein Blut floß ins Gras.
Wie sehr erschrak da Kain! Er lief schnell fort, er hatte solche Angst vor der Strafe. Er hoffte, daß Gott es nicht gesehen habe. Aber Gott hatte es sehr wohl gesehen. Gott sieht alles, was hier auf Erden geschieht. Er fragte Kain: „Wo ist Abel, dein Bruder?"
Da begann Kain auch noch zu lügen und frech zu werden. Er sagte: „Ich weiß nicht, wo Abel ist. Ich brauche doch nicht meines Bruders Hüter sein!"

Gott sprach: „Weil du das getan hast, werde ich nichts mehr für dich wachsen lassen. Du darfst auch nicht hierbleiben. Geh fort von hier. Ich will nichts mehr von dir wissen. Und wie weit du auch fortgehst, du wirst nirgends in der Welt Ruhe finden.“

Und so geschah es. Kain zog fort, ganz weit fort, immer weiter. Und überall mußte er an seinen Bruder Abel denken, den er totgeschlagen hatte. Sein ganzes Leben lang war er von Angst gejagt und unglücklich.

So hatten Adam und Eva an einem Tag beide Söhne verloren. Keiner von ihnen kam abends nach Hause zurück. Da gingen sie, ihre Kinder zu suchen. Sie fanden Abel. Es schien, als ob er schliefe. Aber er wachte nicht mehr auf, er war ja tot. Da begruben Adam und Eva seinen Leichnam in der Erde.

Sie waren sehr traurig, aber der Herr machte sie wieder froh. Er schenkte ihnen wieder Kinder, Mädchen und Jungen. Einer der Jungen war genau wie Abel und hatte auch den Herrn lieb. Er hieß Seth.

## *NOAH*

Tick, tick, tick! machte es.

Klopf, klopf, klopf!

Es waren Menschen am Hämmern, ein alter Mann und drei junge Männer. Der alte Mann hieß Noah, die drei jungen Männer waren seine Söhne, die hießen Sem, Ham und Japhet. Die halfen ihm bei der Arbeit.

Sie fällten dicke Baumstämme, aus denen sie Pfosten und Bretter sägten. Daraus bauten sie etwas.

Ein Haus?

Ja, es glich fast einem Haus, so hoch war es, aber es war eine Arche, ein ganz großes Schiff, wohl mehr als hundert Meter lang.

Daran hatten die Männer schon sehr lange gearbeitet. Nun war das Riesenschiff beinahe fertig.

Wer aber sollte damit wegfahren? Die vier Männer und ihre Frauen.

Zusammen acht Menschen.

Das war nicht viel für ein solches Schiff. Es hatte dort Platz genug für an die tausend Menschen. Es hätten auch ruhig noch mehr mitfahren können, aber die andern wollten nicht. Sie kamen wohl einmal, um sich das große Schiff anzusehen. Und wenn sie es sahen, dann fingen sie an zu lachen. Sie lachten den alten Noah aus.

„Mit dem Schiff kannst du doch nicht fahren“, riefen sie. „Es steht ja mitten auf dem Land. Wie willst du denn dein großes Schiff ans Wasser bringen?“

„Das Wasser wird hierherkommen!“ sagte Noah. „Über die ganze Erde wird das Wasser kommen. Das hat Gott gesagt. Weil die Menschen so schlecht geworden sind und nicht mehr auf den Herrn hören. Und jeder, der dann nicht in der Arche ist, wird ertrinken.“

Aber da lachten sie nur noch mehr.

„Lacht doch nicht!“ rief Noah. „Hört lieber zu! Und betet, daß Gott euch euern Ungehorsam vergeben möge! Dann dürft ihr auch in die Arche.“

Aber sie riefen: „Nein, wir wollen nicht beten! Laß die Strafe nur kommen, wir

haben keine Angst davor. Wir wollen gar nicht in die dumme Arche."
So schlecht waren sie geworden, die Menschen, die dort auf der Erde lebten. Noch schlechter als Kain, denn der hatte wenigstens noch Angst vor der Strafe, als er die große Übeltat begangen hatte. Aber die Menschen hatten keine Angst mehr.
Sie taten so, als gäbe es überhaupt keinen Gott; als könnten sie tun, was sie wollten. Der Herr hatte sie oft gewarnt, aber sie kümmerten sich nicht darum. Sie lachten auch über Gott.
Aber Gott läßt sich nicht auslachen.

Der Herr hatte lange Geduld gehabt mit den schlechten Menschen, aber da sie nicht auf ihn hören wollten, sollten sie bestraft werden.
Darum hatte Gott zu Noah gesagt, daß er die Arche bauen müsse. Denn Noah hatte den Herrn lieb. Er sollte nicht bestraft werden und seine Frau und seine Kinder auch nicht.
Gott gab genau an, wie die Arche gemacht werden sollte. Es kam eine Tür in die Arche und ein Fenster. Und innen waren viele Zimmer eingerichtet worden. Auch ein Dach kam auf die Arche. Und alle Fugen wurden mit Teer und

Pech verschmiert, damit kein Tröpfchen Wasser eindringen konnte.
Die Hämmer klopften alle Tage.
Tick, tick, tick!
Klopf, klopf, klopf!
Das hörten die Menschen abends, wenn sie schlafen gingen.
Das hörten die Menschen morgens, wenn sie aufwachten.
Tick, tick, tick!
Klopf, klopf, klopf!
Horcht doch! Hört doch!
Aber die bösen Menschen hörten nicht.
Dann waren die Hämmer still.
Das große Schiff war fertig.

Nun kamen aber doch noch viele, die in die Arche wollten. Aber das waren nicht die Menschen. Das waren die Tiere.
Sie kamen zu zweien, je ein Männchen und ein Weibchen. Gott hatte sie geschickt. Sie gingen alle zusammen in die Arche, groß und klein. Und Noah wies ihnen den Raum zu, einen Stall, wo sie sich aufhalten konnten. Dort lag ihr Futter schon bereit.
Die schlechten Menschen sahen es.
Aber sie wollten immer noch nicht hören.
Doch dann war es zu spät.
Acht Menschen gingen in die Arche. Und Gott schloß selbst die Tür hinter ihnen

zu. Noch eine Woche lang stand die Arche still und wartete.

Dann aber geschah es.
Schwere Wolken trieben heran und machten den ganzen Himmel schwarz. Die Sonne verkroch sich. Es wurde so finster wie die Nacht.
Dann begann es zu regnen, so stark, wie es noch nie geregnet hatte. Es strömte, es prasselte, es klatschte auf den Boden und hörte nicht mehr auf.
In der Dunkelheit stand das große Schiff ganz ruhig da. Das Wasser klatschte auf das hölzerne Dach, es lief an den Wänden entlang, es umspülte die Arche von allen Seiten.
Die Arche stand schon im Wasser. Das Wasser wurde tiefer und tiefer. Und plötzlich stand die Arche nicht mehr still. Sie begann auf dem Wasser zu schaukeln. Der Wind trieb sie vor sich her.
Wohin?
Noah wußte es nicht.
Aber der Herr wußte es. Er sandte das Schiff über das große Wasser. Und so wie er es steuerte, so war es gut.
Immer noch weiter regnete es. Immer höher stieg das Wasser auf der Erde.
Zuerst standen die Häuser unter Wasser.
Dann standen alle Bäume unter Wasser.
Schließlich standen auch alle hohen Berge unter Wasser.
Nun erst trieb Gott die schwarzen Wolken hinweg. Es regnete nicht mehr, die Sonne begann wieder zu scheinen.
Aber jetzt war keine Erde mehr da. Es gab nur noch ein großes, tiefes Meer.
Es gab auch keine schlechten Menschen mehr. Die waren alle ertrunken.
Auf dem großen Meer aber trieb die Arche. Und in der Arche waren acht glückliche Menschen und sehr viele Tiere, die einmal wieder auf der Erde wohnen sollten. Die brauchten nicht ängstlich zu sein, denn Gott sorgte für sie.

Lange fuhr die Arche auf dem großen Wasser umher.
Doch eines Tages — da machte es krach! Da war die Arche auf etwas aufgefahren. Nun konnte das große Schiff nicht mehr weiter. Es saß fest auf dem Rücken eines Berges. Dort mußte es warten, bis die Erde wieder trocken war. Das Wasser begann zu sinken. Noah sah schon einzelne Berge zum Vorschein kommen.
Aber es dauerte noch sehr lange. Noah konnte es in der Arche vor Ungeduld kaum mehr aushalten.
Darum ging er eines Tages in den Stall, in dem die Vögel saßen, und ergriff einen Raben, einen großen schwarzen Vogel. Den ließ er durch das Fenster nach draußen fliegen.
Der Rabe war froh, er flog weit weg und kam nicht mehr zurück. Er war ein starker Vogel, der schon wieder auf der Erde leben konnte. Er hatte sicher etwas zum Fressen gefunden, das im Wasser herumtrieb.
Da ließ Noah eine Taube aus der Arche. Die flog hin und her, den ganzen Tag über und suchte nach etwas Futter, aber sie konnte nirgends etwas finden. Und als es Abend wurde, kam die Taube wieder zurück, müde und traurig, weil sie noch nicht auf der Erde leben konnte. Da streckte Noah seine Hand aus dem Fenster und holte die Taube herein.

Er wartete noch eine Woche, dann ließ er die Taube zum zweitenmal fliegen. Und auch diesmal kam sie am Abend zurück, aber was hatte sie im Schnabel? Ein Blatt, das sie von einem Baum abgerissen hatte. Es war gerade so, als ob sie sagen wollte: „Es dauert nicht mehr lange, Noah. Die Bäume ragen schon aus dem Wasser heraus."
Das war eine gute Nachricht. Und als Noah nach einer Woche die Taube wieder fliegen ließ, kehrte sie nicht mehr zurück. Sie hatte Nahrung gefunden.
Da brach Noah das Dach von der Arche und wartete, bis Gott sprechen würde.
Und dann sprach Gott: „Geh jetzt aus der Arche, Noah, mit deiner Frau und deinen Kindern und mit allen Tieren."

Wie waren sie froh, daß sie nun nach draußen durften! Das Gras grünte schon wieder, und die Blumen begannen zu blühen. Die Erde war wieder so schön! Die Vögel bauten sofort an ihren Nestern und sangen ihre schönsten Lieder. Die Tiere sprangen lustig durch den Wald und verschwanden nach allen Seiten, um sich einen guten Platz zu suchen, an dem sie sich aufhalten konnten.
Noah brachte dem Herrn ein Opfer dar. Und als der Rauch zum Himmel emporstieg, knieten die acht Menschen nieder und dankten Gott, daß er so gut für sie gesorgt hatte.
Gott sah das Opfer. Er sah auch, wie froh und dankbar die Menschen waren. Und er versprach, daß er niemals wieder eine solch schlimme Wasserflut über die Erde bringen würde, eine solch große Sintflut.
Er sprach: „Wenn es künftig regnet, braucht ihr nicht ängstlich zu sein. Wenn ihr dann zum Himmel emporschaut, dann werdet ihr manchmal meinen Bogen in den Wolken sehen. Den sehe ich auch, und er ist ein Zeichen, daß die ganze Welt nie wieder ertrinken soll."
Hast du den schönen farbigen Bogen schon einmal gesehen?
Das ist der Regenbogen.

## *ABRAHAM*

Ein Mann mußte eine große Reise tun. Er hieß Abraham und er war sehr reich. Er besaß viele Schafe, Kühe und Esel. Und Kamele hatte er auch. Das sind große Tiere, noch größer als ein Pferd. Darauf kann man gut reiten.
Und nun sollte Abraham auf Reisen gehen. Und alle Kühe, Schafe und Esel sollten mit. Und auch eine große Schar Knechte mußte mit, um all die Tiere zu hüten.
Abrahams Frau ging auch mit. Sie hieß Sara.
Abraham mußte fort. Das hatte Gott ihm befohlen. Er hatte gesagt: „Abraham, du sollst in ein anderes Land ziehen, das ich dir zeigen werde. Geh nur getrost, ich werde schon für dich sorgen. Zu den Menschen, die gut zu dir sind, werde ich auch gut sein; und die dir Böses tun wollen, die werde ich bestrafen. Und in dem Land sollen deine Kinder wohnen, und dort wird später auch der Herr Jesus geboren werden."
Abraham sagte: „Ja, Herr, ich werde gehen."

Denn Abraham hatte den Herrn lieb und tat gehorsam, was Gott ihm sagte.
Es war eine lange, mühselige Reise.
Abraham ritt voraus auf einem großen Kamel. Und Lot ritt neben ihm. Das war sein Neffe, er mußte zu Abraham Onkel sagen. Lot wollte auch gern mit in das ferne Land.
Hinter den beiden Männern ritten ihre Frauen, Sara und Lots Frau. Und dann kamen all die Schafe mit ihren Lämmern und die Kühe mit ihren Kälbern und all die andern Tiere mit ihren Jungen. Dazu die Knechte, die die Tiere hüten und pflegen mußten. Es war ein sehr langer Zug.
Er kam nur langsam vorwärts, denn die kleinen Lämmer konnten nicht so schnell laufen.
Der Zug kam an hohen Bergen vorbei und durch große Wälder. Und auch durch Wüsten ging es, wo nichts war als Sand, Sand und nochmals Sand. Sie kamen durch allerlei fremde Länder, in denen Abraham noch nie gewesen war. Und wenn es Abend wurde, hielten sie an. Dann schlugen sie ein paar Zelte auf, in denen sich die Menschen niederlegten. Die Tiere mußten draußen bleiben. Sie drängten sich dicht aneinander und schliefen auch.
Doch nicht alle Knechte schliefen. Einige mußten wach bleiben, um die Schafe zu hüten. Sie zündeten ein Feuer an in der dunklen Nacht. So wagte sich kein Raubtier heran, um ein Schaf zu stehlen.
Und weißt du, wer auch nicht schlief?
Der Herr schlief auch nicht. Er schaute vom Himmel hernieder und er behütete alle Menschen und Tiere.
Wenn es dann Morgen wurde, zogen sie wieder weiter.
Der Herr sprach: „Dorthin, Abraham, wo die Sonne gestern abend untergegangen ist!“
Abraham zog weiter und war nie ängstlich während der langen Reise, denn er konnte sich ja nicht verirren. Gott selber zeigte ihm den Weg.
Eines Tages kam Abraham an ein großes Gewässer, an einen Fluß. Den mußten sie alle überqueren.
Es war keine Brücke da und auch kein Boot. Doch Abraham suchte sich eine Stelle aus, wo das Wasser nicht so tief war, und ritt quer hindurch. Und alle Menschen und Tiere liefen hinter ihm her durch das Wasser. Aber die Lämmer waren zu klein. Sie wurden von den Knechten getragen.
Als sie aber das andere Ufer erreicht hatten, waren sie in dem Land, das der Herr versprochen hatte. Es war ein wunderschönes Land. Da blühten überall Blumen. Da wuchs saftiges Gras für die Schafe. Und das Land hieß Kanaan.
Der Herr sprach: „Abraham, dieses Land werde ich deinen Kindern geben.“
Deinen Kindern?
Abraham hatte keine Kinder! Er und Sara waren schon alt, aber Gott hatte ihnen noch nie ein Kind geschenkt.
Doch Abraham sagte nichts dagegen.
Er dachte: Gott hat es gesagt; und dann ist es auch wahr. Wie es geschehen wird, weiß ich nicht, aber der Herr weiß es sicher. Was Gott sagt, das geschieht immer. Das glaube ich.
Und dieser Glaube machte Abraham froh.

Er brachte dem Herrn ein Opfer, um ihm zu zeigen, wie froh und dankbar er war. Und er wartete geduldig, bis der Herr ihm und Sara ein Kind schenken würde.

Abraham und Lot wohnten in Frieden in dem neuen Land. Nur eins war schade, sie konnten nicht beieinander wohnen bleiben.
Denn Abraham hatte große Herden und Lot auch: Schafe und Kühe und Esel und Kamele.
Und die Herden wurden immer größer und größer. Denn jährlich wurden Lämmer geboren und Kälber und andere junge Tiere.
Im Laufe der Jahre gab es so viele Tiere, daß nicht mehr genug Gras da war. Und da bekamen Lots Knechte mit Abrahams Knechten Streit.
„Geht fort", riefen sie, „das Gras ist für unsere Schafe."
„Nein, nicht wir", antworteten die andern, „geht ihr doch weg! Wir bleiben!"
Es wurde immer schlimmer. Jeden Tag gab es neuen Streit.
Abraham dachte: Das kann so nicht weitergehen. Das darf nicht sein. Dem Herrn gefällt es sicher nicht, wenn immer Streit ist.
Da nahm er seinen Neffen Lot mit auf einen Berg. Wer dort oben stand, konnte über das ganze Land sehen. Und Abraham sagte: „Lot, es ist nicht gut, daß unsere Knechte dauernd streiten, wir können nicht beieinander bleiben. Wähl du dir

einen Platz aus, wo du wohnen willst. Wenn du zur Rechten gehst, so will ich zur Linken gehen, und wenn du zur Linken willst, dann gehe ich zur Rechten."
Da schaute Lot in die Runde und sah einen wunderschönen Platz, fast so schön wie das Paradies.
Lots Augen glänzten, als er dieses schöne Fleckchen Erde entdeckte. Dort wuchs so viel saftiges Gras; da konnte er noch viel mehr Tiere haben. Da konnte Lot reich werden, noch viel reicher, als er es schon war!
Dort lagen auch zwei große Städte, die hießen Sodom und Gomorra. In diesen Städten wohnten ganz schlechte, gottlose Menschen. Aber das bedrückte Lot nicht, wenn er nur reich werden konnte.
So wählte Lot diesen schönen Flecken und zog in die böse Stadt Sodom. Er hatte sich das beste Stück des Landes ausgesucht.
Aber der Herr sprach: „Sei nur nicht traurig, Abraham! Denn später werde ich doch deinen Kindern das ganze Land geben. Weißt du, wieviel Kinder du haben wirst, wie groß das Volk sein soll, das hier später wohnen wird? So viele Sandkörner es auf Erden gibt, so groß und zahlreich soll dein Volk sein."
Als Gott das sagte, wurde Abraham sehr froh, denn er glaubte dem Herrn.

Es vergingen viele, viele Jahre, und immer noch hatten Abraham und Sara kein Kind.
Das Warten dauerte gar lange!
Sara sagte: „Es wird wohl nicht mehr geschehen, wir werden viel zu alt." Und sie war sehr traurig.

Aber Abraham sprach: „Es wird ganz bestimmt geschehen. Gott hat es doch gesagt!“
Abraham war aber auch ein wenig betrübt, weil es so lange dauerte. Er mußte oft daran denken. Und manchmal konnte er deswegen nicht schlafen.
Doch eines Nachts kam der Herr, um mit Abraham zu reden. Er sprach: „Sei nicht traurig, Abraham. Ich sorge stets für dich.“
„Ach Herr“, antwortete Abraham, „nun haben wir immer noch kein Kind.“
Da führte der Herr Abraham nach draußen und sprach: „Schau einmal nach oben! Siehst du die Sterne? Zähl sie einmal, wenn du es kannst.“
Aber das konnte Abraham nicht. Es waren viel zu viele!
Der Herr sprach: „Sieh her, Abraham, soviel Sterne, wie dort oben am Himmel sind, soviel Kinder will ich dir geben. So groß und zahlreich wird das Volk sein, das hier wohnen soll. Und ich werde für dieses Volk sorgen, es soll das Volk Gottes sein.“
Da war Abraham wieder ganz glücklich, denn er glaubte dem Herrn.
Nun konnte er wieder warten.
Und wenn er wieder einmal mutlos werden wollte, weil es so lange dauerte, dann sah er empor zu den Sternen und dachte: Es wird so geschehen, wie Gott es gesagt hat. Mein Kind wird schon kommen. Und wenn das Kind groß ist, wird es wieder Kinder haben. Und sie werden wieder Kinder haben. Wie die Sterne am Himmel, so zahlreich wird das Volk sein.
Und eines fernen Tages wird auch der Herr Jesus geboren werden.
Diesen Tag sehnte Abraham am meisten herbei.

## *ABRAHAM UND LOT*

Abraham und Lot wohnten nun nicht mehr beieinander. Abraham wohnte in einem Zelt im Land Kanaan. Und Lot wohnte in einem Haus in der Stadt Sodom.
Eines Tages erhielten sie alle beide eine Nachricht von Gott. Für Abraham war es eine sehr gute Nachricht und für Lot eine sehr schlechte.
Es war ein heißer Tag. Die Sonne brannte auf die Erde herab. Aber Abrahams Zelt stand unter den Bäumen. Dort war es angenehm kühl.
Da kamen drei Männer des Weges in herrlichen weißen Gewändern. Abraham kannte sie nicht, trotzdem stand er sofort auf und ging ihnen entgegen. Freundlich sagte er zu ihnen: „Kommt doch ein Weilchen zu mir herein, ruht euch aus und eßt und trinkt.“
Er nahm sie mit und wies ihnen einen schönen, schattigen Platz an. Er holte Wasser herbei, dazu Kuchen und ein lekkeres Stück Fleisch. So sorgte er für seine Gäste, wenn er auch noch nicht wußte, wer sie waren. Er meinte, es sei ein vornehmer Herr, der mit seinen beiden Knechten unterwegs war.
Auf einmal fragte der Herr: „Wo ist Sara, deine Frau?“
Abraham antwortete: „Dort im Zelt.“
„Gut“, sprach der Herr, „über ein Jahr werde ich wiederkommen, und dann wird Sara einen Sohn haben.“

Da wurde Abraham sehr froh. Denn nun wußte er, wer da vor ihm saß: Gott der Herr. Das war herrlich, daß der Herr selber zu ihm gekommen war mit zwei seiner Engel, um ihm die frohe Nachricht zu bringen.
Aber Sara wußte noch nicht, daß es der Herr war, den sie da reden hörte. Sie hatte ihn gut verstanden, denn sie stand hinter ihm im Zelt und lauschte. Sie glaubte aber schon lange nicht mehr daran, daß sie ein Kind haben sollte. Sie war doch schon so alt! Darum lachte sie. Sie lachte den Herrn aus.
Doch plötzlich erschrak sie, denn sie hörte, wie der Herr sagte: „Warum lacht Sara? Sollte für den Herrn etwas zu wunderbar sein?"
Da log die alte Sara, denn sie hatte Angst, daß sie nun bestraft werden würde. Sie sagte aus dem Zelt heraus: „Ich habe nicht gelacht."
Doch der Herr weiß alles und irrt sich nie. Er sprach: „Lüge nicht, Sara, du hast gelacht. Trotzdem soll geschehen, was ich gesagt habe."

Dann standen die drei Männer auf, um weiterzugehen. Und Abraham ging ein Stück mit ihnen.
Sie kamen auf eine Anhöhe. Von dort sahen sie in der Ferne die Stadt Sodom und die Stadt Gomorra liegen.
Der Herr sprach: „Abraham, ich will dir sagen, was ich tun werde, denn du bist mein Freund. Ich gehe nach Sodom und Gomorra, um zu sehen, ob die Menschen dort noch so schlecht und gottlos sind. Wenn es nicht besser damit geworden ist, werde ich sie bestrafen. Dann werde ich die bösen Städte vernichten."
Da erschrak Abraham sehr. Wollte Gott die Städte zerstören? Ganz und gar zerstören? Sie hatten es ja wohl verdient.

Aber Lot wohnte auch in Sodom, und Lot hatte es nicht verdient. Lot hatte den Herrn lieb, und vielleicht waren da noch mehr solcher Menschen.
Abraham fiel auf die Knie und sagte voller Ehrfurcht: „Ach Herr, vielleicht wohnen noch Menschen in Sodom, die dich liebhaben, vielleicht noch fünfzig, Herr."
Und der Herr antwortete: „Wenn ich auch nur fünfzig Menschen finde, die mich liebhaben, werde ich der Stadt vergeben."
Aber fünfzig waren schon viel! Wenn es nun doch weniger waren?
Da fragte Abraham: „Wenn es aber nur fünfundvierzig sind, Herr?"
„Dann werde ich die Stadt auch nicht zerstören", antwortete Gott.
„Vielleicht sind aber nur vierzig dort", sagte Abraham.
„Auch dann werde ich die Stadt nicht bestrafen."
„Und wenn es nur noch dreißig sind, Herr?"
„Auch dann nicht", sprach die Stimme Gottes.
„O Herr", sagte Abraham, „sei mir nicht böse, vielleicht sind dort nur zwanzig Menschen, die dich liebhaben."
Und der Herr sprach: „Ich werde die Stadt nicht bestrafen, wenn ich dort nur noch zwanzig solcher Menschen finden sollte."
Nun wagte Abraham beinahe nicht mehr weiterzufragen. Aber er wußte, wie gut der Herr war. Darum wagte er es noch einmal. Er flüsterte ehrerbietig: „Herr, wenn dort nur noch zehn Menschen wohnen, die dich liebhaben?"
Und er hörte den Herrn sagen: „Wenn ich in Sodom auch nur zehn Menschen finde, die mich liebhaben, dann werde ich die Stadt nicht bestrafen, weil sie darin wohnen."
Und als Abraham aufblickte, war er allein. In der Ferne aber liefen die beiden Engel direkt auf Sodom zu.
Da ging Abraham still und traurig nach Hause. Er mußte immerzu an Sodom denken.
Als er dann nach Hause kam und seine Frau sah, da wurde er wieder froh. Sie wußten beide, daß nun das langersehnte Kind kommen würde. Sie wollten zusammen darauf warten.

Doch Lot erhielt eine schlechte Nachricht. Sie wurde ihm durch die Engel überbracht, die auch bei Abraham gewesen waren.
Es war bereits Abend, als die Engel in Sodom ankamen.
Die Stadt war rundherum von einer Mauer umgeben. In der Mauer war ein Tor. Dadurch mußte man gehen, wenn man in die Stadt kommen wollte.
Am Tor saßen Menschen, unter ihnen war auch Lot.
Er sah die beiden Männer herankommen. Lot wußte nicht, wer sie waren, aber er dachte: Ich muß mich um sie kümmern, sonst könnten die schlechten Menschen von Sodom ihnen etwas Böses antun.
Darum nahm er die beiden Männer mit in sein Haus. Er gab ihnen zu essen und zu trinken und sagte: „Ihr könnt heute nacht bei mir bleiben und schlafen."
Aber o weh, was gab es da draußen? Da war auf einmal ein solcher Lärm und ein

solches Geschrei! Es wurde an die Tür gehämmert, und eine harte Stimme schrie: „Lot, wo sind die fremden Männer? Öffne die Tür, wir wollen sie holen. Wir werden ihnen schon helfen, diesen Fremdlingen!“

Es waren die Männer von Sodom, die so riefen. Sie hatten das Haus umstellt, so daß niemand heraus konnte. Sie waren so schlecht, daß sie jedem Fremden, der in die Stadt kam, Böses antun wollten.

Aber Lot hatte keine Angst. Er ging nach draußen, stellte sich direkt vor die häßlichen Menschen und sagte: „Tut den Männern nichts Übles an, sie haben euch doch nichts getan.“

Aber das half nichts, sie wurden noch böser und schrien: „Willst du den Herrn über uns spielen? Komm doch einmal her, wenn du es wagst. Wir werden es dir schon zeigen.“

Es hätte nicht viel gefehlt, so hätten sie Lot gepackt. Aber die Engel zogen ihn schnell ins Haus und schlossen die Tür ab. Und dann geschah ein Wunder.

Die schlechten Männer von Sodom wollten die Tür einschlagen, aber sie suchten und suchten und sahen die Tür nicht mehr. Es war genau so, als ob sie blind wären. Sie schauten überall umher, aber die Tür zu Lots Haus sahen sie nirgends. Gott sorgte dafür, daß sie sie nicht finden konnten.

Und endlich gingen sie, müde vom Suchen, alle fort.

Da erzählten die Engel Lot, warum sie gekommen waren: Um all die Menschen zu strafen, weil sie so böse waren. Um ihre Stadt zu zerstören, so daß sie alle sterben müßten.

Das war eine schlechte Nachricht!

„Aber du brauchst nicht zu sterben, Lot“, sprachen die Engel. „Du mußt bald weggehen, mit deiner Frau und deinen beiden Töchtern.“

Lot konnte das fast nicht glauben. Weggehen sollte er? Und sein Haus? Sollte das auch zerstört werden? Und seine Schafe und Kühe und seine andern Tiere? Sollte er die alle zurücklassen? Er hatte so schwer dafür gearbeitet. Er wollte doch so gern reich sein. Und nun sollte er das alles verlieren? Nun sollte er plötzlich arm werden?

Lot war ganz aufgebracht. Er ging noch nicht fort. Er liebte sein Haus zu sehr und alles andere, das er besaß.

Doch draußen begann es schon hell zu werden. Die Nacht war vorbei, der Tag der Strafe war angebrochen.

„Komm“, sprachen die Engel, „beeil dich, sonst mußt du auch sterben!“

Aber Lot blieb noch sitzen. Er tat genau so, als habe er nichts gehört.

Da faßten die Engel Lot bei der Hand und zogen ihn hinter sich her, und seine Frau und seine beiden Töchter auch. Sie gingen durch die Tür, über die Straßen, dann durch das Stadttor ins Freie.

„Lauft“, sprachen die Engel, „und bleibt nicht stehen und seht euch nicht um, denn sonst müßt ihr sterben!“

Da liefen die vier Menschen schnell fort. Schon begann hinter ihnen der Boden zu erdröhnen. Sodom wurde zerstört. Es regnete Feuer vom Himmel. Die Häuser begannen zu brennen. Und die brennende Stadt wurde ganz durcheinandergeworfen, so wie eine Schachtel voll Spielklötze durcheinandergeworfen wird. Der Boden

klaffte auseinander, und die Stadt sank in die Tiefe. Und dort entstand ein großes Wasser, ein Salzwasser, ein Salzmeer.
Jetzt waren all die schlechten Menschen tot. Gott hatte sie für ihre Sünden bestraft.
Lot aber wurde durch Gott gerettet.
Und seine Töchter auch.
Doch seine Frau ...
Gott wollte auch sie retten, aber sie dachte nur an ihr Haus und an ihr Geld.
Sie konnte sich nicht davon trennen, sie blieb stehen und sah sich um. Und da wurde sie furchtbar bestraft. Lots ungehorsame Frau war auf der Stelle tot.

An jenem Morgen stand Abraham früh auf und stieg die Anhöhe hinauf, um nach Sodom zu schauen.
Es lag aber eine dicke Rauchwolke über dem Land, und Sodom konnte man nicht mehr sehen.

Jetzt wußte Abraham, daß noch nicht einmal zehn Menschen in der Stadt gewesen waren, die Gott liebgehabt hatten.

Irgendwo in den Bergen fand Lot mit seinen beiden Töchtern eine Wohnung. In einer dunklen Höhle, als ein armer Mann.
Er hatte so gerne reich werden wollen. Er hatte sein Geld so liebgehabt und sein Haus und seine Tiere. Nun hatte er alles verloren.
Doch er hatte auch den Herrn liebgehabt, und den hatte er nicht verloren.
Der Herr war noch da und wollte auch weiterhin Lots Freund sein.
Wenn aber der Herr dein Freund ist, dann bist du nicht arm.

## *HAGAR UND ISMAEL*

Abraham und Sara hatten eine solch schöne Nachricht erhalten. Kennst du sie noch? Daß sie über ein Jahr ein Söhnchen bekommen sollten. Diese Nachricht hatte ihnen der Herr selber gebracht.
Geschah das auch?
Natürlich! Was der Herr verspricht, das geschieht immer.
Ein Jahr ging vorüber, und da wurde das Kind geboren, auf das sie so lange gewartet hatten. Es war ein Junge. Sie nannten ihn Isaak. Wie froh waren die beiden alten Menschen! Wie dankbar waren sie! Dies war nun das Kind, das Gott ihnen versprochen hatte, und das später zu einem großen Volk werden sollte.
Nun war es nicht mehr so still im Zelt.
Manchmal weinte das Kind, dann hatte es Hunger, dann kam Sara und gab ihm zu trinken.
Manchmal jauchzte das Kind vor Freude, dann war Abraham bei ihm und spielte mit ihm.
Der kleine Isaak wuchs gesund heran. Als erstes lernte er, im Zelt herumzukriechen. Später lernte er das Laufen und Sprechen. Er bekam auch Zähnchen und lernte es, Brot und Fleisch zu essen, genauso wie die Erwachsenen. Jetzt brauchte er nicht mehr bei seiner Mutter zu trinken.
Und dann gab es ein Fest, weil Isaak ein so großer Junge geworden war.
Auf diesem Fest geschah etwas Häßliches. Das war aber nicht Isaaks Schuld, sondern die Schuld eines andern Jungen, der Ismael hieß.
Ismael wohnte auch bei Abraham, und seine Mutter auch. Die hieß Hagar. Sie arbeitete als Dienstmagd bei Abraham und Sara.
Ismael war viel größer als Isaak, aber er war nicht lieb zu dem kleinen Jungen. Er war eifersüchtig auf ihn und dachte: Ich wollte, Isaak wäre nie geboren. Denn nun wird er hier später der Herr sein. Er bekommt fast alles, und ich bekomme fast nichts, denn er ist das von Gott verheißene Kind!
Und dann ging der große Ismael hin und quälte den kleinen Jungen. Er lachte ihn aus und verspottete ihn.
Aber Sara hatte es gesehen.
Und sie sagte zu Abraham: „Du mußt den Jungen wegschicken und seine Mutter auch. Der Junge kann nicht bei Isaak bleiben, denn er will immer den Herrn über ihn spielen und er ist sehr häßlich zu ihm."

Aber das wollte Abraham nicht, denn er hatte Ismael und auch Hagar sehr gern. Deshalb sagte Abraham: „Wegschicken? Das tue ich nicht!"
Aber der Herr sprach: „Du mußt es doch tun, Abraham, Sara hat recht, Ismael kann hier nicht bleiben. Schicke ihn getrost fort. Ich werde für Ismael sorgen."
Ja, jetzt mußte Abraham es tun, und wenn es ihm auch noch so leid tat. Der Herr hatte es gesagt.
Und dann sind Hagar und Ismael fortgegangen. Sie bekamen Brot mit und einen Krug Wasser für den Durst.
So zogen sie zusammen in die weite Welt, die Mutter und ihr Sohn.
Und Abraham stand an seinem Zelt und sah ihnen mit traurigem Herzen nach.
Hagar und Ismael mußten sehr lange wandern. Denn ganz weit fort lag das Land, in dem Hagar früher gewohnt hatte, bevor sie zu Abraham gekommen war. Dahin wollten sie zurück.
Aber Hagar gab nicht gut acht auf den Weg. Denn sie hatte über so vieles nachzudenken und war sehr traurig. Da verlief sie sich und kam in eine Wüste. Hier gab es nichts als Sand, Sand und nochmals Sand. Und die Sonne brannte arg auf ihren Kopf herunter. Und der Boden war ganz heiß unter ihren Füßen. Und nirgends war ein Baum, der ein wenig Schatten spendete.
Hagar und Ismael irrten umher. Manchmal hielten sie einen Augenblick an und tranken aus ihrem Krug, denn es war schrecklich heiß. Dann liefen sie wieder weiter.
Sie waren sehr traurig, denn nun hatten sie kein Haus mehr und kein Bett, um darin zu schlafen. Nun hatten sie niemand mehr, der für sie sorgte.
Niemand?
Und der Herr?
Aber daran dachten die beiden nicht.
„Mutter, ich habe solchen Durst!"
Da bekam Ismael wieder ein Schlückchen Wasser, aber sie hatten nicht mehr viel Wasser, sie hatten schon so oft getrunken. Der Krug war fast leer.
Ismael war ganz müde und matt von der Hitze. Er konnte kaum noch laufen.
„Mutter, ich habe solchen Durst!"
Hagar reichte ihm den Krug, und Ismael setzte ihn an den Mund und wollte trinken, aber der Krug war leer.
„Mutter, es ist kein Wasser mehr drin."
Da erschrak Hagar. Und sie schaute umher, ob sie nicht irgendwo Wasser finden könnte. Aber da war kein Wasser. Nirgends war ein Graben oder ein Tümpel oder ein Brunnen. Und nirgends war jemand, den sie um Wasser bitten konnte. Es gab hier nichts als Sand, trockenen, glühenden Sand.
Ismael hatte solchen Durst. Er war krank vor Durst und Müdigkeit. Er schleppte seine Füße durch den Sand. Plötzlich fiel er nieder. Er konnte nicht mehr laufen. Er lag im Sand und stöhnte.
Hagar konnte ihrem Jungen nicht helfen. Sie hob ihn auf und trug ihn ein Stückchen weiter. Da war ein kleiner Strauch, der noch ein wenig Schatten gab. Dort legte sie ihn nieder. Das war alles, was sie für ihn tun konnte.
Und da lag Ismael nun. Er war so blaß. Die Augen fielen ihm zu, und sein Stöhnen wurde immer schwächer.
Hagar wagte nicht mehr, ihn anzuschauen.

Sie konnte es nicht mehr länger mit ansehen, wie ihr Kind dort im Sterben lag. Sie lief ein Stück fort und setzte sich in den Sand und weinte.
„O mein Junge!“ schrie sie, „mein lieber, lieber Junge! Nun stirbst du vor Durst, und deine Mutter kann dir nicht helfen!“
Sie weinte und schluchzte.
Und die Tränen rollten ihr über die Wangen in den glühenden, heißen Sand.
Auf einmal blickte Hagar auf. Sie hörte etwas. Sie schaute umher, aber sie sah niemand. Trotzdem war da eine Stimme, und die sprach: „Hagar, was fehlt dir? Du brauchst keine Angst zu haben, denn ich habe deinen Jungen genau gehört. Steh auf und geh zu ihm, ich werde für ihn sorgen.“
Die Stimme kannte Hagar doch! Es war die Stimme Gottes! Nun würde alles gut werden. Sie wischte sich die Tränen ab und lief eilig zu ihrem Kind. Und da sah sie Wasser. Sie sah einen Brunnen, ein tiefes Loch in der Erde, mit schönem, klarem Wasser. Sie eilte mit ihrem Krug hin. Sie ließ ihn von dem herrlichen, kühlen Wasser ganz vollaufen. Und nun schnell wieder zurück zu ihrem Jungen! Und nun ihn hochgehoben und gleich den Krug an seinen Mund!
Ja, wie Ismael trank! Er schlug die Augen auf, und seine blassen Backen bekamen Farbe. Nach kurzer Zeit konnte er wieder aufstehen und laufen. Und mit einem vollen Krug gingen sie weiter.
Nun waren sie nicht mehr betrübt.
Es gab noch jemand, der für sie sorgte.

Vater Abraham war nicht mehr da, aber der Vater im Himmel war noch da und blieb alle Zeit bei ihnen. Dieser Vater zeigte Hagar auch den Weg in das ferne Land.
Dort blieben sie dann wohnen. Dort wuchs Ismael zu einem großen und starken Mann heran.

## *ISAAK*

Isaak war ein großer Junge geworden. Und je größer er wurde, um so mehr liebte Abraham ihn.
Gott hatte ihm dies Kind geschenkt.
Abraham liebte Gott auch sehr. Aber wen liebte Abraham mehr, Gott oder sein Kind?
Er brachte Gott oft ein Opfer dar. Dann schenkte er dem Herrn etwas. Er wollte ihm alles geben, was er hatte.
Alles?
Und sein Kind?
Ob er Gott auch sein Kind geben würde?
Da dachte der Herr: Ich will doch einmal sehen, wen Abraham mehr liebt, mich oder sein Kind? Ob er mich wohl über alles liebt?
Und Gott rief in der Nacht: „Abraham!“
Abraham wurde sofort wach und sagte: „Hier bin ich.“
Da hörte er den Herrn sagen: „Abraham, du mußt mir dein Kind geben. Du mußt es opfern auf dem Berg Morija.“
Oh, wie erschrak Abraham da! Sein einziges Kind, das er so liebhatte, durfte er es nicht behalten? Das Kind, das Gott ihm selbst geschenkt hatte, mußte er es jetzt wieder zurückgeben? Dabei hatte Gott doch gesagt, daß Isaak in diesem Land wohnen und der Vater eines großen

Volkes werden sollte! Abraham konnte das nicht begreifen. Er konnte es fast nicht glauben. Aber Gott hatte es ausdrücklich gesagt, und da mußte er gehorchen. Doch Abraham hätte schreien mögen vor Schmerz.
Er konnte nicht mehr schlafen. Er mußte immerzu daran denken und denken... Sollte er es tun oder nicht? Abraham war sehr traurig.
Denn, wenn er es tun würde, dann hätte er kein Kind mehr.
Aber wenn er es nicht tun würde, dann wäre Gott nicht mehr sein Freund.
Was sollte er tun?
Abraham wußte es nicht.
Nein, er wußte es doch!
Wenn Gott etwas sagt, dann ist es immer gut. Dann muß man immer gehorchen, auch wenn man nichts davon versteht. Und wenn man auch deswegen Kummer hat.
Das glaubte Abraham. Und der Glaube machte ihn gehorsam.
Er dachte: Ich weiß nicht, warum Gott das verlangt. Aber ich tue es, denn Gott hat es gesagt, und Gott kann auch dafür sorgen, daß alles wieder gut wird.
Deshalb stand Abraham in der Frühe des folgenden Morgens auf und machte einen Esel fertig und weckte zwei seiner Knechte. Und dann ging er in das Zelt, in dem Isaak schlief.
„Wach auf, mein Junge, wir machen eine Reise!"
Nun, das tat Isaak gern. Und es wurde eine schöne, lange Reise.
Drei Tage dauerte sie, bevor sie am Ziel waren. Es war die herrlichste Reise, die Isaak bisher gemacht hatte.
Aber für Abraham war es die beschwerlichste Reise. Noch nie hat ein Vater eine so beschwerliche Reise gemacht.
Endlich kamen sie an den Berg Morija. Da sagte Abraham zu den Knechten: „Nun müßt ihr mit dem Esel hierbleiben. Isaak und ich gehen nach oben. Und wenn wir dort ein Opfer gebracht haben, dann kommen wir zurück!"
Dann kommen wir zurück!
Ja, das sagte Abraham.
Das meinte er auch so. Er glaubte fest, daß Gott alles gutmachen würde.
Isaak durfte das Holz tragen. Abraham nahm den Topf mit Feuer. So machten die beiden sich gemeinsam auf den Weg.
Plötzlich aber blieb Isaak stehen.
„Vater", sagte er.
Und Abraham erwiderte: „Was ist, mein Junge?"
„Vater", sagte Isaak, „du hast das Feuer, und ich trage das Holz, aber wo ist das Lamm, das wir opfern wollen?"
Abraham sprach: „Für ein Lamm wird Gott sorgen, mein Junge."
So gingen die beiden zusammen weiter. So kamen sie oben auf dem Berg an. Dort errichtete Abraham einen Altar aus Steinen. Er legte Holz darauf.
Ja, und nun mußte Abraham es wohl sagen.
Jetzt erzählte er Isaak, daß er nun das Lamm sein müsse.
Und er legte Isaak auf das Holz.
Aber da rief der Herr: „Abraham, Abraham!"
Denn jetzt war es genug. Gott hatte gesehen, daß Abraham ihm alles geben wollte.
Abraham sagte froh: „Hier bin ich."

Und der Herr sprach: „Halt an, Abraham, und tue dem Jungen nichts! Denn nun weiß ich, daß du mich über alles liebhast, und daß du mir sogar dein Kind geben willst."
Wie froh war Abraham jetzt! Er band Isaak schnell los und nahm ihn fest in seine Arme.
Und plötzlich hörte er etwas hinter seinem Rücken rascheln. Und als er sich umsah, erblickte er ein Lamm, das in den Sträuchern festsaß. Dafür hatte Gott gesorgt.
Abraham legte das Lamm auf das Holz und brachte dem Herrn ein Opfer. Noch nie in seinem Leben war er so glücklich und dankbar gewesen.

Dann sind sie wieder zusammen nach Hause gegangen.
Gott hatte alles gut gemacht. Abraham hatte noch sein Kind.

Gott war noch sein Freund. Oh, Gott war ihm noch nie ein solch guter Freund gewesen!
Und Isaak würde nun doch der Vater eines großen Volkes werden.

Und später, viel später, als Abraham längst im Himmel war ...
Da ist noch einmal ein Vater gewesen, der seinen Sohn opferte, aber da rief niemand: „Halt an!“ Da ist der Sohn wirklich das Lamm gewesen.
Wer war der Vater?
Es war Gott selber, der uns so liebhat, daß er seinen einzigen Sohn für uns dahingegeben hat.
Wer war der Sohn?
Es war Jesus, der am Kreuz gestorben ist, um für uns die Strafe zu tragen, und der für uns das Lamm sein sollte.

## *JAKOB UND ESAU*

Abraham war gestorben und Sara auch. Sie waren sehr alt geworden. Und nun waren sie beide im Himmel bei Gott.
Isaak aber war ein großer Mann geworden. Er wohnte im Zelt seines Vaters Abraham und war der Herr über alles.
Doch er wohnte dort nicht allein.
Er hatte eine Frau, die hieß Rebekka.
Und sie hatten zwei Kinder, die hießen Jakob und Esau.
Jakob und Esau waren an einem Tage geboren. Sie waren fast gleich alt. Esau war nur ein klein wenig älter.
Sie waren Zwillinge, aber sie glichen einander nicht.
Esaus Haut war mit Haaren bewachsen. Es war so, als trüge er ein Kleid aus Haaren. Jakobs Haut aber war weiß und glatt.
Esau war ein lauter, wilder Junge, der es zu Hause nicht aushalten konnte. Er lief weit hinaus aufs Feld und in die Wälder, und dort schoß er Hirsche und andere Tiere.
Jakob war viel ruhiger und netter. Er blieb bei seiner Mutter im Zelt oder versorgte die Schafe. Und oft saß er still da und dachte.
Er dachte dabei viel an Gott. Jakob hatte Gott lieb und wollte gern sein Kind sein.
Esau jedoch dachte wenig an Gott.
Trotzdem hatte Isaak Esau lieber, denn er brachte solch schmackhaftes Fleisch nach Hause, und das briet er dann für seinen Vater.
Aber Rebekka hatte Jakob lieber, denn er war gern bei ihr im Zelt und konnte so verständig reden.
Jakob war Mutters Liebling.
Und Esau war Vaters Liebling.
Wer aber würde später Gottes Liebling sein?
Und wer würde später in Isaaks Zelt wohnen und der Herr sein über alles?
Wer würde den großen Segen bekommen und der Erbe werden, Jakob oder Esau?
Isaak und Rebekka wußten es wohl. Gott hatte gesagt, daß Jakob es sein solle. Darüber war Rebekka froh, denn Jakob war ihr Liebling. Rebekka fand es gut so.
Isaak gefiel es gar nicht, er dachte: Esau ist der ältere, und der ältere muß hier später der Herr sein. Der muß meinen Segen haben.

Isaak wollte klüger sein als Gott. Er wollte seinen eigenen Kopf durchsetzen. Darum war Rebekka oft unruhig. Sie dachte: Gott hat versprochen, daß Jakob der Erbe sein soll. Gott wird es doch wohl nicht vergessen? Und sie dachte nicht daran, daß Gott nie etwas vergißt.
Auch Jakob war unruhig, und er überlegte oft: Wie schade, daß Esau der ältere ist! Wäre ich doch der ältere!

Eines Tages saß Jakob vor dem Zelt, er hatte etwas auf dem Feuer gekocht. Einen Topf voll roter Suppe, Linsensuppe. Die roch sehr gut.
Da kam Esau gerade vorbei. Er war weit im Feld umhergelaufen. Nun war er müde und hatte schrecklichen Hunger.
Da roch er die herrliche Linsensuppe. Seine Augen glänzten.
„Oh“, rief er, „gib mir das! Laß mich doch von dem Roten da trinken!“
Aber Jakob war schlau.
Er sagte: „Ich will dir gern davon geben, aber dann muß ich der ältere sein, dann muß ich später den väterlichen Segen bekommen.“
Esau lachte.
Er rief: „Den kannst du haben, was kümmert mich der Segen?“
Da bekam Esau die Linsensuppe. Er bekam auch noch Brot dazu. Jakob war nun sehr gut zu seinem Bruder. Aber es war nicht schön, was Jakob getan hatte.

Jahre gingen vorüber.
Vater Isaak wurde alt. Er konnte nicht mehr gut sehen. Und zum Schluß konnte er überhaupt nichts mehr sehen. Er war blind geworden.
Er war auch sehr schwach. Jeden Tag lag er auf seinem Bett im Zelt. Und er dachte: Ich werde nun wohl bald sterben! Wer soll dann in meinem Zelt wohnen und der Herr sein über alles? Esau! Ja, nicht Jakob, Esau muß es sein!
Da sagte Isaak eines Tages zu Esau: „Mein Sohn, geh aufs Feld und schieß mir ein Tier, schlachte es und brate es, so wie ich es gern habe. Wenn ich es dann gegessen habe, werde ich dir meinen Segen geben.“
Esau hätte jetzt sagen müssen: „Nein, Vater, Jakob muß den Segen haben, das habe ich ihm versprochen.“
Esau aber dachte: Ach, was kümmert mich, was ich versprochen habe. Ich will jetzt den Segen haben und der Erbe sein. Und er ging aufs Feld, um ein Tier zu schießen.
Doch Mutter Rebekka hatte alles gehört und ging schnell zu Jakob. Oh, wie unruhig war sie nun!
„Wir müssen ganz listig sein“, sagte sie, „sonst bekommst du den großen Segen nicht. Wir müssen deinen Vater betrügen. Schnell, geh zur Herde und hol mir zwei Böckchen. Die werde ich braten, wie er es gern hat, und dann mußt du sie deinem Vater bringen. Und dann mußt du so tun, als wärest du Esau. Dein Vater ist doch blind, er merkt es bestimmt nicht.“
Doch Jakob wollte nicht so recht.
„Vater kann es doch fühlen, daß ich es bin“, sagte er, „denn Esau hat so viele Haare auf den Händen, meine Hände sind aber ganz glatt.“
Aber auch dafür wußte seine Mutter Rat.
„Geh nur“, sagte sie, „tu, was ich sage.“
Da ging Jakob zur Herde. Er schlachtete

zwei Böckchen, und seine Mutter briet sie. Dann zog sie ihm Esaus Kleider an, die so gut rochen nach Wald und Feld, und die Häute der Böckchen mit den vielen Haaren darauf streifte sie über Jakobs Hände und um seinen glatten Hals. So kam Jakob zu seinem Vater ins Zelt.
„Mein Vater", sagte er.
Isaak fragte: „Wer bist du, mein Sohn?"
Und Jakob log: „Ich bin Esau, dein ältester Junge. Ich bin schon wieder vom Feld zurück. Setz dich nur auf und iß mit Wohlbehagen von dem Fleisch, und dann gib mir deinen Segen."
Aber Isaak merkte doch etwas und sagte: „Bist du auch bestimmt Esau? Du hast solch eine fremde Stimme! Komm doch einmal zu mir und laß mich fühlen, ob du auch wirklich Esau bist."
Da trat Jakob an das Bett seines Vaters. Und der Vater betastete seine Hände. Ja, die waren voller Haare. Aber was war mit der Stimme?
„Die Stimme ist Jakobs Stimme, aber die Hände sind Esaus Hände", sagte der alte Mann. Und dann fragte er nochmals: „Bist du auch wirklich Esau?"
„Ja", log Jakob abermals, „ich bin es."

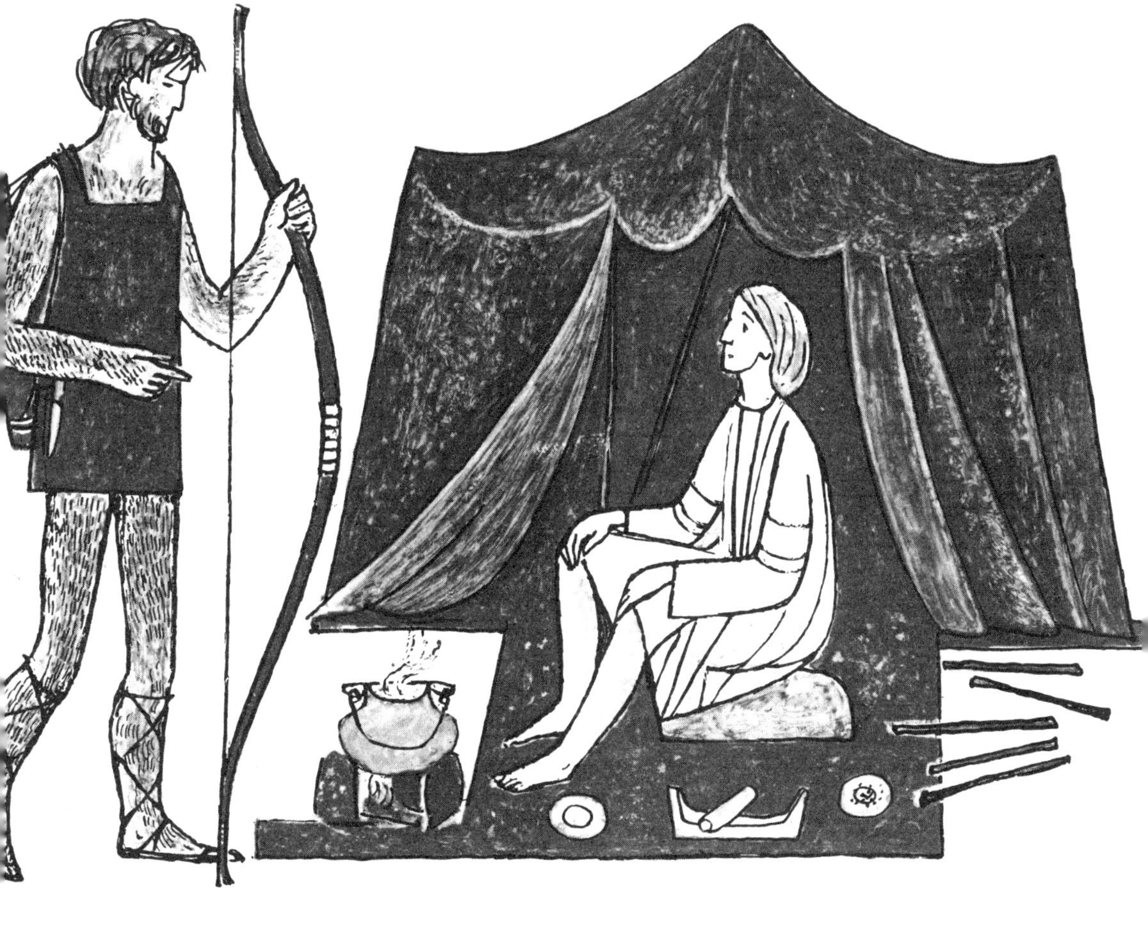

Das Fleisch stand am Bett, es roch so lieblich. Isaak aß davon. Jakob holte auch Wein für den Vater, und Isaak trank davon.
Dann sagte er: „Gib mir einen Kuß, mein Sohn."
Das tat Jakob. Und dieser Kuß war eigentlich auch eine Lüge. Aber Isaak roch die Kleider Esaus, und da dachte er ganz sicher, daß es Esau sei, der da vor seinem Bett kniete.
Er streckte seine Hände aus und legte sie auf das Haupt seines Sohnes. Und dann segnete er ihn. Er versprach ihm, daß er später der Herr sein solle über alles und daß er auch der Freund Gottes sein solle.
Jakob wagte nicht aufzublicken. Er fühlte, wie schlecht, wie häßlich er war. Er hatte seinen alten Vater betrogen, und doch bekam er den großen Segen, denn Gott hatte es versprochen. Und was Gott versprochen hat, das hält er immer.
Kurz darauf kam Esau zurück. Er hatte ein Tier geschossen und schlachtete und briet es. Dann brachte er es ins Zelt seines Vaters.
„Mein Vater, hier bin ich", rief er.
Isaak erschrak. Plötzlich begriff er, daß er betrogen worden war.
Als Esau das hörte, schrie er auf vor Zorn. Und zu den Leuten sagte er: „Ich erwische Jakob schon! Wartet nur, wenn mein Vater nicht mehr da ist, dann werde ich ihn totschlagen, den Betrüger!"
Rebekka hörte das. Da rief sie Jakob zu sich und sagte: „Du mußt weggehen, mein Junge, weit weg, in ein fremdes Land. Dort wohnt ein Onkel von dir, zu ihm mußt du sofort gehen. Nach einiger Zeit, wenn Esau nicht mehr böse ist, kannst du wieder zurückkommen. Dann werde ich dich rufen!"
Das hat Jakob dann auch getan. Er flüchtete ganz weit fort, in die weite Welt hinaus, wo Esau ihn nicht finden konnte. Nun war er ein armer Flüchtling. Das hatte er nun von seinem Betrug!
Und Rebekka hatte ihren Jungen verloren, den sie so liebhatte. Das hatte sie von ihrem schlechten Rat!
Und Isaak lag traurig auf dem Bett.
Und Esau lief mit seinem bösen Herzen umher.
Sie hätten so froh und glücklich sein können, die vier Menschen. Nun waren sie überhaupt nicht mehr glücklich.
Weil sie alle vier Böses getan hatten.
Davon wirst auch du unglücklich.

## *IN DIE WEITE WELT*

Jakob ging in die weite Welt. Er lief und lief immer weiter von zu Hause fort.
Viel lieber wäre er daheimgeblieben. Er fand es schrecklich, so weit von zu Hause fort zu sein. Aber er mußte. Wenn er daheimgeblieben wäre, dann hätte ihn sein Bruder Esau totgeschlagen.
Das hatte er nun von seiner List und von seinem Betrug. Er hätte so schön bei seiner Mutter bleiben können. Nun mußte er ganz allein in die Welt hinaus.
Es war eine lange Reise in das ferne Land, in dem Jakobs Onkel wohnte. Jakob fühlte sich so allein. Und er war traurig und bereute sehr, daß er seinen alten, blinden Vater betrogen hatte.
Er dachte: Nun ist niemand mehr da,

der für mich sorgt. Denn Gott wird auch nichts mehr von mir wissen wollen. Ich habe so schlecht gehandelt.
Das war noch das schlimmste von allem, daß Gott nun auch erbost über ihn war, und vielleicht nie wieder sein Freund werden wollte.

Endlich wurde es Abend. Die Sonne ging unter. Es begann dunkel zu werden, aber nirgends war ein Haus, in dem Jakob schlafen konnte. Er mußte draußen schlafen unter freiem Himmel. Und so legte er sich auf den Boden, mit dem Kopf auf einem Stein.
Da lag er nun in dem dunklen Land.
Er schaute nach den Sternen, aber der Himmel war ganz dunkel. Und Gott war weit fort. Gott wollte sicher nicht mehr nach dem schlechten Jakob schauen, nach dem Betrüger ...
Jakob dachte: Wäre Gott mir nur wieder gut! Ich möchte so gern sein Freund sein. Wie sehr bereue ich, daß ich so schlecht gewesen bin!
Dann fielen ihm die Augen zu.
Er schlief und hatte einen schönen Traum.

Er sah eine Leiter, die war so hoch, daß ihre Spitze den Himmel berührte. Engel stiegen vom Himmel die Leiter herunter und wieder hinauf. Und ganz oben an der Leiter stand der Herr. Der schaute freundlich auf Jakob herab und sprach: „Ich bin der Herr, der Gott Abrahams und deines Vaters Isaak. Geh nur ruhig in die Welt hinaus. Ich gehe mit dir und werde dich gesund wieder zurückbringen. Du darfst trotz allem noch mein Freund sein! Und in diesem Land, in dem du nun

liegst und schläfst, da sollen einst deine Kinder wohnen."
Da wachte Jakob auf. Es war Morgen, er hatte geträumt.
Ja, aber es war doch wirklich geschehen. Der Herr hatte wirklich gesagt, daß er für Jakob sorgen wolle.
Jakob sagte: „Diesen Ort werde ich nie mehr vergessen."
Er stellte den Stein, auf dem er mit seinem Kopf gelegen hatte, aufrecht, und dann wollte er so gern ein Opfer bringen. Er wollte Gott etwas geben, um ihm zu zeigen, wie froh und dankbar er war. Aber er hatte nichts bei sich, nichts außer einem Krug voll Öl.
Er leerte den Krug über dem Stein aus. Das war sein Opfer, und er sagte: „Lieber Herr, ich danke dir, daß du so gut zu mir bist. Nun will ich dich immer liebhaben, und wenn ich wieder zurückkomme, werde ich dir hier ein neues Opfer bringen."
Dann ging er fort in die weite Welt.
Aber nun war er nicht mehr bang und ängstlich.
Denn nun war er nicht mehr allein.
Der Herr ging mit ihm und sorgte für ihn. Und Gott hat Jakob auch gesund zu seinem Onkel gebracht.

## *JAKOB KOMMT ZURÜCK*

Jakob wohnte nun in dem fernen fremden Land. Er wurde Knecht bei seinem Onkel. Er hütete die Schafe und die Kühe.
Jakob blieb lange dort. Er arbeitete tüchtig und bekam auch Schafe und Kühe und andere Tiere. Er wurde ein reicher Mann. Dafür sorgte Gott.
Dort heiratete er auch eine Tochter seines Onkels, die hieß Lea. Und später heiratete er eine andere Tochter seines Onkels, die hieß Rahel. Und Gott schenkte ihm viele Kinder.
Aber mußte er nun immer in dem fremden Land bleiben?
Seine Mutter hatte doch gesagt: „Ich werde dir Nachricht geben, wenn du zurückkommen kannst. Wenn Esau nicht mehr böse auf dich ist."
Doch die Nachricht von seiner Mutter kam nicht.
Aber eines Tages sprach Gott: „Jakob, nun mußt du zurückkehren in dein Land. Geh nur getrost, ich gehe mit dir. Ich werde auch weiterhin für dich sorgen."

Da ging Jakob auf die Reise, mit seinen Frauen und seinen Kindern und seinen Knechten und seinen Mägden und seinen Schafen und seinen Kühen und seinen Kamelen, mit allem, was er hatte. Es war ein gewaltig großer Zug. Geradeso wie Abraham früher nach Kanaan gegangen war, so zog jetzt Jakob auch dorthin.
Als armer Flüchtling war Jakob fortgegangen, ganz allein fortgegangen.
Als reicher Mann kehrte er zurück, mit einer großen Menge Menschen und Tiere, die alle ihm gehörten.
So gut hatte der Herr für ihn gesorgt.
Sein Onkel war gar nicht einverstanden, daß Jakob fortging. Er wollte ihn zurückhalten. Aber der Herr sprach: „Wehe, wenn du Jakob nicht gehen läßt!"
Und da wagte der Onkel es nicht, ihn zurückzuhalten.

Es war eine sehr lange und sehr mühsame Reise. Doch endlich kam Jakob nahe an das Land, in dem er früher mit seinem Vater und seiner Mutter gewohnt hatte. Doch nun wurde er ängstlich. Denn er dachte daran, was früher geschehen war, und daß sein Bruder Esau so böse auf ihn gewesen war und ihn sogar hatte totschlagen wollen. Deswegen war Jakob ja damals geflüchtet.

Würde Esau noch daran denken? Würde er noch so böse auf Jakob sein?

Jakob hoffte sehr, daß Esau es vergessen habe. Denn Esau war so stark und so ungestüm! Wenn Jakob gegen ihn kämpfen müßte, würde er sicher verlieren.

Jakob dachte: Ich weiß, was ich tue. Ich werde einen Boten zu Esau mit der Nachricht schicken, daß ich wieder sein guter Freund sein möchte.

Und das tat er dann. Er schickte Esau auch ein schönes Geschenk: Schöne Schafe, schöne Ziegen, schöne Kamele und noch vieles andere mehr, eine ganze große Herde. Ein paar Knechte mußten all die Tiere zu Esau bringen.

Als aber die Knechte zurückkamen, sagten sie: „Herr, gib acht, Esau kommt schon heran. Er hat viele starke Männer bei sich, an die vierhundert. Und die haben alle Schwerter, mit denen sie zuschlagen können, und Speere, mit denen sie stechen können."

Jakob erschrak sehr. Er hatte solche Angst, daß er nicht schlafen konnte. Als alle anderen schon schliefen, stand er noch draußen in der Dunkelheit und dachte: Nun kommt Esau, um mich zu strafen. Nun schlägt er uns vielleicht alle tot.

Aber dann dachte er an Gott. Gott hatte ja versprochen, daß er für Jakob sorgen wolle.

Jakob sagte: „O lieber Herr, hilf mir doch! Du hast es ja versprochen. Ich habe solche Angst vor Esau."

Und nach diesem Gebet war auf einmal ein Engel bei Jakob. Der blieb die ganze Nacht bei ihm. Und als es Morgen wurde, hatte Jakob keine Angst mehr.

Er wußte, daß Esau ihm nichts Böses tun konnte, weil Gott bei ihm war.

Am selben Tag kam Esau.

Der Boden dröhnte, als er heranritt mit all seinen Knechten. Wolken von Staub flogen auf. Die großen Schwerter blitzten in der Sonne. Es sah sehr gefährlich aus, aber Jakob hatte keine Angst mehr.

Ruhig ging er Esau entgegen.

Und dann ...

Dann kam Esau auf ihn zu, legte seine starken Arme um Jakob und ... gab ihm einen Kuß. Er war überhaupt nicht mehr böse, er war froh, daß sein Bruder zurückgekehrt war.

Wie herrlich war das!

Gott hatte die Bosheit aus Esaus Herz weggenommen.

Sie saßen dann nebeneinander im Zelt, die beiden Brüder. Sie hatten sich soviel zu erzählen. Die Kinder durften auch kommen und dem Onkel Esau einen Kuß geben. Es war ein schöner Tag.

Und als es Abend wurde, zog Esau wieder weiter. Und Jakob reiste in das Land Kanaan. So kam er endlich wieder nach Hause.

Mutter Rebekka war inzwischen gestorben. Aber Vater Isaak lebte noch. Und er war sehr froh, daß sein Sohn zurückgekehrt war.

Und später, als Isaak gestorben war, wohnte Jakob in Isaaks Zelt, und nun war er der Freund Gottes.

## *JOSEPH*

Weißt du, wer Joseph war?
Joseph war ein Sohn Jakobs.
Er hatte sehr viele Brüder. Zehn große Brüder und einen kleinen Bruder. Der hieß Benjamin. Den hatte Jakob gern, aber Joseph hatte er am liebsten.
Vater Jakob liebte Joseph mehr als seine andern Söhne. Er verwöhnte ihn sogar ein wenig. Er gab ihm ein schönes Kleid mit vielen Farben, ein Prinzenkleid.
Der kleine Benjamin blieb fast immer zu Hause bei seinem Vater. Joseph war auch oft daheim. Aber all die andern, die zehn großen Brüder, waren den ganzen Tag über auf dem Feld, um die Schafe und Kühe zu hüten.
Manchmal half ihnen Joseph dabei. Aber er fand es nie schön bei den Brüdern, denn sie waren immer böse zu Joseph. Weißt du, warum?
Weil er ein so schönes Kleid bekommen hatte und sie nicht.
Aber auch, weil sie manchmal etwas Schlechtes taten und Joseph alles dem Vater erzählte.
Und auch noch deshalb, weil Joseph manchmal solch seltsame Träume hatte.

Einmal träumte Joseph, daß er mit seinen Brüdern auf dem Kornfeld sei. Das Korn war schon gemäht. Nun mußte es zusammengebunden werden. Das nennt man „in Garben binden“.
Joseph band eine Garbe und legte sie auf das Feld, aber plötzlich stellte sich die Garbe aufrecht. Und die Garben der Brüder stellten sich im Kreis um sie auf und verbeugten sich tief vor Josephs Garbe. Diesen Traum konnte Joseph nicht vergessen. Und er erzählte ihn seinen Brüdern. Aber sie wurden sehr böse darüber und sagten: „Ja, das möchtest du wohl, daß wir uns vor dir verbeugen, daß du der Herr über uns wirst, du eingebildeter Träumer!“

Ein anderes Mal träumte Joseph etwas noch Seltsameres. Da kamen die Sonne, der Mond und elf Sterne vom Himmel herab und verbeugten sich vor ihm.
Als er diesen Traum erzählte, ärgerte sich auch sein Vater über ihn und sagte: „Junge, Junge, was ist das nur für eine Träumerei! Glaubst du denn wirklich, daß wir uns alle vor dir verbeugen werden, ich und deine Mutter und deine Brüder? Das ist doch nicht möglich!“
Ja, Joseph glaubte das auch selbst nicht recht, aber er hatte es doch ganz gewiß geträumt!
Vater Jakob konnte die Träume nicht mehr vergessen. Er mußte immer wieder daran denken.
Und die Brüder waren sehr ärgerlich über Joseph. Sie hätten ihn am liebsten geschlagen, so ärgerlich waren sie. Sie hätten ihn fast totschlagen mögen.
Aber das wagten sie nicht.
Weil Vater Jakob noch da war.

Einmal waren die Brüder ganz weit mit den Schafen fortgegangen. Und sie kamen abends nicht wieder nach Hause.

Da sagte Vater Jakob zu Joseph: „Du mußt einmal zu deinen Brüdern gehen und nachsehen, wie es ihnen geht. Und dann mußt du schnell wieder zurückkommen und mir alles erzählen. Ich bin ihretwegen ein wenig in Unruhe."
Joseph machte sich auf den Weg, um seine Brüder zu suchen. Er irrte lange auf den weiten Feldern umher und suchte überall, aber er konnte sie nirgends finden. Aber schließlich begegnete er einem Mann, und der zeigte ihm den Weg. Und dann fand er die Brüder.
Sie hatten ihn aber schon von weitem kommen sehen, die bösen Brüder.
„Seht", sagten sie zueinander, „da kommt der Träumer! So, endlich haben wir ihn! Nun ist der Vater weit fort. Wißt ihr, was wir tun? ... Wir schlagen ihn tot, und dann werfen wir ihn in den Brunnen und sagen dem Vater, daß ein wildes Tier ihn aufgefressen hätte. Dann wollen wir mal sehen, was bei seinen schönen Träumen herauskommt."
Aber der älteste Bruder sagte: „Nein, das tun wir nicht. Wir töten ihn nicht. Wir werfen ihn am besten lebendig in den Brunnen."
Der älteste Bruder hieß Ruben. Er war nicht so schlecht wie die anderen, aber er fürchtete sich vor ihnen, und darum wollte er besonders schlau sein. Er dachte:

Dann hole ich Joseph heimlich wieder heraus, heute abend, wenn es dunkel ist. Da packten sie Joseph und schleppten ihn fort. Sie rissen ihm sein schönes Kleid vom Leib und warfen ihn in den Brunnen. Er weinte und jammerte, aber das kümmerte sie nicht. Sie hatten kein Mitleid mit ihm.

„So“, riefen sie, „da liegst du gut. Träum nur weiter, daß du der Herr über uns wärest.“

Dann setzten sie sich nahe an den Brunnen und aßen. Sie brachten es fertig, ruhig dazusitzen und zu essen, während ihr Bruder tief unter ihnen lag und rief und weinte.

Doch Ruben war nicht so schlecht und so grausam.

Ruben lief aufs Feld.

Wartet nur, dachte er, wenn es nur erst dunkel ist!

Und er dachte, daß er es besonders schlau angefangen habe.

Zum Glück war kein Wasser im Brunnen. Joseph konnte nicht ertrinken. Aber er konnte auch nicht herauskommen. Die Wände waren viel zu hoch und zu glatt. Und sein Vater ahnte nichts. Der war weit weg und konnte ihm nicht helfen.

Joseph hatte große Angst. Er weinte. Aber dann dachte er an den Vater im Himmel. Der sah ihn bestimmt. Der allein konnte ihm helfen. Als Joseph daran dachte, hatte er keine Angst mehr.

Da hörte er wieder Stimmen. Seine Brüder waren zurückgekommen. Ob er wohl wieder heraus durfte? Ja, wirklich, sie zogen ihn an einem Seil nach oben.

Aber was waren das für fremde Männer,

die da herumstanden? Sie hatten Kamele bei sich, die große Säcke trugen. Sie sahen aus wie Kaufleute aus einem fremden Land. Warum schauten sie Joseph so an und musterten ihn von allen Seiten?

Die fremden Männer gaben den Brüdern Geld, und dann banden sie Joseph mit einem Strick und zogen ihn fort zu den Kamelen. Jetzt erst begriff Joseph, was mit ihm geschehen sollte. Die Brüder hatten ihn verkauft. Er wurde an einem Kamel festgebunden und mußte mit den fremden Männern fortziehen.

Er weinte herzergreifend und rief: „Helft mir doch, helft mir doch, ich will zurück zu meinem Vater!“

Aber die Brüder hatten kein Mitleid. Und Ruben war nicht da. Erst als Joseph schon ganz weit fort war, kam Ruben zurück. Doch jetzt war es zu spät.

„O weh“, rief Ruben, „was wird unser Vater dazu sagen?“

Aber die andern wußten schon Rat. Sie fürchteten sich nicht vor einer Lüge. Sie [illegible] nmierten [illegible] leid. Das [illegible] sie durch [illegible] und ließen [illegible] s haben wir [illegible] t das nicht [illegible]

[illegible] r. Denn als [illegible] er, sein ge- [illegible] wilden Tier [illegible]

[illegible] bt und sagte: [illegible] verden, nach- [illegible] st.“

[illegible]

[illegible] leid nur mit dem Blut eines Böckchens beschmiert war. Aber ... hatte er nicht selber vor langer Zeit auch seinen Vater betrogen mit einem Böckchen und mit dem Kleid seines Bruders?

## *JOSEPH IN ÄGYPTEN*

Vater Jakob glaubte, daß Joseph tot sei. Aber es war nicht so.

Er war in einem fernen Land. Dorthin hatten ihn die fremden Kaufleute gebracht. Ägypten hieß das Land.

Sie waren mit Joseph auf den Markt gegangen, und dort hatten sie ihn an einen reichen Mann verkauft. Der hieß Potiphar.

Nun war Joseph der Knecht dieses Herrn und konnte nie wieder zu seinem Vater zurück, wie sehr er das auch wünschte.

Sein neuer Herr hatte noch viel mehr Knechte. Die mußten den ganzen Tag über schwer arbeiten. Wer faul war oder murrte, der wurde mit der Peitsche geschlagen.

Aber Joseph war nicht faul. Er murrte auch nicht. Er tat seine Arbeit gut. Denn er dachte: Gott sieht mich auch hier in dem fremden Land. Gott will, daß ich mir Mühe gebe.

Und es ging ihm gut, denn Gott sorgte für Joseph. Er half Joseph bei seiner Arbeit. Er segnete ihn. Potiphar hatte einen großen Garten, und wenn Joseph darin arbeitete, dann blühten die Blumen nochmal so schön.

Potiphar besaß auch einen Stall mit Pferden, und wenn Joseph sie versorgte, waren sie immer stark und gesund. Wohin

Joseph kam, da ging es vorwärts. Er war der beste unter allen Knechten seines Herrn.
Das sah Potiphar.
Deshalb sagte er: „Joseph, du sollst der Herr sein über all meine Knechte und über all meine Tiere und über all meine Blumen, über alles, was ich besitze."
Das war fein. Denn jetzt brauchte Joseph nicht mehr so schwer zu arbeiten. Jetzt durfte er überall hingehen, auch in das schöne Haus Potiphars, auch in die schönen Zimmer der Herrin, der Frau Potiphars.
Aber die Herrin war eine falsche Frau. Nichts hielt sie davon ab, schlechte Dinge zu tun.
Eines Tages sagte sie zu Joseph: „Komm, wir wollen etwas Schlechtes tun. Es wird ja niemand sehen."
Aber Joseph wollte das nicht.
Darum sagte er: „Nein, Herrin, das darf ich nicht tun, denn Gott sieht es genau. Wie sollte ich etwas Schlechtes tun und gegen Gott sündigen?"
Und er hörte nicht auf sie.
Aber sie fing jedesmal wieder davon an. Sie ließ Joseph keinen Tag in Ruhe. Immer wieder versuchte sie, ihren Willen zu bekommen. Und einmal, als Potiphar ausgegangen war, hielt sie Joseph an seinem Kleid fest.
„Du sollst auf mich hören!" rief sie. „Du sollst tun, was ich sage."
Aber Joseph riß sich los und lief fort. Sein Kleid blieb zurück, das hielt die Frau noch fest, aber das war ihm völlig gleich. Er wollte keine schlechten Dinge tun.
Jetzt kannst du aber einmal sehen, wie falsch Potiphars Frau war!

die da herumstanden? Sie hatten Kamele bei sich, die große Säcke trugen. Sie sahen aus wie Kaufleute aus einem fremden Land. Warum schauten sie Joseph so an und musterten ihn von allen Seiten?
Die fremden Männer gaben den Brüdern Geld, und dann banden sie Joseph mit einem Strick und zogen ihn fort zu den Kamelen. Jetzt erst begriff Joseph, was mit ihm geschehen sollte. Die Brüder hatten ihn verkauft. Er wurde an einem Kamel festgebunden und mußte mit den fremden Männern fortziehen.
Er weinte herzergreifend und rief: „Helft mir doch, helft mir doch, ich will zurück zu meinem Vater!"
Aber die Brüder hatten kein Mitleid. Und Ruben war nicht da. Erst als Joseph schon ganz weit fort war, kam Ruben zurück. Doch jetzt war es zu spät.
„O weh", rief Ruben, „was wird unser Vater dazu sagen?"
Aber die andern wußten schon Rat. Sie fürchteten sich nicht vor einer Lüge. Sie schlachteten ein Böckchen und schmierten das Blut auf Josephs schönes Kleid. Das blutgetränkte Kleid schickten sie durch einen Knecht zu ihrem Vater und ließen fragen: „Schau her, Vater, das haben wir auf dem Feld gefunden. Ist das nicht Josephs Kleid?"
So betrogen sie ihren Vater. Denn als Jakob das Kleid sah, meinte er, sein geliebter Joseph sei von einem wilden Tier gefressen worden.
Der alte Vater war sehr betrübt und sagte: „Ich werde nie wieder froh werden, nachdem mein lieber Joseph tot ist."
Der arme Jakob!
Er wußte nicht, daß das Kleid nur mit dem Blut eines Böckchens beschmiert war. Aber... hatte er nicht selber vor langer Zeit auch seinen Vater betrogen mit einem Böckchen und mit dem Kleid seines Bruders?

## *JOSEPH IN ÄGYPTEN*

Vater Jakob glaubte, daß Joseph tot sei. Aber es war nicht so.
Er war in einem fernen Land. Dorthin hatten ihn die fremden Kaufleute gebracht. Ägypten hieß das Land.
Sie waren mit Joseph auf den Markt gegangen, und dort hatten sie ihn an einen reichen Mann verkauft. Der hieß Potiphar.
Nun war Joseph der Knecht dieses Herrn und konnte nie wieder zu seinem Vater zurück, wie sehr er das auch wünschte.
Sein neuer Herr hatte noch viel mehr Knechte. Die mußten den ganzen Tag über schwer arbeiten. Wer faul war oder murrte, der wurde mit der Peitsche geschlagen.
Aber Joseph war nicht faul. Er murrte auch nicht. Er tat seine Arbeit gut. Denn er dachte: Gott sieht mich auch hier in dem fremden Land. Gott will, daß ich mir Mühe gebe.
Und es ging ihm gut, denn Gott sorgte für Joseph. Er half Joseph bei seiner Arbeit. Er segnete ihn. Potiphar hatte einen großen Garten, und wenn Joseph darin arbeitete, dann blühten die Blumen nochmal so schön.
Potiphar besaß auch einen Stall mit Pferden, und wenn Joseph sie versorgte, waren sie immer stark und gesund. Wohin

Joseph kam, da ging es vorwärts. Er war der beste unter allen Knechten seines Herrn.
Das sah Potiphar.
Deshalb sagte er: „Joseph, du sollst der Herr sein über all meine Knechte und über all meine Tiere und über all meine Blumen, über alles, was ich besitze."
Das war fein. Denn jetzt brauchte Joseph nicht mehr so schwer zu arbeiten. Jetzt durfte er überall hingehen, auch in das schöne Haus Potiphars, auch in die schönen Zimmer der Herrin, der Frau Potiphars.
Aber die Herrin war eine falsche Frau. Nichts hielt sie davon ab, schlechte Dinge zu tun.
Eines Tages sagte sie zu Joseph: „Komm, wir wollen etwas Schlechtes tun. Es wird ja niemand sehen."
Aber Joseph wollte das nicht.
Darum sagte er: „Nein, Herrin, das darf ich nicht tun, denn Gott sieht es genau. Wie sollte ich etwas Schlechtes tun und gegen Gott sündigen?"
Und er hörte nicht auf sie.
Aber sie fing jedesmal wieder davon an. Sie ließ Joseph keinen Tag in Ruhe. Immer wieder versuchte sie, ihren Willen zu bekommen. Und einmal, als Potiphar ausgegangen war, hielt sie Joseph an seinem Kleid fest.
„Du sollst auf mich hören!" rief sie. „Du sollst tun, was ich sage."
Aber Joseph riß sich los und lief fort. Sein Kleid blieb zurück, das hielt die Frau noch fest, aber das war ihm völlig gleich. Er wollte keine schlechten Dinge tun.
Jetzt kannst du aber einmal sehen, wie falsch Potiphars Frau war!

Sie begann ganz laut zu rufen und zu jammern: „Hilfe, Hilfe, Joseph will mir Böses antun!"
Die andern Knechte kamen schnell herbeigelaufen und glaubten der Herrin. Zwar sahen sie Joseph nicht mehr, aber sie sahen Josephs Kleid, das in den Händen von Potiphars Frau war. Es mußte wohl so gewesen sein, wie sie sagte.
Und als Potiphar nach Hause zurückkehrte, glaubte er es auch. Er wurde furchtbar wütend auf Joseph.
„Greift den Kerl und werft ihn ins Gefängnis!" rief er.
Und so geschah es.

Armer Joseph!
Da saß er nun im Gefängnis, in dem auch die Diebe und die Mörder und andere Bösewichte saßen. In einer kleinen dunklen Kammer saß er. Ganz allein in einem kleinen finsteren Loch. Er hatte nichts getan und wurde doch bestraft.
Wie schrecklich war das!
Wurde Joseph nun zornig? Schrie er laut? Trat er wütend gegen die Tür?
Nein, das tat Joseph nicht. Denn er war ja nicht allein, der Herr war bei ihm. Der sah ihn auch hier. Der wußte genau, daß Joseph kein Bösewicht war.
Er tröstete Joseph und sprach: „Sei nur still. Sei nicht traurig, ich habe dich lieb, Joseph, und ich werde für dich sorgen, auch hier."
Und das tat der Herr auch.

Jeden Tag ging die Tür der dunklen Kammer ein wenig auf. Dann kam ein Mann herein, um Joseph das Essen zu bringen. Das war der Mann, der die Gefangenen bewachen mußte. Der sah Joseph dort sitzen, so still und so voller Geduld. Er dachte bei sich: Dieser Gefangene ist sicher kein Bösewicht.
Deshalb sagte er: „Komm mal her, Joseph. Du kannst mir helfen und kannst den anderen Gefangenen immer das Essen bringen."
Das tat Joseph gern. Und auch jetzt gab er sich wieder alle Mühe. Und Gott segnete ihn auch hier. Schließlich durfte er für alle Gefangenen sorgen.
Doch er blieb auch weiter ein Gefangener. Er durfte nicht aus dem Gefängnis heraus.

Eines Tages wurden zwei neue Gefangene gebracht. Das waren ganz vornehme Männer. Sie kamen aus dem Palast des Königs. Der eine war der Mundschenk des Königs, der mußte den Wein des Königs zubereiten und einschenken. Und der andere war der Bäcker des Königs, der mußte das Brot und den Kuchen für den König backen.
Aber nun saßen sie hier, denn der König war wütend auf die beiden.
Joseph mußte ihnen jeden Morgen das Essen bringen. Und einmal, als er wieder zu ihnen kam, saßen sie ganz erschrocken da und sahen sehr traurig aus.
„Was fehlt euch?" fragte Joseph.
„Ach", sagten sie, „wir haben beide etwas Seltsames geträumt. Und wir meinen, daß die Träume eine Bedeutung haben, aber wir wissen nicht, welche."
„Was habt ihr denn geträumt?" fragte Joseph.
Da begann der Mundschenk zu berichten. Er erzählte: „Mir träumte, daß ich wie-

der frei sei. Ich sah einen wunderschönen Weinstock, daran waren drei Reben, die saßen voller Trauben. Ich hatte den goldenen Becher des Königs in der Hand und drückte den Saft aus den Trauben und ließ ihn in den Becher laufen. Da hatte ich einen Becher voll herrlichen Wein. Den gab ich dem König."

Da schaute Joseph ganz fröhlich drein, denn er wußte, was der Traum bedeutete. Der Herr hatte es ihm verraten.

Er sagte: „Das ist ein sehr schöner Traum. Die drei Reben sind drei Tage. Noch drei Tage, dann bist du wieder frei und wirst wie in früheren Zeiten der Mundschenk des Königs sein."

Nun fragte Joseph noch: „Willst du dann den König bitten, daß auch ich wieder frei sein darf? Denn ich habe überhaupt nichts Böses getan."

Das versprach der Mundschenk. Oh, er hätte alles versprochen, wenn er nur wieder frei sein konnte.

Nun erzählte auch der königliche Bäcker seinen Traum.

„Ich habe geträumt, daß ich wieder frei sei!" rief er. „Ich lief auf der Straße und trug drei Körbe auf meinem Kopf, drei Körbe übereinander. In dem obersten Korb war herrliches Backwerk für den König. Aber dann kamen Vögel angeflogen, die pickten alles weg."

Da blickte Joseph sehr traurig drein und sagte: „Das bedeutet nichts Gutes. Noch drei Tage, dann wird der König dich bestrafen. Er wird dich töten und deinen Leichnam an einen Baum hängen, und die Vögel werden kommen und von deinem Fleisch fressen."

Und so, wie Joseph es gesagt hatte, geschah es. Drei Tage später war der Mundschenk wieder frei, und der Bäcker wurde getötet.
Doch als der Mundschenk wieder zu Hause war, vergaß er ganz, was er versprochen hatte. Er dachte nicht mehr an Joseph. Er dachte nicht mehr an das Gefängnis. Er dachte nur daran, daß er nicht mehr drin war.
Und Joseph wartete und wartete, aber es kam niemand, um ihn aus dem Gefängnis zu holen. Der Mundschenk hatte ihn vergessen.
Aber Gott hatte ihn nicht vergessen! Das wußte Joseph bestimmt. Er vertraute auf Gott.
Noch zwei Jahre saß er im Gefängnis.
Dann befreite ihn Gott daraus.

## *JOSEPH WIRD UNTERKÖNIG*

Joseph saß noch im Gefängnis. Der Mundschenk hatte ihn vergessen, aber Gott befreite ihn.
Weißt du, wie Gott das tat?
Hör zu!
Es war in einer Nacht, es war dunkel, und alle Menschen schliefen.
Der König schlief auch. Da schickte Gott ihm einen Traum. Der König träumte, er stehe am Flußufer. An einem ganz großen Wasser. Und aus dem Wasser stiegen sieben Kühe, schöne, dicke, fette Kühe. Die fraßen von dem Gras, das am Ufer des Wassers wuchs.
Dann aber stiegen wieder sieben Kühe aus dem Wasser, das waren häßliche, dünne, magere Kühe. Und die gingen auf die schönen Kühe zu und fraßen sie auf!
War das nicht seltsam?
Und trotzdem blieben sie genauso mager wie vorher.
Der König erschrak sehr. Und er wachte darüber auf. Doch zum Glück war es nur ein Traum! Und er schlief ruhig wieder ein.
Aber nun träumte er noch etwas Seltsameres. Er sah einen Getreidehalm wachsen. Daran kamen sieben Ähren, schöne, dicke Ähren voller Körner. Dann begann noch ein anderer Halm zu wachsen, daran kamen auch sieben Ähren. Aber das waren dünne, leere Ähren, kein einziges Körnchen saß darin. Und dann geschah es genauso wie bei den Kühen. Die leeren Ähren bogen sich über die vollen und fraßen sie alle auf.
Da erschrak der König noch mehr. Jetzt konnte er nicht mehr einschlafen. Er ließ seine Diener rufen und erzählte ihnen, was er geträumt hatte.
„Das bedeutet etwas!“ rief er. „Das bedeutet sicher etwas. Legt mir das bitte aus!“
Aber die Diener konnten es nicht.
Der Mundschenk war auch dabei, und jetzt fiel ihm auf einmal wieder Joseph ein. Der würde sicher wissen, was der Traum des Königs bedeutete. Das sagte der Mundschenk nun dem König.
„Hol den Mann sofort her“, befahl der König.
Nun wurde Joseph aus dem Gefängnis geholt. Er wurde gewaschen, er bekam schöne Kleider, und dann wurde er zum König geführt.
Der König fragte: „Kannst du Träume deuten?“

Joseph sagte: „Nein, König, ich kann es nicht, nur Gott allein weiß, was ein Traum bedeutet. Aber Gott wird es mir vielleicht sagen."
Da erzählte der König, was er geträumt hatte. Von den Kühen und von den Ähren. Von den sieben fetten und den sieben mageren Kühen. Von den sieben schönen und den sieben häßlichen Ähren.
Und Joseph sagte: „Die beiden Träume bedeuten das gleiche. Zuerst werden sieben gute Jahre kommen. Da wird viel Korn wachsen im Land. Doch dann werden sieben schlechte Jahre kommen. Da wird überhaupt nichts wachsen. Und dann werden die Menschen auch nichts zu essen haben."
„Ach", sagte der König, „dann werden sie vor Hunger sterben müssen."
„Nein, König", sagte Joseph, „denn wißt Ihr, was Ihr tun müßt? Ihr müßt große Scheunen bauen lassen und sie mit Korn füllen. In den sieben guten Jahren wächst ja genug. Und wenn dann die schlechten Jahre kommen, dann habt Ihr zu essen für die Menschen."
„Ja", rief der König, „so soll es sein. Joseph, wie weise und verständig du bist! Du sollst dafür sorgen. Du sollst künftig der Herr sein über das ganze Land, und du darfst tun, was du für gut hältst. Nur ich bin der Herr über dich, ich bin der König, aber du bist der Unterkönig."
Dann nahm er seinen schönen goldenen

Ring vom Finger und steckte ihn an Josephs Finger und zog ihm schöne Kleider an und hängte ihm eine goldene Kette um den Hals.

Nun durfte Joseph in einem Wagen des Königs durch die Stadt fahren, in einem der schönsten Wagen, die der König besaß. Und alle Menschen mußten sich vor ihm verbeugen, fast genauso ehrerbietig wie vor dem König.

Dann bekam Joseph einen großen Palast, eine Menge Diener und viele schöne Sachen. Nun war er ein reicher und vornehmer Mann geworden.

Aber Joseph wurde nicht stolz, denn er wußte genau, wer es war, der ihm dies alles gegeben hatte.

Joseph war froh und dankbar.

Er sagte leise: „Lieber Herr, ich danke dir von Herzen, daß du so gut für mich gesorgt hast."

## *JOSEPHS BRÜDER ZIEHEN NACH ÄGYPTEN*

Es kam alles genauso, wie Joseph es vorausgesagt hatte. Zuerst kamen die sieben guten Jahre. Da wuchs viel Korn im Land, so viel, daß die Menschen nicht alles verbrauchen konnten. Was sie zuviel hatten, das brachten sie zu Joseph. Er aber ließ große Scheunen bauen, die er mit Korn füllen ließ. Ganz viel Korn bekam Joseph. Und er verwahrte es gut.

Dann aber kamen die sieben schlechten Jahre, da wuchs nichts auf der Erde. Die Sonne verbrannte alles. Und überall litten die Menschen Hunger, nur in Ägypten nicht. Dort gab es Korn genug, ganze Scheunen voll. Das Korn verkaufte Joseph nun an die Menschen, die Hunger hatten. Aus allen Ländern kamen die Leute herbei, um bei Joseph Korn zu kaufen.

Eines Tages kamen zehn Männer zu ihm, jeder mit einem Esel. Die wollten auch Korn kaufen und hatten leere Säcke mitgebracht. Doch da erschrak Joseph. Denn die zehn Männer waren seine Brüder. Seine Brüder, die früher immer so häßlich zu ihm gewesen waren. Die ihn an die Ägypter verkauft hatten. Und die kein Mitleid mit ihm gehabt hatten. Ja, Joseph kannte sie noch gut, aber sie kannten ihn nicht mehr. Sie verbeugten sich tief vor ihm, vor dem vornehmen Unterkönig.

Siehst du wohl, nun verbeugten sie sich doch! Josephs Traum war in Erfüllung gegangen!
Nun waren die Brüder in Josephs Hand. Nun konnte er sie für ihre Bosheit bestrafen. Er konnte sie ohne weiteres ins Gefängnis werfen lassen. Er konnte sie auch ohne weiteres töten lassen, wenn er das wollte.
Aber er wollte das nicht. Wenn sie ihm auch viel Leid angetan hatten, so war er doch nicht mehr böse auf seine Brüder. Er wollte trotzdem gut zu ihnen sein, er wollte ihnen all das Böse vergeben.
Er dachte: Soll ich sagen, daß ich Joseph bin? Nein, ich tue es noch nicht. Ich muß erst wissen, ob sie noch so schlecht sind. Denn wo ist Benjamin? Haben sie ihn vielleicht auch verkauft?
So setzte er ein ganz strenges Gesicht auf und fragte: „Woher kommt ihr?"
Sie antworteten: „Aus dem Land Kanaan, Herr." Und sie erzählten ihm von ihrem alten Vater und ihrem jüngsten Bruder, der zu Hause geblieben sei, und daß sie solchen Hunger hätten.
Der Unterkönig sah böse drein und sagte: „Ja, das redet ihr so. Aber ihr belügt mich. Ihr seid Feinde, wie? Spione seid ihr. Erst kommt ihr mit einigen wenigen daher, um den Weg zu erkunden, und später kommt ihr mit einer ganzen Schar, um hier alles zu stehlen."
Wie erschraken da die Brüder!
„Nein, Herr", riefen sie. „Wir sind keine Spione. Wir sind ehrliche Menschen. Wir kommen bestimmt nur her, um Korn zu kaufen."
Aber alles Reden half nichts. Der Unterkönig wollte ihnen nicht glauben.
Er sagte: „Ich werde sehen, ob ihr die Wahrheit sprecht. Geht nach Hause und holt den jüngsten Bruder. Dann werde ich euch glauben, aber einer von euch muß hierbleiben, dann weiß ich bestimmt, daß ihr zurückkommt."
Und so geschah es. Simeon mußte zurückbleiben, die anderen konnten nach Hause. Sie bekamen auch Korn mit.
Aber ein Esel lief allein.

Traurig kamen sie zu Hause an. Nun hatten sie wohl wieder Brot, aber sie waren nicht froh. Denn Simeon war in dem fernen Land zurückgeblieben, und Vater Jakob wollte Benjamin nicht mitgeben zu dem strengen Unterkönig. Er war viel zu ängstlich, daß ihm etwas Schlimmes zustoßen könnte.
Aber schließlich mußte er doch einwilligen. Denn das Korn ging wieder zu Ende. Bald würden sie nichts mehr zu essen haben. Und ohne Benjamin wollten die Brüder nicht wieder nach Ägypten gehen. Denn dann würde der Unterkönig denken, sie seien Lügner.
Juda sagte: „Gib ihn ruhig mit, Vater! Ich werde auf ihn achtgeben."
„Nun, dann muß es sein", sagte Jakob. „Nimm ihn nur mit. Ich werde beten, daß Gott euch behüte."
So machten sie sich zusammen auf den Weg und kamen glücklich wieder in Ägypten an. Auch dort verlief alles gut. Sie wurden in den Palast des Unterkönigs geführt und sahen Simeon wieder. Und der gestrenge Unterkönig war nun ganz freundlich zu ihnen.
Joseph war ja so froh, so froh! Als er Benjamin sah, mußte er weinen vor

Freude. Aber er lief schnell fort in ein anderes Zimmer. Dort wischte er sich die Tränen ab.
Die Brüder durften im Palast bleiben und essen, Benjamin auch. Der bekam das Beste und am meisten von allen.
Sie bekamen auch guten Wein, genauso wie bei einem Fest. Und der Unterkönig aß mit ihnen und trank auch mit aus einem schönen silbernen Becher.
Als sie dann schliefen, ließ Joseph die leeren Säcke seiner Brüder mit Korn füllen, und den schönen silbernen Becher steckte er heimlich in Benjamins Sack.
Doch davon wußten die Brüder nichts. Sie machten sich am folgenden Morgen schon früh auf den Heimweg.
Sie waren froh, sie hatten Korn und hatten Simeon wieder bei sich. Und mit Benjamin war alles gut gegangen. Sie hätten singen mögen vor Freude. Und sie gingen so schnell sie konnten, um bald zu Hause zu sein und Vater Jakob auch froh zu machen.
Auf einmal hörten sie Rufe hinter sich. Ein Trupp Soldaten kam herangesprengt. Der vorderste Soldat rief: „Halt! Bleibt stehen! Weshalb habt ihr so schlecht gehandelt? Warum habt ihr den silbernen Becher des Unterkönigs gestohlen?“
Zuerst erschraken die Brüder sehr. Dann aber wurden sie böse und sagten: „Wir haben nichts gestohlen, wir sind keine Diebe, was denkt ihr denn! Ihr könnt unsere Säcke ruhig durchsuchen. Und bei wem ihr den Becher findet, den dürft ihr schwer bestrafen.“
„Gut“, antworteten die Soldaten. „Bei wem wir den Becher finden, den nehmen wir mit zum Unterkönig.“
Und sie suchten und suchten. Und was holten sie schließlich aus Benjamins Sack? Den Becher! Den silbernen Becher des Unterkönigs!

„Ich habe es nicht getan", rief Benjamin. „Ich habe ihn wirklich nicht gestohlen. Ich weiß nicht, wie der Becher in meinen Sack gekommen ist."
Aber alles Flehen half ihm nichts. Die Soldaten nahmen ihn fest. Er mußte zurück zum Unterkönig.
Da gingen die Brüder auch mit zurück. Nein, sie ließen Benjamin nicht allein. Sie waren nicht mehr so schlecht wie früher.
Kurze Zeit darauf standen sie wieder vor dem Unterkönig. Aber nun war er nicht mehr freundlich. Nun tat er wieder genauso streng und stolz wie beim erstenmal.
„Geht nur nach Hause", sagte er. „Benjamin soll allein hierbleiben."
Aber das taten sie nicht. Sie gingen nicht fort. O nein, sie setzten sich sehr für ihren jüngsten Bruder ein, Juda am allermeisten. Er sagte: „Ach, Herr, laßt Benjamin nach Hause gehen, sonst wird mein alter Vater noch sterben vor Herzeleid. Laßt mich doch hierbleiben, straft mich nur und Benjamin nicht. Denn ich habe versprochen, auf ihn achtzugeben."
Da konnte Joseph sich nicht mehr zurückhalten. Denn jetzt merkte er, daß seine Brüder anders geworden waren.
Er schluchzte auf und rief: „Ich bin Joseph, lebt mein Vater noch?"
Noch nie waren die Brüder so erschrokken. War das Joseph, dieser gestrenge Unterkönig? Joseph, den sie immer so gequält hatten? Joseph, den sie verkauft hatten? Oh, wie würden sie nun bestraft werden!
Aber Joseph sagte: „Habt keine Angst. Ich bin euch nicht mehr böse. Ich habe euch alles vergeben. Ihr habt zwar sehr schlecht an mir gehandelt, aber Gott hat alles gutgemacht. Wenn ich nicht nach Ägypten gekommen wäre, dann hättet ihr jetzt nichts zu essen."
Er küßte Benjamin und alle anderen Brüder. Aber dann schickte er sie eilends nach Hause zu ihrem Vater Jakob. Er gab ihnen schöne Geschenke mit, auch einen schönen Wagen, mit dem sein Vater fahren konnte.
Vorher sagte er noch: „Ihr müßt mit Vater zurückkommen. Und dann müßt ihr hier in diesem Land wohnen. Dann werde ich schon dafür sorgen, daß ihr immer genug zu essen habt."
Das wurde für die Brüder eine fröhliche Reise. Und nun kamen keine Soldaten mehr, um sie wieder zurückzuholen. Nun war wirklich alles gut geworden.

## *JAKOB ZIEHT AUS*

Vater Jakob stand an der Tür und hielt Ausschau. Da sah er seine Söhne herankommen: Ruben, Simeon, Levi, Juda ... sie waren alle beisammen. Sieh, da lief auch Benjamin. Benjamin war auch wieder da.
Gott hatte Jakobs Gebet erhört.
Aber was hörte er da? Was riefen sie da? Joseph? Sprachen sie von Joseph?
„Vater, Joseph lebt noch!" riefen sie. „Er ist Unterkönig in Ägypten."
Der alte Vater Jakob wurde bleich vor Schreck. Er glaubte es nicht. Er konnte es nicht glauben, daß sein lieber Joseph noch lebte und daß er ein so vornehmer Herr geworden war.

Aber als seine Söhne ihm alles erzählten und als er den schönen Wagen sah und all die schönen Geschenke, die Joseph geschickt hatte, da mußte er es wohl glauben.
So froh war er noch nie gewesen. Vor Freude lachte und weinte er zugleich.

„Ich gehe mit", rief er. „Ich gehe bestimmt mit. Mein Sohn Joseph lebt noch? So werde ich ihn doch noch sehen, bevor ich sterbe!"
Und nicht lange danach machten sie sich alle auf den Weg, Jakob und seine Kinder. Der Herr fand es gut und sprach:

„Geh nur getrost, Jakob! Ich werde für dich sorgen."

Juda ging schnell voraus, um Joseph zu sagen, daß der Vater unterwegs sei. Und als Jakob nahe bei Ägypten war, kam Joseph ihm schon in seinem schönen königlichen Wagen entgegen. Wie schnell er doch fuhr und wie flink er von seinem Wagen sprang, als er seinen Vater wiedersah!

Er lief eilends auf ihn zu und nahm ihn in die Arme.

„O mein Vater, mein Vater!" rief er.

„Joseph, mein lieber Sohn!" flüsterte Jakob.

Und sie weinten beide vor Freude.

Jakob aber sagte: „Nun kann ich ruhig sterben, nachdem ich dich wiedergesehen habe, mein Sohn."

In dem fremden Land Ägypten, in dem Joseph Unterkönig war, blieb Jakob dann mit seinen Kindern in einem Zipfel des Landes, der Gosen hieß.

Joseph sorgte für sie alle. Wenn er nicht gewesen wäre, hätten sie wohl alle vor Hunger sterben müssen. Er rettete sie vor dem Tode.

Nun kam noch eine sehr schöne und glückliche Zeit.

Als Jakob dann sterben mußte, da war er nicht traurig.

Denn er wußte, daß einmal eine Zeit kommen würde, die noch viel schöner und glücklicher sein würde.

Und daß dann ein König kommen würde, der noch viel besser für die Menschen sorgte, als Joseph es hatte tun können.

Denn einst, in ferner Zeit, würde jemand auf die Erde kommen, dem es genauso ergehen würde wie Joseph.

Der würde auch gequält und beschimpft und auch an schlechte Menschen verkauft werden. Und auch er würde ein Gefangener sein.

Aber er würde noch viel gehorsamer sein als Joseph. Er würde Gott noch viel mehr liebhaben.

Und dann würde auch er König werden, aber nicht allein über Ägypten, sondern über die ganze Welt.

Und dann würde er auch genauso wie Joseph viele Menschen vom Tod erretten.

Und er würde sie für immer froh und glücklich machen in seinem Königreich.

An diesen König dachte Jakob, als er starb. Und darum war er überhaupt nicht traurig.

Weißt du, wer dieser König ist?

Es ist unser Herr Jesus, der auch uns glücklich machen will.

## *MOSE*

In einem kleinen Haus im Land Gosen lebten ein Vater und eine Mutter. Die hatten drei Kinder.

Zuerst war da ein großes Mädchen, das hieß Mirjam.

Dann ein Junge von ungefähr drei Jahren, der hieß Aaron.

Und dann kam noch ein Junge, aber der hatte noch keinen Namen, denn der war gerade erst geboren.

Über die beiden älteren Kinder hatten Vater und Mutter sich sehr gefreut, aber über das jüngste Kind nicht so sehr.

Warum nicht? War es etwa kein liebes

Kind? O doch, es war ein so liebes und es war auch ein schönes Kind! Ein Prachtjunge war es.
Aber siehst du, sie durften das Kind eigentlich nicht behalten. Sie mußten es ins Wasser werfen, in einen großen Fluß in der Nähe. Das hatte der König befohlen. So ein häßlicher, gottloser König lebte damals in Ägypten.
Aber der Vater und die Mutter taten es nicht, natürlich nicht. Sie hatten ihr Kind viel zu lieb. Und sie durften es auch nicht tun wegen Gott, das wußten sie genau. Einen solch lieben kleinen Jungen zu ertränken, den Gott selber ihnen geschenkt hatte, das wäre eine schwere Sünde gewesen!
Nein, der Vater und die Mutter hörten nicht auf den bösen König, sie hörten nur auf Gott. Sie versteckten ihr Kind in einem dunklen Winkel des Hauses, wo der böse König es nicht finden konnte.
Und sie sagten zu Mirjam und Aaron: „Ihr dürft niemandem erzählen, daß ihr noch ein kleines Brüderchen habt. Denn wenn der böse König das hört, dann schickt er Soldaten, die das Brüderchen holen und ins Wasser werfen. Werdet ihr es auch niemandem sagen?"
„Nein, liebe Eltern", versprachen alle beide.
Und sie taten es auch nicht.
Sie wollten ihr Brüderchen viel zu gern behalten.

Der Vater ging morgens schon sehr früh aus dem Hause. Er mußte den ganzen Tag für den bösen König arbeiten, er und auch all die andern Männer, die dort wohnten.
Sie mußten Steine brennen. Und mit den Steinen mußten sie Mauern bauen und Häuser und Paläste. Eine ganze Stadt mußten sie bauen. Und wer nicht tüchtig genug arbeitete, der wurde mit der Peitsche geschlagen.
Sie murrten sehr, die armen Menschen, aber es half ihnen nichts. Denn der König spielte den Herrn über sie. Er und seine Diener und seine Soldaten waren alle Ägypter. Sie hatten schon immer in dem Land gewohnt.
Der Vater des kleinen Jungen aber und die anderen hatten dort nicht immer gewohnt. Sie waren keine Ägypter.
Weißt du, wer sie waren?
Sie waren Kinder Jakobs.
Weißt du noch, wie Vater Jakob nach Ägypten kam, um dort zu wohnen, als Joseph dort noch Unterkönig war?
Aber Jakob war nun tot und Joseph auch. Und Ruben und Simeon und die anderen Brüder waren alle gestorben. Aber ihre Kinder waren dort geblieben und wohnten noch dort. Und alle zusammen hießen sie das Volk Israel.
Zuerst waren sie nur ein kleines Volk, aber jetzt waren sie es nicht mehr. Jetzt waren sie ein großes Volk geworden, denn täglich wurden neue Kinder geboren, die wuchsen heran und wurden groß und hatten auch wieder Kinder. Und so wurde das Volk Israel mit der Zeit immer größer.
Da kam ein neuer König ins Land, der Joseph nicht mehr gekannt hatte. Der auch noch nie etwas von ihm gehört hatte und auch nicht wußte, daß Joseph das Land vor dem Hungertod gerettet hatte.
Der König hatte Angst vor dem großen

Volk Israel und dachte: Das Volk wird viel zu groß, bald wird es größer sein als das der Ägypter. Dann wird es über uns den Herrn spielen. Aber das darf nicht sein. Wir sind die Herren und wir müssen es bleiben!
Und darum mußten alle Jungen ertränkt werden, die im Volk Israel geboren wurden, damit das Volk nicht größer würde.
Die Mädchen aber durften am Leben bleiben.
Vor Frauen und Mädchen fürchtete sich der König nicht.

Aber niemand wußte, daß in einem kleinen Häuschen so ein neugeborenes Bübchen lebte. Die Mutter hielt es gut versteckt, drei Monate lang. Aber dann ging es fast nicht mehr, denn das Kind schrie oft so laut. Es bekam eine solch kräftige Stimme. Man konnte es auf der Straße hören.
Auf der Straße aber... da liefen die Soldaten des Königs herum. Wenn die das Kindchen hörten, dann würden sie hereinkommen, um es doch noch zu holen und zu ertränken. Dann hätte die Mutter ihren kleinen Jungen verloren.
Ach, die arme Mutter, was sollte sie tun? Sie konnte nicht mehr schlafen. Sie wagte es nicht, ihr Kind noch länger im Haus zu behalten, und wußte auch nicht, wohin sie mit ihm gehen sollte. Sie wußte sich keinen Rat mehr.
Da faßte sie einen Plan. Sie ging an das große Wasser, an den breiten Fluß, der in der Nähe vorbeifloß. Dort pflückte sie Binsen- und Schilfhalme. Die wuchsen am Ufer im Überfluß. Von den Halmen und Binsen flocht sie zu Hause ein Körbchen, ein Kästchen aus Schilfrohr. Und die Löcher dichtete sie mit Pech ab. Es war wie eine Wiege. Und als es ganz fertig war, legte sie ihr Kind hinein.
Dann nahm sie das Kästchen aus Schilfrohr in die Arme und ging damit aus dem Haus. Mirjam durfte die Mutter begleiten. Sie gingen an das große Wasser, in dem die kleinen Knaben ertränkt wurden.
Aber die Mutter ertränkte ihren Jungen nicht, natürlich nicht. Sie schritt ins Wasser hinein und stellte die Wiege vorsichtig zwischen die Binsen. Hier, ganz dicht am Ufer, war das Wasser nicht tief.
Da trieb nun die kleine Wiege auf dem großen Wasser. Nun sah sie aus wie ein kleines Boot. In dem Boot lag das Kind und schlief. Was würde nun mit ihm geschehen?
Die Mutter des Kindes schaute zum Himmel empor und betete: „O lieber Herr, nun mußt du für mein Kind sorgen, ich kann es nicht mehr, ich wage es nicht mehr, aber wenn du für mein Kind sorgst, dann geht alles gut. Dann kann ihm nichts Böses widerfahren."
Darauf ging die Mutter wieder nach Hause, aber Mirjam ging nicht mit. Sie blieb am Wasser zurück. Sie kroch in die Sträucher und schaute auf die Wiege. Sie wollte wissen, was mit ihrem Brüderchen geschehen würde.

Es war ganz warm und still am Wasser. Die Sonne schien, die Wiege schaukelte leise auf den Wellen hin und her. Ein Vogel sang ein Lied. Aber sonst geschah nichts.

Doch dann auf einmal ... dann geschah doch etwas. Schritte kamen näher. Es erklangen Stimmen.
Mirjam spähte durch die Sträucher. Eine schöne Dame ging spazieren. Es war die Prinzessin, die Tochter des bösen Königs. Und ihre Zofen waren bei ihr.
Die Prinzessin wollte im großen Wasser ein Bad nehmen, denn es war sehr heiß. Sie ging am Ufer entlang, um eine schöne Stelle auszusuchen. Und da sah sie plötzlich die Wiege.

Sie rief: „Oh, seht mal, was dort schwimmt! Holt mir das schnell mal her!"
Nun lief eine der Zofen ins Wasser und holte die Wiege heraus. Da erwachte das Kind und begann zu weinen. Und als die Prinzessin das weinende Kind sah, hatte sie großes Mitleid mit ihm. Sie war nicht so schlecht wie ihr Vater.
Sie sagte: „Was ist das für ein niedliches Kind! Das ist sicher ein Junge aus dem Volk Israel. Aber dieser Junge soll nicht ertränkt werden. Für den werde ich sor-

gen. Ich habe ihn gefunden, er soll mein Junge sein. Und ich werde ihn Mose nennen. Das ist ein passender Name, denn er bedeutet: aus dem Wasser geholt."
Das Kind weinte immer noch. Es hatte sicher Hunger. Es war noch so klein, daß es noch Milch trinken mußte bei seiner Mutter. Aber die Mutter war nicht da. Wer sollte nun das Kind stillen? Die Prinzessin konnte es nicht. Und die Zofen konnten es auch nicht.
Da kam auf einmal ein Mädchen aus den Sträuchern. Es war Mirjam, die hatte alles gehört und sagte: „Ich kenne eine Frau, die das Kind stillen kann. Soll ich die holen?"
„Das ist herrlich", rief die Prinzessin, „geh und hol sie!"
Mirjam rannte fort. Und mit wem kam sie atemlos zurück? Mit ihrer Mutter.
Die Prinzessin fragte: „Willst du das Kind stillen?"
„Gern, Prinzessin", sagte die Mutter.
„Dann nimm es mit nach Hause", fuhr die Prinzessin fort. „Behalte es bei dir und sorge gut für das Bübchen! Ich werde dich dafür bezahlen. Aber wenn es groß ist und selber essen kann, dann will ich es zurückhaben."
„Gut, Prinzessin", antwortete die Mutter.
Oh, wie froh war sie! Sie trug ihr Kind fröhlich nach Hause. Gott hatte ihr Gebet erhört. Er hatte für das Kind gesorgt. Es durfte am Leben bleiben, und sie bekam noch obendrein Geld dafür.
Nun brauchte sie es nicht mehr in einem dunklen Winkel zu verstecken. Und auch die Soldaten des Königs brauchte sie nicht mehr zu fürchten.
„Geht fort", würde sie nun den Soldaten sagen, „dieses Kind gehört der Prinzessin. Geht nur in den Palast und fragt sie."
Dieser Tag wurde ein Fest für das kleine Haus.

## *MOSE WIRD EIN PRINZ*

Mose blieb noch lange bei seiner Mutter. Er lernte laufen und sprechen. Und er spielte jeden Tag mit seinem Brüderchen und Schwesterchen.
Und wenn die Mutter den Kindern etwas erzählen wollte, kroch er schnell auf ihren Schoß.
Mutter konnte so wunderschön erzählen! Einmal erzählte sie, daß das Volk Israel später fort sollte in ein anderes Land, in dem es keinen bösen König gebe und in dem niemand mehr den Herrn über das Volk spielen sollte. Das hatte Gott, der Herr, Vater Jakob gelobt, vor langer Zeit schon.
„Israel ist das Volk Gottes", erzählte die Mutter. „Es gehört nicht hierher, es gehört in ein andres Land, das viel schöner ist, in das Land Kanaan. Das ist das Land, in dem Vater Jakob früher auch gewohnt hat, bevor er nach Ägypten kam. Und dahin wird Gott uns zurückbringen. Dorthin werden wir alle ausziehen."
„Dann will ich auch mit", sagte Mose.
Und er vergaß es nie mehr, denn was für ein schöner Tag würde das werden, wenn sie alle auszögen!

Aber zunächst kam ein trauriger Tag. Da mußte Mose allein ausziehen. Da wurde er von seiner Mutter in den Palast der

Prinzessin gebracht, und dort mußte er nun immer bleiben.
Nun wurde Mose ein Prinz. Er bekam schöne Kleider und allerlei schönes Spielzeug. Und die Prinzessin war nun seine Mutter.
Aber Mose wußte genau, daß sie nicht seine wirkliche Mutter war. Seine richtige Mutter war eine arme Frau und wohnte in einem kleinen Haus. Die hatte ihn oft auf den Schoß genommen und ihm schöne Geschichten erzählt vom Himmel und von Gott.
Nein, der kleine Prinz Mose konnte seine Mutter nicht vergessen.

Prinz Mose wuchs tüchtig heran. Er wurde ein großer Mann. Da bekam er selber einen Palast und Diener und Pferde und Wagen und noch viel mehr. Wenn er durch die Straßen ging, verbeugten sich die Menschen vor ihm, sehr höflich und ehrerbietig.
„Seht“, sagten sie dann, „der Sohn der Prinzessin!“
Aber wenn Mose das hörte, schüttelte er den Kopf und dachte: Nein, ich bin nicht der Sohn der Prinzessin, das will ich gar nicht sein. Ich bin der Sohn einer armen Frau aus dem Volk Israel.
Und wenn er dann in seinen Palast kam

und all die schönen Dinge sah, dann gefielen sie ihm nicht. Alle Schätze Ägyptens bedeuteten ihm nichts.
Ich gehöre nicht hierher, dachte er. Ich will nicht zu den Ägyptern, ich will zum Volk Israel gehören, denn Israel ist das Volk Gottes.
Prinz Mose konnte sein Volk nicht vergessen.
Er konnte auch Gott nicht vergessen.

Eines Tages machte Mose einen Spaziergang. Und wohin ging er? In die Nähe der kleinen Häuser, wo er geboren war und wo das Volk Israel wohnte.
Die Ägypter spielten immer noch den Herrn über das Volk Israel. Immer noch ließen sie die Menschen Steine brennen und Häuser bauen. Und wer nicht tüchtig genug arbeitete, der bekam die Peitsche zu spüren.
Mose wurde traurig darüber und dachte: Warum hilft Gott meinem Volk nicht? Warum führt er es nicht in das schöne Land Kanaan?
Auf einmal hörte er jemand schreien. Es war ein Mann aus dem Volk Israel. Der hatte sicher nicht hart genug gearbeitet, und nun wurde er von so einem bösen Ägypter mit der Peitsche geschlagen. Der arme Mann weinte und jammerte, aber das half ihm nichts. Der Ägypter hatte kein Mitleid mit ihm.
Mose wurde sehr böse und sehr zornig. Er zitterte am ganzen Leib und dachte: Wenn Gott meinem Volk nicht hilft, dann werde ich ihm helfen.
Er hielt nach allen Seiten Ausschau und

sah, daß niemand in der Nähe war. Da sprang er auf den Ägypter zu und schlug ihn tot.
Da lag nun der Mann. Nun konnte er dem Volk Israel nie mehr Böses antun. Aber er konnte hier nicht liegenbleiben, denn niemand durfte wissen, was Mose getan hatte. Wenn das der König hörte!
Mose grub schnell ein Loch in den Sand, und da legte er den toten Mann hinein. Dann deckte er wieder Sand darüber.
Als er damit fertig war, sah es genauso aus, als sei nichts geschehen. Niemand hat es gesehen, dachte Mose, und niemand wird jemals davon erfahren.

Mose ging langsam zu seinem Palast zurück, aber sein Herz klopfte ganz stark, denn Gott hatte es bestimmt gesehen! Und Mose wußte ganz genau, daß es nicht recht war, was er getan hatte.
Er hätte so gerne seinem Volk geholfen, doch nun war er ein Mörder geworden. Wenn es aber niemand gesehen hatte! Dann würde Mose wohl nicht bestraft werden.

Als er aber am folgenden Tag seinen Spaziergang machte, hörte er wieder jemand schreien.
Wurde da, wie so oft, jemand von einem Ägypter geschlagen?
Nein, nun war es kein Ägypter, nun waren es zwei Männer aus dem Volk Israel. Die hatten Streit bekommen und waren aufeinander losgegangen.
Mose war sehr traurig und dachte: Sie dürfen nicht gegeneinander kämpfen, sie müssen gegen die Ägypter kämpfen.
Und er sagte zu einem der Männer: „Sag, warum schlägst du deinen Nächsten?"
Aber der Mann schaute ihn nur frech an und antwortete: „Das geht dich nichts an, du bist doch hier nicht der Herr!"
Und dann fragte er: „Oder willst du mich auch totschlagen, so wie du gestern den Ägypter totgeschlagen hast?"
Oh, wie erschrak Mose da! Er meinte, daß niemand davon wisse, und nun wußte es vielleicht schon jeder. Und wenn der König es hörte!
Ja, der König hörte es auch. Er schickte sofort seine Soldaten aus, um Mose festzunehmen. Er wollte ihn bestrafen.
Aber die Soldaten kamen zu spät. Denn Mose war schon geflüchtet. Er war ganz weit fortgezogen, immer weiter in die große Welt.
Nun war er kein Prinz mehr.
Nun war er ein armer Flüchtling.
Er hatte seinem Volk helfen wollen, aber er konnte es nicht.
Gott allein konnte es, denn der hatte es versprochen. Darauf mußte Mose nur getrost warten.

## *MOSE WIRD EIN SCHAFHIRTE*

Mose war nun kein Prinz mehr. Er war ein armer Flüchtling, er lief ganz weit fort, weil der böse König ihn töten wollte. Und schließlich kam er in ein fremdes Land, in ein Land mit hohen Bergen. Es hieß Midian.
Eines Abends näherte er sich einem Brunnen. Das ist ein tiefes Loch im Boden mit Wasser darin. Dort setzte er sich, um sich auszuruhen.

Da kamen sieben Mädchen herbei mit einer großen Herde Schafe. Sie wollten die Schafe tränken und schöpften mit ihren Krügen das Wasser aus dem Brunnen und schütteten es in steinerne Behälter. Nun konnten die Schafe trinken.
Da kamen auf einmal Männer hinzu, die hatten auch Schafe bei sich. Es waren freche Männer, denn sie jagten die Mädchen fort.
„Macht, daß ihr fortkommt", sagten sie, „zuerst müssen unsere Schafe trinken. Ihr könnt warten, bis wir fertig sind."
Da hatten die Mädchen Angst und machten eilig Platz.
Doch Mose hatte keine Angst. Als er sah, wie frech die Männer waren, wurde er wütend.
Er stellte sich vor sie hin und rief: „Wollt ihr wohl machen, daß ihr fortkommt! Die Mädchen waren zuerst hier und dürfen daher auch zuerst ihre Schafe tränken. Wagt es nur nicht, sie noch einmal zu quälen!"
Dann rief er die Mädchen zurück und half ihnen, die Schafe zu versorgen. So wurden sie schnell fertig und gingen fröhlich nach Hause.
Es waren sieben Schwestern. Ihr Vater war ein Priester, ein Diener Gottes.
„Wieso seid ihr heute abend so früh da?" fragte der Vater.
Da erzählten sie von dem fremden Mann, der ihnen so freundlich geholfen hatte.
„Und wo ist der Mann jetzt?" fragte der Vater.
„Ja", sagten sie, „der wird wohl noch am Brunnen sitzen."
„Schämt euch", sagte der Vater, „so undankbar zu sein. Holt ihn schnell her. Er ist bestimmt ein guter Mann. Er soll heute abend bei uns essen."
So kam Mose zu dem alten Priester ins Haus. Er blieb bei ihm zum Abendessen. Er blieb auch dort zum Schlafen. Er blieb sogar bei ihm wohnen und ging nicht mehr fort. Und er heiratete eine der sieben Töchter, Zippora hieß das Mädchen.
Nun war Mose kein Flüchtling mehr. Nun hatte er wieder ein Zuhause. Und nun hatte er auch eine Frau, die für ihn sorgte.
Aber er mußte auch arbeiten für sein Essen. Jeden Tag zog er mit den Schafen aufs Feld. Er suchte saftiges Grün für sie aus. Abends brachte er sie dann zum Brunnen, um sie zu tränken. Und wenn ein wildes Tier herankam, das den Schafen Böses tun wollte, dann jagte er es fort.

Mose hatte sich schon ziemlich verändert. Denn früher war er ein reicher Prinz, nun war er ein armer Schafhirte.
Früher führte er ein bequemes Leben, nun mußte er jeden Tag arbeiten und geduldig die Schafe hüten.
Aber früher wurde er auch schnell böse und zornig. Da wollte er selbst seinem Volk helfen. Nun lernte er es, ganz geduldig zu sein und ruhig zu warten, bis Gott dem Volk Israel helfen würde.
Doch Mose wartete sehr lange, und es geschah nichts. Vierzig Jahre lang war Mose Schafhirte. Nun war er schon ein alter Mann geworden und dachte kaum noch an sein Volk.
Er hatte sein Volk schon beinahe vergessen.
Aber Gott vergaß es nicht!

Tag für Tag ging Mose mit den Schafen aufs Feld. Da kam er einmal an einen hohen Berg. Und dort sah er etwas Seltsames.
Es war ein Feuer am Berg, ein großer Brombeerstrauch stand in Flammen. Das war nicht einmal so seltsam, denn es brannte dort schon mal öfters. Doch der Strauch stand mitten im Feuer und verbrannte nicht. Die Blätter und Zweige blieben genauso, wie sie waren.
Das ist ein Wunder, dachte Mose. Das muß ich mir einmal aus der Nähe ansehen. Und er ging neugierig hin.
Auf einmal hörte er eine Stimme, die rief: „Mose, Mose!" Die Stimme kam aus dem Feuer.
Mose antwortete erschrocken: „Siehe, hier bin ich."
Und die Stimme sprach: „Du darfst nicht näher herankommen, Mose, denn ich bin hier, der Gott Abrahams, Isaaks und Jakobs."
Da fiel Mose ehrfürchtig auf die Knie und wagte es nicht mehr, aufzuschauen. Aber er hörte genau auf das, was Gott ihm sagte. Gott sagte, daß er nun dem Volk Israel helfen wolle und es in das schöne Land bringen werde. Und Mose müsse zum König gehen und ihm sagen, er solle das Volk Israel ziehen lassen.
Aber Mose hatte gar keine Lust, zum bösen König zu gehen. Er traute sich nicht. Ja, er hatte sich mit den Jahren sehr verändert, denn früher wagte er alles. Jetzt wagte er nichts mehr. Jetzt hätte er viel lieber gesehen, wenn Gott einen anderen geschickt hätte. Er wollte gern Schafhirte bleiben.
Aber Gott sagte, daß es so sein müsse.

Da wagte Mose nicht länger zu widersprechen. Gott sagte auch, daß er für Mose sorgen werde, und daß sein Bruder Aaron mit ihm zum König gehen solle.
Dann wurde es still. Die Stimme sprach nicht mehr. Der Brombeerstrauch brannte nicht mehr. Es war so, als ob nichts geschehen wäre.
Und Mose ging nach Hause und führte seine Schafe in den Stall. Für die mußte nun ein anderer sorgen, er konnte es nicht mehr. Er hatte einen anderen Auftrag vom Herrn bekommen, ein mühseliges Werk, aber auch ein herrliches Werk. Er durfte doch noch mithelfen, sein Volk in das schöne Land zu bringen.
Darauf machte sich Mose auf den Weg, auf den langen Weg zurück nach Ägypten. Nun wagte er es doch. Nun traute er sich zum bösen König, denn er wußte gut, daß Gott für ihn sorgen würde. Und dann konnte ihm nichts Böses geschehen.

## *MOSE BEIM BÖSEN KÖNIG*

Nun mußte Mose wieder zurück nach Ägypten. Das war eine lange Reise.
Aber wer kam ihm da unterwegs entgegen? Ein alter Mann war er schon geworden, genauso wie Mose auch. Doch Mose erkannte ihn sofort wieder, es war Aaron, sein Bruder. Gott hatte Aaron gesagt, daß er Mose entgegengehen solle.
Mose war froh, als er Aaron sah. Er gab ihm einen Kuß und erzählte ihm alles, was der Herr ihm am brennenden Brombeerstrauch gesagt hatte.
Sie gingen nun zusammen nach Ägypten. Zuerst gingen sie zum Volk Israel und sagten ihm, der Herr würde nun helfen, daß sie bald ausziehen dürften in das schöne Land, das Gott ihnen versprochen hatte. Und die Menschen waren sehr froh und riefen: „Nun ist es bald aus mit der schweren Arbeit. Nun werden wir bald auch keine Schläge mehr bekommen."
Und sie dankten Gott dafür.
Dann gingen Mose und Aaron zum König. Der König wohnte in einem großen Palast. Er saß auf einem goldenen Stuhl in einem wunderbaren Saal. Und er sah ganz stolz und hochmütig aus. Und um ihn herum stand eine große Dienerschar.
Doch Mose und Aaron hatten keine Angst, denn sie wußten genau, daß Gott für sie sorgen würde. Sie stellten sich vor den König und sagten mit lauter Stimme: „So spricht der Herr: Laß mein Volk aus Ägypten ziehen!"
Der König machte ein finsteres Gesicht und antwortete: „Nein, das tue ich nicht. Das Volk Israel bleibt hier, es muß für mich arbeiten!"
„Aber der Herr hat es selber gesagt", gaben Mose und Aaron zur Antwort. „Ihr müßt Gott gehorchen!"
Da wurde der König noch böser und rief: „Ich kenne euren Gott nicht, und ich werde ihm auch nicht gehorchen. Ich habe mit eurem Gott nichts zu schaffen. Ich bin der Herr über das Volk Israel und will es auch bleiben. Und nun werde ich euer Volk noch viel schwerer arbeiten lassen. Und wenn es mit der Arbeit nicht fertig wird, werde ich es noch viel härter schlagen lassen. Geht fort, Mose und Aaron, geht auch an die Arbeit!"

Da gingen sie ganz traurig fort. Nun war alles noch viel schlimmer geworden. Wenn Mose von sich aus dem Volk hätte helfen sollen, dann wäre es nie aus Ägypten fortgekommen.

Aber Mose brauchte es nicht zu tun. Gott tat es.

Er sorgte schon dafür, daß der stolze, böse König ihm gehorchen mußte. Er strafte ihn, weil er so starrköpfig und ungehorsam war. Zehn schwere Strafen schickte Gott dem König und allen bösen Ägyptern.

Zuerst wurde alles Wasser in Ägypten in Blut verwandelt, da hatten die Menschen nichts mehr zu trinken.

Dann kam plötzlich eine Riesenmenge Frösche, an die hunderttausend Millionen. Die sprangen in die Häuser und kamen überallhin, in die Zimmer, auf die Speisen und in die Betten. Die Menschen hatten nirgends Ruhe vor ihnen.

Da bekam der König es mit der Angst zu tun. Er ließ Mose und Aaron rufen und sagte: „Ich werde das Volk Israel ziehen lassen, aber seht erst zu, daß die häßlichen Frösche verschwinden."

Mose war sehr froh. Er betete zum Herrn, und alle Frösche starben.

Als die Strafe vorbei war, hatte der König keine Angst mehr und sagte: „Ich habe zwar versprochen, das Volk Israel ziehen zu lassen, aber ich tue es doch nicht. Das ganze Volk muß hierbleiben."

Darum kam alsbald eine neue Strafe. Der Staub verwandelte sich in Mücken. Die stachen die Menschen und ließen auch den König nicht in Ruhe.

Dann kamen auch noch Stechfliegen in großen Schwärmen heran, die stachen noch viel schlimmer, und die Menschen wußten nicht, wohin sie sich verkriechen sollten.

Und dann tat der König wieder so etwas Verlogenes. Wieder versprach er, daß er das Volk ziehen lassen werde, doch als die Strafe vorüber war, tat er es wieder nicht.

Da wurde es noch schlimmer in Ägypten, und das war des Königs eigene Schuld. Alle Tiere wurden krank. Die Kühe und die Schafe starben in Massen, nur die Tiere des Volkes Israel blieben gesund.

Auch die Menschen in Ägypten wurden krank. Sie bekamen auf ihren Körpern große Geschwüre, die fürchterlich schmerzten.

Und dann begann es zu hageln. Hagelkörner, so dick wie sie die Menschen noch nie gesehen hatten, fielen vom Himmel herab und schlugen alles entzwei. Das Korn wurde niedergeschlagen, die Blätter von den Bäumen gerissen, die Blüten geknickt. Und die Menschen, die draußen waren, wurden von den Hagelkörnern erschlagen. Aber der König gehorchte immer noch nicht.

Da wurde es noch schlimmer. Es kamen Heuschrecken. Das waren zwar kleine Tiere, wie kleine Vögelchen, aber sie kamen in Scharen, in Schwärmen, in ganzen Wolken angeflogen. Es wurde dunkel davon, so viele Heuschrecken waren in der Luft.

Sie ließen sich auf das Land herniederfallen und fraßen alle Blätter auf und alle Blüten und alles Gras. Das Land wurde ganz und gar kahl gefressen. Aber noch immer gehorchte der König nicht.

Da wurde es plötzlich dunkel, ganz dunkel. Man konnte keine Handbreit mehr vor den Augen sehen. Es war mitten am Tag, aber die Sonne schien nicht mehr, und es sah aus, als ob es Nacht sei. Drei Tage dauerte die Finsternis. Die Menschen saßen ängstlich beieinander und wagten nicht, nach draußen zu gehen. Und der König saß voller Furcht in seinem Palast, aber gehorsam das tun, was der Herr sagte, das wollte er immer noch nicht.

Doch einmal würde er gehorchen müssen. Gott läßt sich nicht verspotten.

Da kam die letzte Strafe, und die war die allerschlimmste.

Es war an einem Abend. Die Menschen in Ägypten gingen wie immer schlafen,

denn sie wußten nicht, was in dieser Nacht geschehen würde.
Aber im Volk Israel ging niemand schlafen. Im Gegenteil, dort zogen sich die Menschen erst richtig an. Und alles, was sie mit auf die Reise nehmen wollten, packten sie ein. Sie waren zum Auszug bereit.
Das mußten sie. Gott hatte es zu Mose gesagt. In dieser Nacht müßte das Volk ausziehen in das schöne Land Kanaan, hatte Gott gesagt.
Aber zuerst mußten sie alle noch etwas essen.
Die Mütter in jedem Haus hatten Kuchen gebacken, und die Väter in jedem Haus hatten ein Böckchen geschlachtet. Der Kuchen und das Böcklein wurden als Speise auf den Tisch gestellt.
Es ging zu wie bei einem Fest. Und es war auch ein Fest, denn in dieser Nacht sollten sie frei werden. Sie feierten das Fest der Befreiung.
Aber was tat der Vater jetzt? ... Er nahm das Blut des Böckchens und ging damit nach draußen. Dort strich er das Blut an die Pfosten der Tür, zur Linken und zur Rechten und oben auch ein bißchen.
Alle Väter taten das.
Alle Türen des Volkes Israel wurden rot vom Blut.
Dann wurden die Türen geschlossen.
Es wurde Nacht.
Und in dieser Nacht kam die letzte Strafe.
Da geschah etwas Schreckliches.
Es kam ein Engel vom Himmel hernieder.
Er ging durch alle Straßen. Er kam in alle Häuser. Und überall, wohin er kam, starb

der älteste Sohn. Der lag plötzlich tot in seinem Bett.
Der Engel kam auch in den Palast des Königs.
Der Engel kam zu allen Ägyptern.
Der Engel kam auch zu den Häusern des Volkes Israel.
Diese Häuser waren nur klein und baufällig. Der Engel hätte ganz gewiß hineinkommen können.
Aber er tat es nicht.
Denn wenn er an eine Tür kam und das Blut sah, dann ging der Engel vorüber. Das hatte Gott ihm gesagt: wo er Blut sähe an einer Tür, da solle er nicht hineingehen.
Das Blut hatte Israel gerettet.
Der Engel ging wieder zurück in den Himmel. Er hatte sein Werk getan.
Und das Volk Israel feierte ein Fest, das Fest der Befreiung.
Aber die Ägypter ...
Die feierten kein Fest. Die weinten schrecklich, denn in jedem Haus gab es einen Toten.
Und sie wußten genau, warum es so war. Sie wußten, daß es ihre Schuld war und die Schuld ihres bösen Königs.
Sie bekamen große Angst. Und der König bekam auch große Angst. Sein ältester Sohn war auch tot. Er rief: „Laßt das Volk Israel weggehen!"

Und die Ägypter kamen herbeigelaufen und gaben den Israeliten allerlei schöne Dinge aus Gold und Silber.
„Hier", riefen sie, „das alles sollt ihr haben, wenn ihr nur schnell fortgeht!"
Und als es Morgen wurde, machte sich das Volk Israel auf den Weg, mit seinen Kindern und seinen Kühen und seinen Schafen und mit den vielen schönen Dingen, die es bekommen hatte.
Und alle waren so froh, so überaus froh. Denn nun ging es endlich fort in das schöne Land Kanaan.

## *MITTEN DURCH DAS MEER*

Das Volk Israel war auf dem Weg nach Kanaan.
Das würde eine lange Reise werden! Denn sie mußten den ganzen Weg zu Fuß gehen.
Es ging nur langsam, sehr langsam vorwärts. Sie hatten ja auch Kinder bei sich und Schafe und Lämmer. Die konnten nicht so schnell laufen.
Aber wie sollten sie den Weg finden in das ferne Land? Sie waren ja noch nie so weit fortgewesen.
Sie liefen einfach hinter Mose her. Der ging voran mit seinem langen Stock in der Hand.
Doch Mose brauchte den Weg auch nicht zu wissen.
Er ging ja nicht ganz vorne. Weißt du, wer ganz vorne ging?
Gott der Herr.
Eine große weiße Wolke hing aus dem blauen Himmel nach unten und schwebte vor den Menschen her. Das war die Wolke des Herrn. Die zeigte dem Volk den Weg.
Der Herr selber ging mit in die weite Welt. Er sorgte gut für sein Volk.
Wenn die Sonne heiß herniederbrannte, bedeckte er ihre Strahlen. Dann wurde es schön kühl.
Wenn die Kinder müde wurden, blieb die Wolke stehen. Dann konnte das Volk sich ausruhen.
Und wenn es Abend wurde und die Sonne unterging, dann wurde es doch nicht dunkel. Dann brannte ein Feuer in der Wolke, das alles hell machte. Das Feuer brannte während der ganzen Nacht.
Der Herr selber hielt bei seinem Volk Wache.
Die Menschen brauchten keine Angst zu haben. Es konnte ihnen nichts Böses widerfahren.

Drei Tage war das Volk Israel unterwegs. Dann kam es an ein Meer.
Da hörten die Menschen etwas hinter sich. Was nahte sich da von weitem? Waren es Wagen und Pferde? Ja, es kamen Soldaten heran. Und der böse König war auch dabei. Er bereute, daß er das Volk Israel hatte ziehen lassen. Nun kam er mit seinen Soldaten, um es wieder zurück nach Ägypten zu treiben.
Oh, was bekamen die Menschen da für Angst! Sie heulten und jammerten; denn vor ihnen war das Meer, da konnten sie nicht weiter. Hinter ihnen aber war der böse König, und gegen den konnten sie nicht ankämpfen.
Nur Mose weinte nicht. Mose schaute fröhlich drein.

Er rief: „Seid doch nicht so ängstlich! Der Herr sorgt ja für uns! Ihr braucht nicht gegen die Soldaten zu kämpfen! Kommt nur!"

Da eilten sie alle hinter Mose her. Und Mose ging ans Meer.

Das Meer war sehr tief, und die Wellen brausten. Aber Mose streckte seinen Stab über das Wasser aus. Da kam ein starker Wind und trieb das Wasser fort.

So entstand ein Weg durch das Meer, mitten durch das Meer. Zu beiden Seiten des Weges blieb das Wasser stehen wie eine Mauer.

Und auf dem trockenen Weg, mitten zwischen den Mauern von Wasser, ging Mose durch das Meer.

Und nach ihm folgte das Volk Israel.

Und hinter diesen Menschen kam die Wolke. Sie schwebte zwischen dem Volk und den bösen Soldaten, als wollte sie dem Volk Israel sagen: „Habt keine Angst, ich sorge für euch!" Denn die Wolke war hell an der Seite des Volkes Israel, aber dunkel an der Seite der Soldaten.

Der König kam mit seinen Soldaten an das Meer. Sie schauten umher und dachten: Wo ist das Volk geblieben? Und da sahen sie es, mitten im Meer, zwischen zwei Wänden von Wasser!

Sie waren so wütend, der König und seine Soldaten, daß sie nicht einmal daran dachten, was für ein großes Wunder vor ihren Augen geschah.

„Vorwärts!" rief der König. „Wir holen sie schon ein! Wir werden es ihnen schon zeigen! Totschlagen werden wir sie!"

Und dann fuhr er hinein ins Meer mit seinem schönen Wagen, und seine Soldaten folgten ihm. So schnell sie konnten, fuhren sie hinter dem Volk Israel her.

Aber sie konnten es nicht einholen, denn es war schon dunkel. Es war schon Nacht. Die große Wolke vor ihnen machte alles dunkel. Es war genauso, als wollte die Wolke sich gegen sie stellen.

Und als es Morgen wurde, war das Volk Israel bereits am anderen Ufer des Meeres angekommen, die Ägypter aber waren noch mittendrin. Da kam die Strafe über den bösen König und seine bösen Soldaten.

Gott sprach zu Mose: „Strecke deine Hand aus über dem Meer."

Mose streckte seine Hand aus, und das Wasser kam wieder zurück. Es strömte über den Weg und über die Wagen und Pferde und über den König und die Soldaten.

Dann war nichts mehr da als Wasser. All die bösen Menschen waren nun ertrunken.

Die Soldaten hatten so oft kleine Kinder ins Wasser geworfen, nun bekamen sie ihre Strafe dafür.

Und der König, der dem Volk Israel stets Böses angetan hatte, jetzt konnte er ihm nichts Böses mehr antun.

Nie mehr.

Nun war das Volk Israel frei. Wie froh waren die Menschen!

Sie feierten ein Fest am Ufer des Meeres. Und sie sangen ein Lied, um Gott zu danken, ein sehr dankbares Lied, das Mose gemacht hatte:

„Lobet den Herrn, denn er ist gut zu uns. Er hat die Pferde und die Soldaten im Meer ertränkt. Der Herr ist unser König."

## *DURCH DIE WÜSTE*

Das Volk Israel war mitten durchs Meer gezogen.
Und der böse König war mit all seinen bösen Soldaten ertrunken.
Nun war das Volk Israel ganz frei, nun konnte es ruhig weiterziehen in das schöne Land Kanaan.
Würde es sich auf dem langen Weg verirren? Nein. Gott, der Herr, zeigte ihm ja den Weg.
Würde ihm auch niemand Böses tun unterwegs? Natürlich nicht. Der Herr war ja bei ihm.
Und würde es keinen Mangel leiden? Würden die Menschen nicht sterben vor Hunger und Durst? Natürlich nicht. Gott würde gut für sie sorgen.
Er sorgte für das Volk wie ein Vater für sein Kind.
Wenn das Volk nur fest daran glauben wollte, dann brauchte es sich nie mehr zu fürchten.
Ja, aber das Volk Israel glaubte nicht immer fest an Gott.
Es war ein so wunderliches, ein so unzufriedenes Volk! Es murrte so schnell, es wurde so schnell kleinmütig. Es vergaß immer wieder, daß der Herr doch für es sorgen wollte.

Das Volk mußte durch eine Wüste. Da wuchs überhaupt nichts. Da war nichts als Sand und Steine und nochmals Sand. Es war so heiß dort, so schrecklich heiß. Und sie bekamen solchen Durst vom Gehen durch den heißen Sand.
Dort gab es keinen Brunnen und auch keinen Tümpel. Es gab überhaupt kein Wasser in der heißen Wüste. Und das Wasser, das die Menschen aus Ägypten mitgenommen hatten, war ganz und gar verbraucht.
Schließlich fanden sie doch etwas. Sie sahen eine Pfütze mit Wasser und eilten darauf zu, um zu trinken. Aber sie spuckten es sofort wieder aus. Pfui! Wie schmeckte das Wasser schlecht! Wie bitter war es! Das konnte man nicht trinken. Nun hatten sie noch immer nichts gegen den Durst.
Da fingen sie an zu murren und zu schreien und häßliche Dinge zu sagen. Sie schrien Mose an: „Was sollen wir nun trinken?"
Da nahm Mose ein Stück Holz und warf es ins Wasser. Das hatte ihm der Herr gesagt.
„Trinkt nur", sagte er, „nun ist das Wasser gut."
Und wirklich, jetzt war das bittere Wasser auf einmal richtig süß und frisch geworden.
Das hatte aber nicht das Holz getan.
Das hatte auch Mose nicht getan.
Das hatte Gott getan. Nun konnten sie wieder einmal sehen, wie mächtig der Herr war und wie gut er für sie sorgte.
Ob sie das nun immer behalten würden?

Kurze Zeit darauf war auch das Brot zu Ende, das sie aus Ägypten mitgenommen hatten, und auch das Fleisch. Da hatten sie nichts mehr zu essen. Und sogleich begannen sie wieder zu murren.
Sie sagten zu Mose: „In Ägypten hatten wir Brot und Fleisch genug. Hättest du uns nur dort gelassen! Warum hast du uns dort weggeholt? Um uns hier in der Wüste vor Hunger sterben zu lassen?"

Wie häßlich war es doch von ihnen, so zu sprechen. Doch Gott hatte viel Geduld mit seinem Volk. Er strafte es nicht.
Mose sagte: „Murret nicht. Gott wird für euch sorgen. Heute abend wird er euch Fleisch geben und morgen Brot vom Himmel regnen lassen. Werdet ihr dann glauben, daß der Herr für euch sorgt?"
Und wirklich, am Abend kam eine Menge Vögel angeflogen. Dicke, fette Vögel, Wachteln hießen sie. Die waren so müde vom Fliegen, daß sie einfach auf die Erde fielen zwischen die Zelte, in denen das Volk wohnte. Und die Menschen ergriffen sie, schlachteten sie und brieten sie über dem Feuer. Wie gut das roch! Nun hatten sie Fleisch, soviel sie mochten. Und am folgenden Morgen, als die Menschen nach draußen gingen, war der ganze Boden weiß, als hätte es geschneit. Kleine runde Körner lagen da.

„Was ist das?" riefen die Menschen.
Mose wußte es.
„Das ist Manna", sagte er, „das ist das Brot, das der Herr euch zu essen gibt."
Da sammelten sie es schnell auf, ganze Hände voll, ganze Krüge voll, soviel sie nur brauchten. Man konnte es roh essen, man konnte aber auch Brei davon kochen und Brot daraus backen. Es schmeckte herrlich, süß wie Honigkuchen. Und jeden Morgen lag es wieder für die Menschen bereit.
Nun wußten sie, daß sie nie Hunger zu leiden brauchten, daß der Herr gut für sie sorgte.
Würden sie es nun nie wieder vergessen? Würden sie es nun immer glauben?

Aber ach, der Glaube des Volkes war so schwach.
Eines Tages hatten sie wieder kein Was-

ser. Brot hatten sie wohl genug, aber kein Wasser.
Da murrten sie wieder, viel schlimmer als jemals vorher. Und wieder gaben sie Mose die Schuld. Sie waren böse auf ihn. Mose wurde sehr traurig und schrie zu Gott: „O Herr, was soll ich tun?"
Und der Herr sprach: „Geh zu den Felsen und schlag mit deinem Stab gegen den Stein, dann wird Wasser herauskommen."
Die Felsen bildeten einen hohen Berg aus Stein, der war ganz in der Nähe. Mose ging darauf zu, und das Volk lief schreiend und murrend hinter ihm her. Und als Mose mit seinem Stab auf den Fels schlug, riß das Gestein auseinander, und ein Wasserstrom kam daraus hervor. Da war das Volk still. Nun konnte es trinken, soviel es wollte. Das dumme ungläubige Volk! Nun würde es doch sicher nicht mehr wagen zu murren.
Nun mußten die Menschen doch endlich glauben, daß Gott immer für sie sorgen würde.
Und dann ist noch etwas geschehen. Und daran kann man so recht sehen, wie der Herr für sein Volk sorgte. Daß es bei ihm immer sicher war.
Es kamen Räuber daher, ein ganzer Trupp. Starke braune Kerle waren das, die in der Wüste wohnten. Die kamen immer wieder, um zu stehlen.
Mose sagte: „Das kann so nicht weitergehen. Wir müssen gegen die Räuber kämpfen und sie so hart bestrafen, daß sie nicht mehr wiederkommen."
Und dann rief er Josua herbei. Josua war ein junger Mann, der den Herrn liebhatte und der sehr oft schon gezeigt hatte, daß er gut kämpfen konnte.
Mose befahl ihm: „Such dir die kräftigsten Männer aus und kämpfe gegen die Räuber!"
Und das tat Josua.
Mose aber stieg auf einen Hügel und sah dem Kampf zu. Er kämpfte nicht mit den Waffen, er kämpfte mit etwas ganz anderem: Er betete für das Volk.
Er hob seine Hände zum Himmel auf. Er wies mit den Händen zu Gott empor und rief: „Herr, hilf uns doch!"
Und diese Hilfe war gut.
Wenn Mose seine Hände zum Himmel aufhob, dann waren die Israeliten ganz stark, dann konnten die Räuber nicht gegen sie ankämpfen. Dann wurden sie nur so zurückgejagt.
Wenn Mose aber seine Hände sinken ließ, dann wurden die Räuber wieder stärker. Dann jagten sie die Israeliten zurück.
Als Mose das sah, hob er seine Hände immerzu zum Himmel auf, aber seine Arme wurden sehr müde. Er konnte sie fast nicht mehr nach oben halten.
Da kamen zwei Männer herbei, Aaron und noch ein Mann, und sie hielten seine Arme hoch.
Nun zeigten Moses Hände immer zu Gott im Himmel empor. Und so blieben die Israeliten die stärkeren. Sie kämpften den ganzen Tag über und trieben alle Räuber in die Flucht.
Aber das hatten nicht sie getan!
Das hatte Gott getan.
Gott sorgte immer für sein Volk.
Wenn die Menschen das doch nur glauben wollten, dann brauchten sie nie mehr zu murren und nie mehr ängstlich zu sein. Dann würde ihr Glaube sie froh und glücklich machen.

## *DAS GOLDENE KALB*

Das Volk Israel zog immer weiter. Und die Wolke schwebte den Menschen voraus. Sie wies ihnen den Weg.
So kamen sie in das Land, in dem Mose lange gewohnt hatte und in dem er Schafhirte gewesen war.
Dort stand ein hoher Berg, der hieß Sinai. Oben an der Spitze des Berges blieb die Wolke hängen, und unten am Fuße des Berges ruhten sich die Menschen aus. Dort sollten sie eine Zeitlang bleiben.
Denn hier, an diesem Berg, sollte etwas Schönes geschehen. Hier sollte ein schönes Fest gefeiert werden. Das hatte Gott gesagt.
Gott wollte der Freund des Volkes werden. Der große allmächtige Gott, der Himmel und Erde gemacht hat, wollte der Freund des Volkes Israel sein, das sooft gegen ihn gemurrt hatte. Er wollte es zum glücklichsten Volk der Welt machen. War das nicht herrlich?
Und er wollte selber zum Volke sprechen. Jeder sollte seine Stimme hören.
Aber nun mußten sie auch alle mithelfen, um das Fest gut und schön zu machen. Sie zogen ihre schönsten Kleider an, die sie frisch gewaschen hatten. Und sie stritten nicht miteinander, denn sonst wäre das Fest verdorben worden.
Dann standen sie an einem frühen Morgen alle beisammen und warteten am Berg. An der Spitze des Berges hing die Wolke. In der Wolke donnerte es. Der ganze Berg erbebte vor Ehrerbietung und Furcht.
Dann wurde es still auf dem Berg, ganz still.
Und alle Menschen und alle Kinder hörten die Stimme Gottes, die zu ihnen sprach.
Der Herr sagte, sie müßten nun künftig stets gehorsam sein und ihn über alles liebhaben. Und sie müßten auch einander liebhaben. Dann würden sie immer froh und glücklich sein.
Dann wurde es wieder still. Die Stimme Gottes sprach nicht mehr, aber der Donner begann wieder zu rollen. Und die Menschen gingen schnell in ihre Zelte zurück. Sie wagten es nicht mehr, so nahe am Berg zu bleiben. Sie hatten eigentlich ein wenig Angst vor Gott.
Mose aber schrieb alles auf, was der Herr gesagt hatte.
Denn dann würde das Volk es nie mehr vergessen.

Aber der Herr hatte dem Volk noch viel mehr zu sagen, und all das mußte Mose auch aufschreiben.
Darum ging Mose oben auf den Berg. Ganz nahe zu Gott. Er tat es gern. Er fürchtete Gott nicht.
Die Menschen sahen ihn hinaufsteigen, immer höher. Sie sahen ihn bei der Wolke ankommen, und dann sahen sie ihn nicht mehr.
Und am Abend standen sie alle beisammen und schauten, ob Mose zurückkommen würde. Doch er kam nicht. Er blieb bei Gott auf dem Berg.
Am folgenden Tag kam er auch nicht. Und am übernächsten Tag auch noch nicht.
Und dann immer noch nicht.
Die Menschen wurden ängstlich und sagten: „Mose kommt vielleicht über-

haupt nicht mehr zurück. Sicher ist ihm dort oben ein Unglück zugestoßen. Vielleicht ist er sogar tot. Wer wird uns dann nach Kanaan bringen? Nun haben wir niemand mehr, der für uns sorgt."
Die dummen Menschen!
Gott war doch da!
Er würde immer für sie sorgen.
Und sie sagten noch viel dümmere und schlechtere Dinge.
Sie sagten: „Wir können Gott nicht sehen, wir merken nichts mehr von ihm. Die anderen Völker haben ein Bild, und das ist ihr Gott. Davor knien sie nieder, das beten sie an und das können sie sehen. Wir wollen auch so ein Bild haben, ein Bild aus Gold. Das wollen wir dann anbeten. Das tragen wir dann vor uns her auf unserer Reise nach Kanaan."
Da gingen die Menschen zu Aaron. Der war nun ihr Führer, weil Mose fort war. Sie sagten: „Mach uns ein Bild, einen Gott, den wir sehen und den wir vor uns hertragen können auf unserer Reise nach Kanaan."
Aaron erschrak. Wie schlecht war doch das Volk! Gott hatte gerade erst gesagt, daß sie nicht vor einem Bild knien sollten, und nun wollten sie es doch tun. Das war eine große Sünde.
Aber das wagte Aaron nicht zu sagen. Er hatte Angst vor dem Volk. Er dachte: Ich will die Leute nur nicht böse machen, denn sonst werden sie mich noch totschlagen. Ich will es ganz schlau anfangen.
Und so sagte er: „Ja, aber dann muß ich eure schönen goldenen Ringe haben. Die müßt ihr zuerst hergeben."
Er dachte: Das tun sie niemals.
Aber sie taten es doch. Sie zogen alle ihre Ringe ab und brachten sie zu Aaron, ganze Hände voll.
Und da wagte Aaron es nicht mehr, nein zu sagen. Er war viel zu ängstlich, daß die Leute böse auf ihn würden. Er wußte, daß es schlecht war, und doch tat er es. Er machte ein goldenes Bild aus all den Ringen. Ein goldenes Stierkalb formte er, so wie es auch die Ägypter hatten.
Und das Kalb stellte er dann mitten zwischen die Menschen.
Die knieten davor nieder und waren sehr froh über das Bild, die ungehorsamen, sündigen Menschen. Sie tanzten darum herum. Sie sprangen und jubelten und sangen, daß man es oben auf dem Berg hören konnte.
Nun feierten sie wieder ein Fest.
Aber jetzt war es kein schönes Fest.
Jetzt war es ein sündiges Fest.

Aber als das Fest im vollen Gang war, wer stand da plötzlich in der Menge? Wer ging da zwischen den Menschen hindurch und schaute mit zornigen Augen umher? Mose war zurückgekommen.
Und er hatte keine Angst vor dem Volk wie Aaron. Er traute sich schon, ihm zu sagen, wie schlecht es war.
Er nahm das goldene Kalb und warf es um. Er warf es ins Feuer, so daß nichts davon übrigblieb.
Da erschraken die Menschen. Sie erkannten, welch große Sünde sie begangen hatten. Sie schlichen still davon in ihre Zelte. Sie versteckten sich vor Moses bösen Augen. Aber vor Gott konnten sie sich nicht verstecken.
Wie zornig würde Gott nun auf sie sein!

Nun würde er sicher nicht mehr ihr Freund sein.

Am folgenden Tag stieg Mose wieder hoch auf den Berg, voller Angst und Schmerz.
Ganz oben kniete er nieder vor Gott. Er sagte: „Ach Herr, dieses Volk hat eine solch große Sünde getan und hat eine ganz schlimme Strafe verdient. Aber willst du nicht doch sein Freund bleiben? Laß mich die Strafe tragen für dieses Volk. Straf mich nur!“
Ja, das wollte Mose tun! Er liebte das Volk so sehr, wenn es auch noch so ungehorsam gewesen war.
Aber die Strafe tragen für das Volk, das sollte er nicht, das konnte er auch nicht. Das würde später ein anderer tun. Der Herr Jesus, der sollte die Strafe tragen für das Volk Israel und für noch viele andere Menschen.

Aber weil Mose es erbat, darum hat Gott dem Volk seine große Sünde doch vergeben. Und er wollte weiter sein Freund sein und mit ihm gehen nach Kanaan.
Gott hatte das Volk sehr lieb.
Noch viel mehr, als Mose es liebhaben konnte.

## *BEINAHE IM SCHÖNEN LAND*

Das Volk Israel blieb lange wohnen am hohen Berg Sinai, fast ein Jahr lang, aber dann mußte es doch weiterziehen, denn es sollte ja in das schöne Land Kanaan.
Die Wolke ging wieder am Himmel voraus, und die Menschen liefen hinter ihr her durch die Wüste. So kamen sie jeden Tag ein Stückchen weiter. Und endlich kamen sie ganz nahe an das schöne Land heran. Sie konnten in der Ferne schon seine Berge sehen.
Da blieb die Wolke stehen, und die Menschen blieben auch stehen. Sie schlugen die Zelte auf, aßen und tranken und ruhten sich ein paar Tage aus. Aber sie schauten immerzu auf die Höhen. Dort hinter den Bergen, dort lag Kanaan. Dort würden sie bald wohnen. Dort würden sie sich gut ausruhen können von der langen Reise.
Ja, aber sie wohnten noch nicht dort. Es wohnten nämlich andere Menschen in Kanaan, böse, gottlose Menschen, die erst fortgetrieben werden mußten. Ob sie wohl stark waren? Und ob dort wohl viele Menschen sein würden? Würde fettes Gras wachsen im Land Kanaan? Auch Bäume und Früchte? Ob das Land wirklich so schön war, wie die Menschen meinten? Das wollte das Volk Israel alles gern wissen.
Darum ließ Mose zwölf Männer zu sich kommen, zwölf starke, tapfere Männer. Josua war auch darunter.
Mose sagte: „Ihr müßt über die Berge steigen und in das Land Kanaan gehen. Und dann müßt ihr euch dort alles ansehen und zurückkommen und es uns erzählen. Aber ihr müßt ganz vorsichtig sein, damit euch die bösen Menschen nicht ergreifen und festhalten!"
Die zwölf Männer taten es gern. Am folgenden Tag machten sie sich auf den Weg, und täglich hielt das Volk Ausschau, ob sie nicht schon zurückkämen.
Es dauerte sehr lange. Aber endlich kamen sie wieder. Und was hatten sie aus dem schönen Land mitgebracht? Herrliche Früchte, Äpfel und Feigen und auch ein Büschel Trauben hatten sie bei sich, ein gewaltig großes Büschel. Ein Mann allein konnte es nicht tragen. Sie hatten es an einen Stab gebunden. Den trugen zwei Männer auf der Schulter. Solche schönen Früchte wuchsen also in Kanaan? Welch ein wunderbares Land mußte es dann sein!
Die zwölf Männer fingen an zu erzählen.
Unter den zwölf waren zwei, die den Herrn liebhatten, und zehn, die ihn nicht liebhatten. Zwei, die alles glaubten, was der Herr gesagt hatte, und zehn, die dem Herrn nicht glaubten.
Josua und Kaleb glaubten dem Herrn.
Die zehn Männer berichteten: „O ja, es ist ein prächtiges Land. Überall blühen Blumen, und überall wächst Gras in Fülle. Aber freut euch nur nicht zu früh! Denn

in das schöne Land können wir doch nicht gehen. Die Menschen, die dort wohnen, sind viel zu stark. Wir haben sogar Riesen gesehen. Die sind so groß, daß wir dagegen nur ganz kleine Menschen sind. Denkt ihr etwa, die werden sich gerade durch uns vertreiben lassen! Das glaubt ihr wohl selbst nicht!"

Da erschraken die Menschen. Sie bekamen Angst vor den Riesen. Sie vergaßen wieder ganz, daß Gott immer für sie sorgen würde.

Aber die beiden Männer, Josua und Kaleb, vergaßen das nicht. Sie sagten: „Habt keine Angst! Der Herr wird uns helfen. Das hat er ja versprochen. Er hat gesagt, daß er uns das Land geben will. Und Gott tut, was er verspricht. Glaubt es doch!"

Aber sie glaubten es nicht. Sie begannen vor Angst zu schreien und zu jammern und zu weinen. Und sie fingen wieder an zu murren, gegen Gott und gegen Mose. Sie dachten, daß Gott sie betrogen hätte. Es war schrecklich, was sie jetzt zu sagen wagten.

Sie riefen: „Wären wir nur in Ägypten geblieben! Warum hat Gott uns hierher gebracht? Sicher nur, um uns durch die Riesen totschlagen zu lassen. Aber wir wollen uns nicht totschlagen lassen, nein, wir gehen nicht in das Land Kanaan. Wir wollen nicht. Wir wollen zurück nach Ägypten."

Josua und Kaleb aber riefen: „So etwas dürft ihr nicht sagen!"

Doch sie hörten nicht auf die beiden. Sie wurden ganz böse auf die zwei Männer. Und sie hoben Steine auf, um die beiden tot zu werfen.

Aber da ... o wie erschraken sie! Es war, als komme ein Blitz vom Himmel herabgeschossen, ein solch großes weißes Licht strahlte auf einmal hernieder. Das kam aus der Wolke des Herrn. Gott selber war gekommen, um die beiden Männer zu beschützen.

All die bösen, ungehorsamen Menschen nahmen die Hände vor die Augen wegen des grellen Lichtes und sprangen erschrocken zurück. Wenn Mose jetzt nicht für das Volk gebetet hätte, wie schwer wäre es da bestraft worden!

Aber es wurde auch so noch bestraft, weil es dem Herrn nicht geglaubt hatte.

Mose sagte zum Volk: „So spricht der Herr: Ihr wollt nicht in das schöne Land gehen? So sollt ihr überhaupt nicht mehr hinein. Ihr wollt zurück? Gut, ihr sollt zurück. Ihr sollt umherirren in der Wüste, bis eure Kinder groß geworden sind. Dann sollen die in das Land Kanaan einziehen. Aber ihr nicht. Ihr sollt alle in der Wüste sterben, außer Josua und Kaleb, die dem Herrn geglaubt haben." Das war sehr schlimm für die Menschen. Aber es war ihre eigene Schuld.

Einige wollten nun doch gern in das schöne Land hinein. Die kamen am folgenden Morgen zu Mose und sagten: „Gestern sind wir ängstlich und ungehorsam gewesen, aber nun möchten wir es doch wagen, nun möchten wir ins Land gehen und tapfer gegen die bösen Menschen kämpfen, die dort wohnen."

Aber Mose schüttelte traurig den Kopf und sagte: „Tut es nicht. Gott will es nicht. Jetzt geht es nicht mehr."

Aber sie taten es doch. Und sie kämpften tapfer, aber der Herr half ihnen nicht.

Und da wurden sie alle erschlagen von den bösen Menschen des Landes Kanaan.

Da zog der Rest des Volkes Israel weiter. Die Wolke zog wieder voraus, und die Menschen zogen hinterher.
Gebeugten Hauptes und mit leidvollem Herzen, so gingen sie zurück, wieder in die Wüste hinein, hinter der Wolke her, immer weiter und weiter fort von dem schönen Land.
Sie durften nicht hinein.
Sie konnten nicht hinein.
Weil sie in ihren Herzen nicht glaubten.

## *AUF DER WANDERUNG DURCH DIE WÜSTE*

Das Volk Israel zog wieder durch die Wüste. Die Wolke des Herrn ging voraus, und die Menschen liefen hinterher. Aber sie ließen die Köpfe hängen und sahen betrübt drein, denn sie gingen immer weiter fort von dem schönen Land.
Sie durften nicht hinein, weil sie dem Herrn nicht geglaubt hatten. Weil sie gemurrt hatten, wo sie doch hätten dankbar und froh sein müssen.
Ihre Kinder, die dürften in das Land Kanaan gehen, später einmal, wenn sie groß waren.
Das ist dann eine traurige Reise gewesen, die lange Wanderschaft durch die Wüste. Am traurigsten von allem war, daß die Menschen immer noch zu murren wagten.
Einmal war es ganz schlimm. Da hatten sie kein Wasser. Und daran gaben sie Mose und Aaron die Schuld.
Sie sagten: „Warum habt ihr uns hierher gebracht? Es ist eure Schuld, daß wir einen solchen Durst haben."
Da sprach der Herr: „Mose, geh an die Felsen und sprich, daß Wasser herauskommen solle. Dann können die Menschen trinken."
Da gingen Mose und Aaron zu den Felsen, und das Volk lief schreiend und murrend hinter ihnen her.
Mose war böse auf die Menschen. Er war immer geduldig gewesen, aber jetzt hatte er keine Geduld mehr.
Er dachte: Die törichten Menschen, warum murren sie nun wieder? Sind wir denn nicht da, um für sie zu sorgen, ich und Aaron?
Und er rief voll Zorn: „Hört zu, ihr ungehorsamen Menschen! Sollen wir Wasser für euch aus den Felsen strömen lassen?"
Und er schlug heftig mit seinem Stab an die Felsen, zweimal. Da strömte das Wasser heraus, und sie konnten alle trinken und sie wurden alle wieder froh.
Aber Mose wurde nicht froh.
Mose wurde ganz traurig.
Denn er war ungehorsam gewesen und Aaron auch.
Sie hatten nicht auf Gott vertraut. Sie glaubten nicht an seine Hilfe. „Wir können euch Wasser geben", hatten sie zu den Menschen gesagt. „Wir können für euch sorgen."
Dabei hatte Gott das große Wunder durch sie getan! Wie konnten sie das vergessen!
Und Gott sprach zu den beiden: „Weil ihr mich vergessen habt, dürft auch ihr nicht in das Land Kanaan gehen."
Armer Mose und armer Aaron!
Das war eine schlimme Botschaft für sie.

Doch eine Weile später geschah etwas, das war noch viel schlimmer.
Jeden Morgen regnete es immer noch Manna vom Himmel. Das herrliche Himmelsbrot lag täglich für die Menschen bereit.
Aber die Menschen waren so undankbar! Sie fingen an, auf das köstliche Brot zu schimpfen. Sie sagten: „Bah, dieses eklige Manna! Jeden Tag dasselbe.“ Und sie traten es mit den Füßen in den Sand.
Das war sehr schlimm. Das war eine große Sünde. Und darum gab es auch eine ganz schwere Strafe.
Es kamen Schlangen herangekrochen, die bissen die Menschen. Das tat sehr weh,

und es waren giftige Schlangen! Wer von einer solchen Schlange gebissen wurde, mußte sterben. Da gab es keine Rettung mehr. Viele Menschen lagen bereits tot am Boden.

Da bekam das Volk schreckliche Angst und bereute es sehr, daß es über das Himmelsbrot gemurrt hatte.

Die Menschen liefen zu Mose und riefen: „Hilf uns doch! Bete doch zu Gott, daß er uns vergebe! Und laß die schrecklichen Schlangen weggehen!"

Da flehte Mose zum Herrn, und der Herr erhörte sein Gebet. Er nahm aber die Schlangen nicht fort, dafür tat er ein anderes großes Wunder. Und da brauchte sich niemand mehr vor den Schlangen zu fürchten.

Mose stellte sich unter die Menschen. Er hatte einen langen Stab, und auf dem Stab war eine Schlange. Aber das war keine richtige Schlange, sondern es war nur eine Schlange aus Erz, die Mose selber gemacht hatte.

Alle Menschen, die von einer Schlange gebissen worden waren, mußten auf die eherne Schlange sehen. Dann konnte ihnen das Gift nichts Böses mehr antun. Dann brauchten sie nicht mehr zu sterben. Das hatte der Herr gesagt.

Und so geschah es auch.

Wer Gott nicht glaubte und wer die eherne Schlange nicht ansehen wollte, der mußte sterben.

Aber wer gläubig tat, was der Herr gesagt hatte, der blieb am Leben.

So wollte Gott die Menschen lehren, daß sie ihm immer glauben sollten. Dann brauchten sie nie mehr vor irgend etwas Angst zu haben.

Dann war die große Reise durch die Wüste beinahe zu Ende. Das Volk Israel war wieder ganz nahe an das Land Kanaan herangekommen.

Die Kinder waren groß geworden. Noch eine kleine Weile, dann durften sie in das schöne Land gehen.

Ob sie es wohl nun wagten?

Ob sie wohl nun glaubten, daß Gott ihnen helfen würde?

## *GOTT NIMMT MOSE ZU SICH*

Das Volk Israel war wieder dicht an das schöne Land herangekommen. Man konnte es bereits in der Ferne sehen. Es würde nicht mehr lange dauern, dann durften sie hineingehen.

Aber Mose sollte nicht weiter mit. Er sollte nicht in das schöne Land gehen. Aaron war schon gestorben, und nun mußte auch er sterben. Das war seine Strafe, weil er ungehorsam gewesen war. Mose war ganz traurig.

Er dachte: Ich will noch einmal darum bitten, ob ich nicht doch mit dem Volk Israel gehen darf.

Und da betete er voller Ehrfurcht und rief: „O Herr, ich habe es nicht verdient, aber ich möchte doch so gern in das schöne Land Kanaan. Ich möchte so gerne sehen, wo das Volk wohnen wird."

Aber der Herr sprach: „Sei still, Mose, sprich nicht mehr darüber."

Hatte Gott denn kein Mitleid mit Mose? Liebte er seinen alten Knecht nicht mehr? Mose wußte es besser.

Gott hatte ihn während seines ganzen Lebens liebgehabt.

Immer hatte Gott für ihn gesorgt.
Als er noch ein ganz kleiner Junge war, hatte Gott schon dafür gesorgt, daß Mose nicht im großen Wasser ertränkt wurde. Und als er in dem Kästchen aus Schilfrohr lag, da hatte Gott die Prinzessin geschickt.
Und viel später, als Mose den Ägypter erschlagen hatte, hatte Gott dafür gesorgt, daß der böse König ihn nicht ergreifen konnte.
Und als er Schafhirte war und dann wieder nach Ägypten mußte, und als sie mitten durch das Meer gingen und während der langen Wanderung durch die Wüste: immer hatte Gott für Mose gesorgt wie ein Vater für sein Kind.
Gott war so weise und so gut!
Wie Gott es wollte, so war es immer am besten.
Und wenn Mose daran dachte, wurde er sehr froh. Dann fand er es gar nicht schlimm, daß er nicht in das schöne Land durfte.
Er durfte zu Gott gehen, ganz nahe zu Gott, noch näher als auf dem hohen Berg. War das nicht noch viel herrlicher?

Da rief Mose alle Menschen zusammen und sprach noch einmal zu ihnen.
Er sagte ihnen, daß sie künftig ganz gehorsam sein müßten, dann würden sie als glückliche Menschen in dem schönen Land wohnen. Aber wenn sie Gott vergäßen, dann würden sie unglücklich werden, dann dürften sie auch nicht in dem schönen Land bleiben.
Mose sprach noch viel mehr. Er liebte das Volk, er wollte so gern, daß es ganz nahe bei Gott bliebe.
Und er wußte auch, daß er es ruhig zurücklassen konnte.
Gott würde für das Volk sorgen.
Dann nahm Mose Abschied von den Menschen und ging fort, ganz allein.
In der Nähe war ein steiler Berg. Auf den stieg er hinauf.
Die Menschen sahen ihm nach, soweit sie konnten. Sie liebten Mose sehr, sie hatten solches Mitleid mit ihm und sagten: „Ach, der arme Mose!“
Aber Mose war gar nicht arm.
Denn als er oben auf dem Berg war, kam Gott der Herr zu ihm. Mose konnte ganz weit sehen auf dem hohen Berg. Nun sah er doch noch das ganze schöne Land, in dem das Volk bald wohnen sollte. Gott zeigte ihm die grünen Weiden und die Bäche, die hindurchströmten, die Berge und die Bäume und das Meer ganz in der Ferne. Mose sah das ganze Land und wußte, daß sein Volk dort glücklich sein würde.
Dann sprach Gott: „Komm, mein Kind, nun ist es Zeit.“
Und dann nahm der Herr Mose zu sich.

## *RAHAB*

Mose lebte nicht mehr.
Auch Aaron war gestorben.
Wer sollte nun dem Volk auf der Wanderschaft vorangehen? Wer sollte nun an Stelle von Mose der Anführer sein?
Josua! Josua sollte mit dem Volk in das Land Kanaan einziehen.
Aber Josua mußte sehr vorsichtig sein, denn es wohnten böse Menschen in dem Land. Die gehörten dort nicht hin, die

mußten erst verjagt werden. Und es gab da auch eine große Stadt mit einer hohen Mauer darum. Die hieß Jericho. Die Stadt mußte den bösen Menschen abgenommen werden.
Ob die Mauern sehr dick und stark waren? Und ob viele Soldaten in der Stadt sein würden?
Josua wollte das gern wissen. Und darum rief er zwei Männer zu sich und sagte zu ihnen: „Ihr müßt heimlich in das Land Kanaan gehen. Ihr müßt in die große Stadt Jericho gehen und euch dort alles genau ansehen. Und dann zurückkommen und mir alles erzählen. Traut ihr euch, dorthin zu gehen?"
Ja, das wagten die beiden Männer schon. Sie dachten: Der Herr wird gewiß für uns sorgen. Und sie machten sich mutig auf den Weg und kamen in die große Stadt Jericho. O ja, die Mauer war sehr hoch und dick. Da konnte niemand hinüberklettern. Aber in der Mauer war eine große Tür. Das war das Stadttor. Das Tor stand offen, und die Menschen gingen ein und aus. Da gingen die beiden Männer auch durch das Tor. Niemand achtete auf sie. So kamen sie in die Stadt. Und sie liefen durch die Straßen und sahen sich alles genau an.
Dann kam der Abend. Wo sollten sie jetzt schlafen? Sie gingen an der Mauer entlang, die um die Stadt führte, und kamen an ein Haus. Das stand oben auf der Mauer. So dick war die Mauer, daß oben darauf ein Haus stehen konnte! Und in dieses Haus gingen die Männer.
In dem Haus wohnte eine Frau, die hieß Rahab. Die hatte nichts dagegen, daß die Männer dort übernachteten.
Aber die bösen Menschen in der Stadt hatten gesehen, wie die beiden Männer in das Haus gegangen waren. Sie liefen schnell zum König und meldeten es ihm. Und der König von Jericho schickte Soldaten, um die beiden Männer festzunehmen.
Die Soldaten schlugen an die Tür und riefen: „Rahab, mach auf! Wo sind die fremden Männer? Wir müssen sie gefangennehmen, denn es sind Feinde, die gekommen sind, um bei uns zu spionieren."
Was sollte Rahab nun tun?
Sollte sie die Soldaten hereinlassen?
Sollte sie sagen: „Hier sind die Männer, ergreift sie nur?"
Nein, das tat Rahab nicht. Sie hatte die Männer längst versteckt. Oben auf dem Dach, unter einem Haufen Stroh, dort hatte sie die beiden versteckt.
Rahab war eine schlaue Frau.
Sie sagte den Soldaten: „Die Männer? Ja, die sind hier gewesen. Wenn ihr schnell lauft, dann werdet ihr sie vielleicht noch einholen."
Und zum Glück gingen die Soldaten wieder fort.
Rahab aber ging aufs Dach und holte die Männer unter dem Stroh hervor. Sie wußte genau, wer sie waren. Sie hatte schon gehört vom Volk Israel. Sie wußte auch, daß Israel das Volk Gottes war. Gerade deswegen hatte sie die Männer versteckt. Deswegen war sie so gut zu ihnen. Sie sagte: „Gott wird euch bald dieses Land geben und diese Stadt dazu. Der Herr kann alles, das haben wir hier schon gehört. Er hat euch auch mitten durch das Meer geführt. Darum haben auch alle bösen Menschen in diesem Land Angst

vor dem Volk Israel. Und darum bin ich auch gut zu euch gewesen. Nun müßt ihr mir aber auch versprechen, daß ihr auch gut zu mir sein werdet. In kurzer Zeit wird euer Volk hierherkommen, um uns diese Stadt abzunehmen. Werdet ihr mir dann auch nichts Böses tun und meinem Vater und meiner Mutter auch nicht? Und meinen Brüdern und meinen Schwestern auch nicht?"
Das versprachen die Männer. Aber nun mußten sie schnell weg. Denn die Soldaten hätten noch einmal zurückkommen können.
Rahab nahm sie mit ins Haus. Sie machte ein Fenster auf. Dann nahm sie ein dickes Seil. Es war ein rotes Seil. Das eine Ende band sie am Fenster fest. Das andere Ende hing nach draußen in das Dunkel. An diesem Seil mußten die Männer nach unten klettern. Dann waren sie außerhalb der Stadt, denn das Haus stand ja oben auf der Mauer.
„Häng dies rote Seil aus dem Fenster, wenn wir zurückkommen", sagten die Männer, „dann kann unser Volk sehen, daß du dort wohnst. Und sorg dafür, daß dein Vater und deine Mutter, deine Brüder und deine Schwestern bei dir im Haus sind. Dann werden wir unserem Volk sagen: ‚Wo ein rotes Seil aus dem Fenster hängt, dort dürft ihr den Menschen nichts Böses tun.'"
Dann kletterten die Männer schnell nach unten und versteckten sich in den Bergen. Und ein paar Tage später kamen sie wohlbehalten bei Josua an.
Gott hatte für sie gesorgt.
Er hatte auch dafür gesorgt, daß die fremde Frau so gut zu ihnen war.

## *JERICHO*

Weißt du noch von den beiden Männern, die in die große Stadt Jericho gehen mußten, um sich dort heimlich alles anzusehen? Und von den Soldaten, die sie festnehmen wollten? Und von der guten Frau, die ihnen so schlau geholfen hatte? Rahab hieß die Frau.
Sie hatte ein rotes Seil ans Fenster gebunden und die beiden Männer daran hinuntergelassen. Und sie wollte das rote Seil aus dem Fenster hängen, wenn das Volk Israel kam, um den bösen Menschen die Stadt abzunehmen.

Nun rückte das Volk Israel auf die Stadt zu. Die bösen Menschen sahen es. Sie verschlossen schnell das Tor und stellten sich oben auf die Mauer. Sie waren zum Kampf bereit.
Was sollte das Volk Israel nun tun? Sollte es etwa die Mauern mit Hämmern zusammenschlagen? Sollte es versuchen, das Tor mit einem dicken Balken aufzustoßen?
Nein, das war nicht möglich. Die Mauer war viel zu dick. Und das Tor war viel zu stark. So tat das Volk Israel etwas ganz anderes. Es lief in einem großen Umzug um die ganze Stadt. Sonst nichts. Dann ging es wieder fort.
Am folgenden Tag aber kam es wieder. Und das ganze Volk lief ein zweites Mal um die Stadt. Und am dritten Tag auch. Und am vierten Tag auch. Und am fünften Tag auch, immer einmal um die ganze Stadt.
Am sechsten Tag war es ebenso. Die bösen Menschen von Jericho konnten dies nicht begreifen. Sie lachten darüber und sagten: „Was will das dumme Volk Israel? Will es uns so unsere Stadt abnehmen? Das ist eine seltsame Art, was? So kommt es nie in die Stadt!“
Doch Gott hatte zu Josua gesagt, was das Volk Israel tun sollte.
Wieder kam ein Tag. Der siebte Tag.
Und wieder kam das ganze Volk Israel angezogen. Aber diesmal ging es nicht nur einmal um die Stadt Jericho, sondern viel öfter. Zweimal, dreimal, immer wieder. Siebenmal ging es rund um die ganze Stadt herum.
Dann blieben die Männer stehen.
Und auf einmal begannen sie alle zu rufen und zu jauchzen, als hätten sie bereits gesiegt.
Und so war es auch.
Denn siehe, die dicken Mauern begannen zu wackeln und zu wanken und fielen um. Das Volk Israel konnte nun einfach in die Stadt hineinstürmen.
Und von all den bösen Menschen in der Stadt ist auch nicht einer übriggeblieben.

Aber ein Stück von der Mauer war stehengeblieben. Dafür hatte Gott gesorgt.
Auf diesem Mauerstück stand ein Haus. Und was hing aus dem Fenster des Hauses?
Ein dickes rotes Seil.
Es war Rahabs Haus. Und die beiden Männer, denen sie so gut geholfen hatte, gingen in das Haus und nahmen Rahab mit. Auch ihren Vater und ihre Mutter, ihre Brüder und ihre Schwestern und brachten sie sicher zum Volk Israel.
Hier sollte Rahab nun hingehören, zum Volk Gottes.

Dort war es besser als bei den bösen Menschen von Jericho.
Dann ist das Volk Israel weiter ins Land hineingezogen. Sie verjagten alle bösen Menschen und nahmen ihnen alle großen Städte ab.
Nun wohnte das Volk Israel selber in dem schönen Land.
Sie bauten dort Häuser.
Sie säten dort Korn.
Sie ließen dort ihre Kühe und Schafe auf den saftigen Weiden grasen.
Nun hatten sie alles, was sie wollten. Sie brauchten keinen Durst mehr zu leiden, denn sie hatten Wasser und Milch genug. Sie aßen auch kein Manna mehr. Sie aßen Brot aus ihrem eigenen Korn. Und herrliche Früchte wuchsen dort. Und es gab viel Honig dort. Ja, wie schön wohnten sie doch in diesem herrlichen Land!
Josua aber sagte: „Nun müßt ihr immer daran denken, daß der Herr euch dies Land gegeben hat. Die bösen Menschen, die hier wohnten, beteten ein Bild an, das dürft ihr nicht tun. Ihr müßt zum Herrn beten und ihn immer liebhaben und ihm voll und ganz gehorchen. Wollt ihr das auch tun?"
Und sie riefen alle: „Ja, das wollen wir tun. Der Herr ist unser Gott."
Wenn sie das nur nie vergessen würden! Dann würden sie für alle Zeiten glücklich bleiben.

## *GIDEON*

Es war im Sommer.
Das Korn stand reif auf den Feldern. Und überall im schönen Land Kanaan waren die Menschen fleißig dabei, das Korn zu mähen. Dann wollten sie es dreschen und danach mahlen. Und von dem Mehl wollten sie Brot backen, herrliches Brot aus ihrem eigenen Boden.
Aber die Menschen waren nicht froh, daß sie so viel Korn hatten. Sie hatten Sorge und Angst. Denn vielleicht konnten sie das Korn nicht mahlen. Vielleicht bekamen sie überhaupt kein Brot. Denn jedes Jahr, wenn das Korn reif war, kamen Räuber. Die nahmen ihnen alles weg. Dann mußten sie selber Hunger leiden.
Darum schauten sie so ängstlich in die Ferne und sagten: „Seht ihr die Räuber noch nicht? Sie kommen bestimmt wieder. Sieben Jahre lang sind sie nun schon gekommen. Und wir können sie nicht fortjagen, denn sie sind viel zu stark. Wer wird einmal die bösen Räuber für immer fortjagen?"

Unter ihnen war ein junger Mann. Der hieß Gideon. Er hatte auch Korn gemäht. Und nun stand er bei einem großen Trog unter einem Baum. Darein tat er ein wenig Korn. Und dann schlug er mit einem Knüppel darauf. Da sprangen die Körner aus den Ähren. So drosch Gideon schnell ein bißchen Korn. Er schüttete das Korn in einen Sack. Und diesen Sack Korn wollte er in einer Höhle in den Bergen verstecken. Dort konnten die Räuber ihn nicht finden. Dann hatte Gideon etwas Korn, um Brot daraus zu backen.
Aber Gideon war auch traurig. Er dachte: Ach, wie unglücklich ist doch mein Volk! Und das ist seine eigene Schuld, denn es hat den Herrn nicht liebgehabt. Es ist

nicht gehorsam gewesen und ist hingegangen und hat ein Bild angebetet, genauso, wie es die bösen Menschen taten, die früher hier gewohnt haben. Darum kommen jedes Jahr die bösen Räuber. Gott hat sie geschickt, um das Volk Israel zu strafen. Ja, jetzt bereuen die Menschen ihre Sünde. Jetzt beten sie wieder zu Gott. Jetzt rufen sie: Herr, hilf uns! Jag doch die bösen Räuber fort! Aber der Herr hört es nicht. Er will sicher nicht mehr auf die Menschen hören, vielleicht will er überhaupt nichts mehr vom Volk Israel wissen.

So dachte Gideon, als er ganz allein unter dem Baum war.

Doch auf einmal erschrak er, denn er war nicht mehr allein. Auf einem Stein unter dem Baum saß ein Mann. Der schaute ihn an und grüßte ihn freundlich.

Wer war der Mann?

Es war ein Engel. Er war vom Himmel gekommen, um Gideon eine Nachricht zu bringen. Gott hatte es gehört, daß das Volk zu ihm rief. Der Engel sprach: „Gideon, wenn die Räuber wiederkommen, dann mußt du sie wegjagen."

Gideon erschrak.

„Ich?" rief er. „Aber ich bin doch noch so jung, und die Räuber sind so stark."

Aber der Engel erwiderte: „Du kannst es schon, Gideon, denn der Herr wird dir helfen."

Als Gideon das hörte, wurde er froh. Der Herr würde ihm helfen? Ja, dann wollte er es wagen. Dann würde es ihm auch gelingen. Wenn der Herr ihm half, dann konnte er alles.

Nicht lange danach kamen die Räuber. Sie ritten auf großen Kamelen, die sehr

schnell laufen konnten. Sie hatten lange Speere bei sich, mit denen sie gut kämpfen konnten.
Die Menschen bekamen große Angst und verkrochen sich rasch in den Bergen. Nur Gideon nicht. Gideon blies auf der Posaune. Das schallte durch das ganze Land. Und alle tapferen Männer, die es hörten, kamen herbeigelaufen, um ihm zu helfen. So bekam Gideon ein großes Heer, eine ganz große Schar von Männern, die ihm alle helfen wollten.
Aber das Heer konnte die Räuber nicht verjagen, das wußte Gideon genau. Der Herr mußte es tun.
Gideon dachte: Ob der Herr mir auch bestimmt helfen wird? Ich will es ja so gern glauben. Ich will es ja so gern ganz fest glauben.
Da nahm er das Fell eines Schafes. Das war genauso wie eine Decke. Die Decke legte er aufs Gras und sagte: „Lieber Herr, jeden Morgen ist das Gras naß vom Tau. Wenn aber nun morgen früh das Gras trocken ist und die Decke naß, dann werde ich bestimmt glauben, daß du mir helfen wirst.“
Daraufhin ging er schlafen. Und am folgenden Morgen war es so: Das Gras war trocken, aber die Decke war ganz naß. Gideon konnte das Wasser herausdrükken. Eine ganze Schüssel voll Wasser kam heraus.
Jetzt glaubte Gideon fest, daß der Herr ihm helfen werde. Aber er hätte es gern noch fester geglaubt.
Er legte die Decke wieder aufs Gras und sagte: „Lieber Herr, laß nun morgen früh das Gras naß sein und die Decke trocken.“
Dann ging er wieder schlafen. Und am folgenden Morgen war ringsum das Gras naß vom Tau, aber die Decke war ganz trocken.
Da fühlte Gideon sich stark, denn nun glaubte er ganz bestimmt, daß Gott ihm helfen würde, all die bösen Räuber fortzujagen.
Er rief sein großes Heer zusammen und zog tapfer gegen die Räuber los.
Aber wenn Gott ihm helfen wollte, dann hatte Gideon ein solch großes Heer doch gar nicht nötig?
Der Herr sprach: „Gideon, du hast viel zuviel Männer bei dir. Du mußt fast alle nach Hause schicken.“
Gideon tat gehorsam, was der Herr sagte. So behielt er nur ein kleines Heer übrig, aber was kümmerte ihn das? Er war ganz ruhig. Denn der Herr würde ihm helfen.
Doch der Herr sprach: „Gideon, du hast immer noch zuviel Männer bei dir, du mußt noch mehr heimschicken.“
Gideon tat gehorsam, was der Herr sagte. Da hatte er nur noch eine ganz kleine Schar. Ob diese kleine Schar von Männern wohl die bösen Räuber wegjagen konnte?
Ja, das konnte sie sehr gut.
Wenn Gott ihr nur half!

Es war Nacht. Es war still und dunkel. Alle Räuber schliefen in ihren Zelten.
Da kam Gideon leise mit seinen Männern an. Sie bildeten ganz heimlich einen Ring um die Räuber.
Sie trugen jeder eine Posaune. Nun bliesen sie alle darauf. Das schallte schaurig in der Stille!

Sie hatten auch alle einen leeren Krug. Die warfen sie entzwei. Das machte einen entsetzlichen Lärm in der stillen Nacht!
Und sie hatten auch alle eine Fackel bei sich. Das war ein Stück Holz, das brannte. Damit schwenkten sie umher. Da brannten alle Fackeln noch viel heller. Das war ein grausiger Anblick in der dunklen Nacht.
Und dann riefen alle Männer ganz laut: „Für den Herrn und für Gideon!" Und sie liefen schnell auf die Räuber zu.
Wie erschraken da die Räuber! Sie hörten den Lärm und die lauten Stimmen. Sie sahen die Flammen in der Dunkelheit, einen ganzen Ring um sich herum. Und da bekamen sie schreckliche Angst, denn sie dachten, daß da ein großes Heer herangerückt wäre, viel größer und stärker als ihres.
Sie liefen hin und her vor Schreck und Angst. Sie rannten sich gegenseitig um. Sie stachen sich gegenseitig mit den Speeren. Weil es so dunkel war, sahen sie sich gegenseitig für Feinde an.
So wurden sie immer ängstlicher. Sie wagten nun nicht mehr dazubleiben. Sie flüchteten, so schnell sie nur konnten. Und Gideon mit seinen Männern setzte hinter ihnen her und jagte sie alle aus dem Land.
Nie wieder sind die bösen Räuber zurückgekommen.
Das Volk Israel war so froh!
Die Menschen kamen alle zu Gideon, um ihm zu danken.
Aber Gideon sagte: „Ihr müßt nicht mir danken, ihr müßt dem Herrn danken. Er hat euch wieder frei und glücklich gemacht.

## *RUTH*

Zum Volk Israel gehörte eine Frau, die hieß Naemi. Sie wohnte mit ihrem Mann und ihren beiden Söhnen in Bethlehem. Das war ein Städtchen in dem schönen Land Kanaan.
Der Mann arbeitete alle Tage auf dem Feld, dort säte er Korn. Wenn das Korn reif war, mähte er es. Dann drosch er es und brachte all die schönen Körner seiner Frau Naemi.
Dann ließ Naemi das Korn mahlen. Und aus dem Mehl buk sie Brot für ihren Mann und ihre Jungen.
Aber einst kam ein Jahr, da gab es kein Korn. Der Mann hatte wohl Korn gesät, aber es wollte nicht wachsen. Es starb ab. Und so hatte Naemi nichts zu mahlen, und deshalb hatte sie auch kein Mehl, um Brot daraus zu backen. Nun war nichts zu essen da.
Was sollte sie tun? Auch die Nachbarn hatten fast nichts. Es war niemand da, der Naemi helfen konnte. Alle Menschen im Land litten Hunger.
Da zog Naemi mit ihrem Mann und ihren beiden Söhnen fort. Sie gingen ins Land Moab. Dort gab es Brot genug. Dort brauchten sie keinen Hunger zu leiden.

In dem fremden Land blieb Naemi lange Zeit wohnen, aber sie war dort nicht glücklich. Sie mußte dort viel Leid durchmachen. Zuerst starb ihr Mann. Da hatte sie nur noch ihre beiden Söhne.
Die Söhne heirateten Mädchen aus dem fremden Land. Das eine Mädchen hieß Ruth, das andere hieß Orpa.

Und nach einer Weile wurden die beiden Söhne krank und starben auch.
Nun hatte Naemi niemand mehr, keinen Mann und keine Söhne. Nun war sie eine arme, einsame Frau geworden.
Arme Naemi! Sie wurde alt und grau vor Kummer.
Sie sagte: „Nun will ich hier nicht mehr bleiben. Ich will wieder zurück in meine Heimat. Dort gibt es jetzt wohl wieder Brot für mich."
Und so ging Naemi auf die Wanderschaft zurück nach Bethlehem. Und die beiden Mädchen, Ruth und Orpa, gingen mit, um sie ein Stück Weges zu begleiten.
Sie liebten Naemi sehr. Sie war ihnen eine solch liebe, gute Mutter gewesen. Sie hatte ihnen auch vom Herrn erzählt. Die Mädchen waren traurig, daß Naemi jetzt fortzog, und sie gingen ein ganzes Stück auf dem Weg mit.
Aber schließlich blieb Naemi stehen.
Sie sagte: „Nun müßt ihr aber wieder umkehren! Ihr seid sehr lieb zu mir gewesen. Ich hoffe, daß der Herr euch glücklich machen wird."
Da gab Orpa der alten Naemi einen Kuß. Sie weinte wohl sehr, aber sie ging doch zurück.
Ruth weinte auch, aber Ruth ging nicht zurück. Ruth konnte nicht zurückgehen. Sie hatte Naemi sehr lieb. Und sie hatte Gott auch sehr lieb. Darum wollte sie nicht zurück zu ihrem Volk, weil dort niemand war, der Gott liebhatte. Sie gehörte dort nicht mehr hin. Sie wollte zu Naemis Volk gehören, zum Volk Israel. Denn dort konnte sie Gott viel besser liebhaben.
Ruth sagte: „Nein, ich lasse dich nicht allein. Dein Volk ist mein Volk, und dein Gott ist mein Gott. Ich will immer bei dir bleiben, Mutter."
Da war Naemi einverstanden, daß Ruth mit ihr zog. Und nach einer langen Wanderschaft kamen sie in Bethlehem an.
Als junge, glückliche Frau war Naemi einst fortgegangen. Als alte, traurige Frau kam sie wieder zurück.
„Ist das Naemi?" fragten die Leute. Denn sie erkannten sie fast nicht wieder, so alt und grau war sie geworden.
Und überall erzählten sie von der alten Frau, die nach so viel Jahren wieder zurückgekommen war. Und auch von dem lieben Mädchen, das Naemi nicht hatte allein lassen wollen.

Das Haus stand noch da. Darin wohnte Naemi wieder.
Und Korn gab es jetzt auch genug, denn es war Sommer. Überall waren die Menschen beim Mähen.
Aber Naemi hatte kein Korn. Niemand hatte Korn für sie gesät. Was sollte sie tun? Sie mußte doch Korn haben, um Brot zu backen.
Da sagte Ruth: „Mutter, soll ich gehen und Ähren suchen auf dem Feld bei den Schnittern?"
Naemi antwortete: „Das ist gut, meine Tochter."
Ruth ging zu den Mähern und fragte: „Darf ich die Ähren auflesen, die ihr habt fallen lassen?"
Das gestatteten die Schnitter gern. Das durften arme Menschen immer tun. Ruth suchte den ganzen Morgen. Da hatte sie schon eine Menge Ähren aufgelesen.
Die Mäher waren Knechte eines reichen

Herrn, der Boas hieß. Und nach einer Weile kam der reiche Herr selber auf den Acker, um nach der Arbeit zu schauen. Da sah er das Mädchen, das so emsig beim Suchen war.
Er fragte: „Wer ist das?“
Die Knechte antworteten: „Das ist das Mädchen, das mit Naemi aus dem fremden Land gekommen ist.“
Boas war froh, daß Ruth auf seinem Acker war, denn er hatte schon viel von ihr gehört. Er ging auf sie zu und sagte: „Komm nur jeden Tag hierher und suche. Du darfst es ruhig tun. Meine Knechte sollen gut zu dir sein. Und wenn du Durst hast, sollen sie dir zu trinken geben. Geh nicht auf den Acker eines anderen.“
Wie glücklich war Ruth jetzt! Sie verbeugte sich tief vor dem guten Mann und fragte: „Warum sorgst du nur so gut für mich?“
Boas antwortete: „Weil du so gut für Naemi gesorgt hast.“
Dann wurde es Mittag. Die Schnitter gingen essen. Boas sagte: „Komm her! Iß doch auch mit.“
Und Ruth bekam köstliches Brot von ihm und auch leichten säuerlichen Wein, der so gut war gegen den Durst.
Nach dem Essen machte sie sich wieder eifrig ans Ährenlesen, und Boas sagte leise zu den Mähern: „Ihr müßt dafür sorgen, daß sie viele Ähren findet. Laßt ruhig absichtlich welche fallen, dann kann Ruth sie auflesen.“
Wie viele Ähren fand Ruth jetzt! Als es Abend wurde, ging sie zum Dreschen. Und mit einem Sack voll Korn kam sie nach Hause zu Naemi.

Die alte Frau war sehr froh und fragte verwundert: „Wo bist du denn gewesen, mein Kind?"
Da erzählte Ruth alles. Und am folgenden Tag ging sie wieder auf das Feld des guten Herrn. Und am übernächsten Tag auch. Solange die Schnitter am Mähen waren, suchte Ruth Ähren auf dem Feld des Boas.
Und als alles Korn gemäht war, geschah etwas sehr Schönes. Da feierte der reiche Boas Hochzeit mit der armen Ruth, und nach einer Weile schenkte Gott ihnen auch ein Kind, einen lieben kleinen Jungen. Wie glücklich war da Naemi!
Sie setzte das Kind auf ihren Schoß, und alle Frauen aus der Nachbarschaft kamen herbei. Sie fragten: „Naemi, bist du noch immer traurig?"
Und Naemi sagte: „Nein, ich habe zwar viel Kummer in meinem Leben gehabt, aber der Herr hat alles gutgemacht."

## *SAMUEL*

In dem schönen Land lebte eine Frau, die hieß Hanna. Sie war aber sehr traurig, denn sie hätte so gern ein Kindchen gehabt. Aber sie bekam keines.
In dem Haus, in dem sie wohnte, lebte noch eine andere Frau, die quälte Hanna jeden Tag und sagte: „Du hast keine Kinder, aber ich habe welche. Gott hat dich sicher vergessen. Der Herr liebt dich nicht, darum schenkt er dir kein Kind."
Siehst du, das war noch das Schlimmste für Hanna, daß der Herr sie anscheinend nicht liebte. Wenn sie daran dachte, mußte sie oft weinen vor Schmerz.
Jedes Jahr ging Hanna mit ihrem Mann auf die Reise. Dann wanderten sie zum Heiligtum. Das war die Kirche, das Haus Gottes. Dort brachten sie dem Herrn ein Opfer dar, und dort beteten sie auch. Und dann bekam Hanna immer ein Geschenk von ihrem Mann, denn er liebte sie sehr. Er wollte Hanna so gern froh machen, aber er konnte es nicht. Das konnte nur Gott allein.
Einmal war Hanna wieder mit ihrem Mann zum Heiligtum gegangen. Und die andere Frau hatte sie gerade wieder arg gequält. Sie konnte vor Kummer nicht mehr essen. Da dachte sie: Ich werde dem Herrn meinen ganzen Kummer erzählen.
Und sie ging ins Heiligtum und fiel nieder auf die Knie.
Sie betete: „Lieber Herr, hör doch auf mich! Vergiß mich doch nicht. Gib mir doch ein Kind, einen lieben, kleinen Jungen. Ich werde gut für ihn sorgen. Und ich werde ihm jeden Tag von dir erzählen. Er soll dein Knecht werden, Herr, das verspreche ich dir."
Hanna sagte noch viel mehr. Sie betete sehr lange, aber sie flüsterte nur, damit niemand sie hören konnte, außer Gott allein.
Bei der Tür des Heiligtums saß aber ein alter Mann in einem sehr schönen blauen Kleid. Das war der Hohepriester. Er hieß Eli und war der vornehmste Knecht Gottes. Er war der Herr über alle andern Priester und mußte auf das Heiligtum aufpassen.
Eli sah Hanna und dachte: Wie seltsam benimmt sich diese Frau! Sie liegt dort am Boden und ihre Lippen bewegen sich,

doch ihre Stimme höre ich nicht. Ob sie eine schlechte Frau ist? Ob sie etwa betrunken ist?
Da ging er zu ihr und sagte zornig: „Schämst du dich nicht, du schlechte Frau, betrunken in das Haus Gottes zu kommen?"
Hanna sah ihn an. Ihre Augen waren voll Tränen. Sie sagte: „O nein, ich bin nicht betrunken. Aber ich hatte soviel Sorgen, und die habe ich nun alle dem Herrn erzählt. Ich habe zu Gott gebetet!"
Da bereute Eli, daß er so zornig gewesen war. Er sagte: „Geh hin in Frieden, Gott wird dein Gebet erhören."
Hanna ging zu ihrem Mann zurück, und ihr Kummer war weg. Gott würde ihr Gebet erhören, das glaubte sie.
Das hat Gott dann auch getan. Ein Jahr später bekam Hanna ein Kind. Einen lieben kleinen Jungen. Und sie nannte ihn Samuel. Das heißt: Vom Herrn erbeten.
In diesem Jahr aber ging Hanna nicht mehr in das Heiligtum. Sie mußte zu Hause bleiben, um für ihr Kind zu sorgen.
Ein paar Jahre darauf ging sie zum erstenmal wieder mit. Und wer lief jetzt an ihrer Seite in einem schönen weißen Kleid?
Der kleine Samuel!
Er war bereits ein flinker Junge geworden, der seine Mutter nicht mehr jeden Tag brauchte. Und nun sollte er ein kleiner Knecht Gottes werden im Heiligtum. Deshalb gingen sie zusammen zu Eli.
Eli saß wieder bei der Tür des Heiligtums. Er war noch älter und grauer geworden. Er erkannte Hanna nicht mehr.
Aber Hanna sagte: „Ich bin die Frau, die hier um ein Kind gebetet hat. Und dies ist der Junge, den der Herr mir gegeben hat. Ich habe Gott versprochen, daß er ein Knecht des Herrn werden soll. Darf er hierbleiben und dir im Heiligtum helfen?"
Eli war damit sehr einverstanden.
Und so ging Hanna allein wieder nach Hause. Aber sie war deswegen nicht traurig. Sie war froh, daß ihr Junge im Hause Gottes sein durfte. Sie sang vor Freude ein Lied.
Jedes Jahr ging sie mit ihrem Mann in das Heiligtum. Dann sah sie ihren lieben Samuel wieder. Und dann brachte sie jedesmal ein schönes neues Kleidchen für ihn mit, jedes Jahr ein bißchen größer.

Samuel fand es herrlich, ein Knecht Gottes zu sein. Er mußte allerlei kleine Handreichungen für Eli tun. Und er schlief in einem eigenen Kämmerchen, nahe bei dem Zimmer, in dem Eli schlief.
Eli hatte zwei Söhne, die hießen Hofni und Pinehas. Sie waren Priester. Sie mußten Opfer im Heiligtum darbringen. Sie mußten gute Knechte Gottes sein.
Aber sie waren schlechte Knechte.
Sie taten allerlei böse Dinge.
Eli wußte das genau, aber er tat nichts dagegen. Er sagte nur: „Das dürft ihr nicht tun, meine Jungen, das ist nicht gut." Aber er sah deswegen keinen von ihnen böse an.
Eli war auch kein guter Knecht Gottes. Doch Samuel, der bei den schlechten Menschen aufwuchs, behielt den Herrn lieb. Auch als er größer wurde.
Er war ein guter Knecht Gottes.

Eines Nachts wachte Samuel auf. Er hörte eine Stimme, die ihn rief.
„Samuel! Samuel!" rief die Stimme.
Samuel stand auf und ging in das Zimmer, in dem Eli schlief. Er sagte: „Hier bin ich, du hast mich gerufen."
Aber Eli antwortete: „Nein, ich habe dich nicht gerufen. Geh nur schnell wieder schlafen."
Samuel dachte: Ich habe mich sicher getäuscht. Und er legte sich wieder hin.
Doch plötzlich war die Stimme wieder da: „Samuel! Samuel!"
Jetzt wußte Samuel sicher, daß er sich nicht getäuscht hatte. Er ging zu Eli und sagte: „Hier bin ich, nun hast du mich aber gerufen."
Eli antwortete jedoch: „Aber nein, mein Junge, ich habe dich nicht gerufen. Du hast sicher geträumt. Geh nur schnell wieder schlafen."
Samuel begriff das nicht, aber er ging gehorsam in sein Kämmerchen zurück. Und kaum hatte er sich wieder hingelegt, da hörte er die Stimme zum drittenmal: „Samuel! Samuel!"
Wieder lief Samuel zu Eli und sagte: „Aber nun hast du mich sicher gerufen!"
Da wußte Eli, woher die Stimme gekommen sein mußte, und er sagte: „Es war der Herr, der dich rief. Geh nur zurück. Und wenn du die Stimme wieder hörst, mußt du sagen: ‚Rede Herr, dein Knecht hört.'"
Samuel ging in sein Kämmerchen zurück. Er lag ruhig da und lauschte und wartete. Und sein Herz schlug vor Ehrfurcht und Angst. Ob der Herr mit ihm sprechen wollte? Das wäre herrlich! Das wäre das Schönste, was ihm geschehen könnte.

Horch, da war wieder die Stimme Gottes: „Samuel! Samuel!"
Samuel sagte leise: „Rede Herr, dein Knecht hört."
Und dann sprach der Herr zum kleinen Samuel. Es war herrlich, auf Gottes Stimme zu hören. Und doch war es eine traurige Nachricht, die Samuel hörte.
Gott sprach, daß er wohl gesehen habe, wie schlecht die beiden Söhne Elis seien. Und daß er sie auch schon gewarnt habe. Und daß sie nicht hören wollten. Sie nicht und auch Eli nicht. Und daß sie deshalb bestraft werden sollten. Hofni und Pinehas würden an einem Tag sterben. Und Eli würde auch die verdiente Strafe empfangen.
Dann wurde es wieder still. Gottes Stimme schwieg.
Aber Samuel konnte nicht mehr schlafen. Er stand bereits früh auf. Er ging nach draußen, um die Türen des Heiligtums

zu öffnen. Das gehörte zu seiner täglichen Beschäftigung.
Da rief Eli und fragte: „Was hat der Herr gesagt?"
Ja, da mußte Samuel es wohl erzählen. So traurig die Nachricht auch war, er erzählte alles.
Eli seufzte und sagte: „Es ist der Herr. Er wird tun, was sein muß."
Und ein wenig später, als Samuel schon groß geworden war, ist die Strafe gekommen.
Es kam Krieg ins Land. Die Männer Israels mußten gegen die Feinde kämpfen. Hofni und Pinehas auch.
Da schlugen die Feinde beide, Hofni und Pinehas, tot. Als der alte Eli hörte, was geschehen war, bekam er einen solchen Schreck, daß er von seinem Stuhl fiel und auch starb. Das war die Strafe für ihre Sünden. Sie waren schlechte Knechte Gottes gewesen.
Wer aber würde nun der Knecht Gottes sein? – Samuel!
Er war ein guter Knecht. Er hatte den Herrn lieb. Er hörte noch oft die Stimme Gottes, die zu ihm sprach. Und was der Herr sagte, das tat er getreu.

## *DAVID*

David war ein junger Hirte. Er mußte jeden Tag für seinen Vater die Schafe hüten. Morgens, wenn die Sonne aufging, öffnete er den Stall, in dem die Schafe des Nachts schliefen. Er rief die Schafe und sagte: „Kommt nur, wir wollen wieder saftiges Gras suchen. Dann könnt ihr euch so richtig satt fressen."
Dann gingen sie zusammen aufs Feld, und dort waren sie den ganzen Tag zusammen. Die Schafe fraßen das Gras, und David saß dabei. Er war der Hirte. Er mußte dafür sorgen, daß die Schafe genug zu fressen bekamen. Wenn sie Durst hatten, mußte er sie ans Wasser führen, damit sie trinken konnten. Denn den Schafen durfte es an nichts fehlen.
Er mußte auch aufpassen, daß keine bösen Tiere in die Nähe kamen, die den Schafen ein Leid zufügen konnten. Die mußte er mit Steinen oder mit seinem Stab wegjagen.
So war er den ganzen Tag allein mit seinen Schafen. In der Ferne standen Häuser. Dort lag die Stadt Bethlehem. Dort wohnten sein Vater und seine Brüder. Er aber war immer ganz allein auf dem weiten Feld.
Doch war er deshalb nicht traurig. Nein, er war sehr zufrieden. Und oft machte er Musik auf einem gebogenen Stab mit vielen Saiten. Das war eine Harfe, und er konnte sehr schön darauf spielen. Er sang auch zuweilen dazu, und das schallte weit über das Feld.
Weißt du, warum David zufrieden und froh war?
Weil er trotz allem nie allein war auf dem Feld.
Denn es war jemand bei ihm, den ganzen Tag. Der machte ihn so froh.
Weißt du, wer das war?
Gott, der Herr.
Der Herr ist überall, in der Stadt und auf dem Land. Er sorgt für alle Menschen. Er sieht uns immer, überall.
Das wußte David und er dachte: Ich sorge für die Schafe, und der Herr sorgt

für mich. Der Herr ist auch ein Hirte, und ich bin eins seiner Schafe.
Und wenn er das dachte, wurde er so froh, daß er singen mußte. Ein schönes Lied, das er selber gemacht hatte:
„Der Herr ist mein Hirte, mir wird nichts mangeln."

Eines Tages geschah etwas Schreckliches. David war wieder mit seinen Schafen auf dem Feld, als auf einmal ein Löwe herankam, ein ganz gefährliches Tier mit scharfen Krallen und mit scharfen Zähnen. Der Löwe schlich heimlich durch die Sträucher heran und sprang dann plötzlich auf die Schafe. Er brüllte fürchterlich und packte ein Schaf mit seinem Rachen. Er versuchte, das arme Schaf mit dem Maul in den Wald zu schleppen, um es dort aufzufressen.
Aber David war auch noch da. Er sprang auf und rannte hinter dem Löwen her. Er dachte nicht daran, wie gefährlich das war. Er dachte nicht an die scharfen Krallen und an die scharfen Zähne.
Er dachte nur: Ich bin der Hirte, ich muß dem armen Schaf helfen.
Und er dachte auch: Der Herr ist mein Hirte. Der wird mir sicher auch helfen.
Und so hatte er gar keine Angst.

Er holte den Löwen ein und schlug ihn mit einem dicken Stock so lange, bis er das Schaf losließ. Und als der Löwe ihn beißen wollte, griff er das elende Tier mutig an und schlug es tot.
Da lag es nun. Jetzt konnte es nie mehr etwas Böses tun.
David nahm das Schaf in seine Arme und brachte es zu den andern. Der Löwe hatte dem Schaf arg wehgetan, aber David wusch das Blut ab und strich Salbe auf die Wunden. Er sorgte dafür, daß die Schmerzen weggingen, und daß das Tier wieder ganz gesund wurde.
David war ein guter Hirte. Er hatte gut für das Schaf gesorgt.
Und der Herr war sein guter Hirte. Gott hatte für ihn gesorgt.

Eines Tages kam ein Knecht aufs Feld, um zu sagen, daß David sofort nach Hause kommen müsse. Denn sein Vater Isai habe Besuch bekommen. Seine Brüder seien auch zu Hause.
David hatte sieben große Brüder. Er war der jüngste von ihnen.
Wer war denn zu Besuch gekommen?
Ein alter Mann mit einem langen grauen Bart. Es war Samuel. Samuel war sehr alt geworden, aber er war noch immer ein guter Knecht Gottes. Und Gott selbst hatte ihn hierher geschickt.
Es war eine seltsame Nachricht, die Samuel überbrachte, aber es war auch eine herrliche Nachricht. Gott hatte zu ihm gesagt, daß einer von Isais Söhnen König werden würde, König über sein Volk Israel. Noch nicht sogleich, aber nach einiger Zeit. Denn es gab schon einen König. Der hieß Saul. Doch Saul war kein guter König. Er war ungehorsam gewesen. Er wollte nicht auf Gott hören. Und darum sollte ein anderer König werden. Und das würde einer von Isais Söhnen sein.
Aber welcher von den Söhnen sollte es werden?
Das wußte Samuel auch nicht.
Gott würde ihn selbst aussuchen.
Und darum mußten nun alle Söhne von Isai zu Samuel kommen, einer nach dem andern.
Zuerst kam der älteste. Das war ein großer, starker Mann. Samuel dachte: Der wird es wohl sein. Was für einen prächtigen König gäbe das!
Aber der Herr sprach: „Nein, Samuel, der soll es nicht sein. Ich sehe nicht danach, ob mein König groß und stark ist. Ich sehe auf das Herz.“
Da schüttelte Samuel den Kopf und sagte: „Nein, diesen hat der Herr nicht auserwählt.“
Dann kam der zweite Sohn, aber Samuel schüttelte wieder den Kopf und sagte: „Nein, diesen hat der Herr auch nicht auserwählt.“
So kamen alle Söhne von Isai, die im Haus waren, einer nach dem andern zu Samuel. Aber der alte Knecht Gottes sagte jedesmal wieder: „Nein, diesen hat der Herr nicht auserwählt.“
Und schließlich fragte er: „Sind das alle deine Söhne, Isai?“
Isai antwortete: „Der kleinste ist noch nicht da. Der ist auf dem Feld bei den Schafen.“
„Laß ihn sofort holen“, sagte Samuel. Und so mußte David nach Hause kommen, weil Samuel auf ihn wartete.
Sein Vater brachte ihn herein.

Da sprach der Herr zu Samuel: „Steh auf, Samuel, denn dieser ist es. David soll König werden über mein Volk, denn sein Herz hat mich lieb."
Da holte Samuel ein Horn unter seinem Mantel hervor. Es war das Horn einer Kuh. Das war innen hohl und gefüllt mit herrlichem Öl, Salböl, das ganz wunderbar duftete.
Dieses Öl ließ Samuel auf Davids Haupt fließen. Und er sagte: „So spricht der Herr: ‚Ich salbe dich zum König über mein Volk Israel.' Es wird noch einige Zeit dauern, aber dann soll David König werden, weil sein Herz voll ist von Liebe zu Gott."
Was für eine seltsame Nachricht war das! David war ja nur ein armer, einfacher Hirtenjunge!
Aber David glaubte es doch, denn der Herr hatte es versprochen.
Und was Gott verspricht, das hält er immer und gewiß.

David war sehr froh, und sein Vater auch.
Aber sie redeten nicht davon, was geschehen war. O nein, noch erzählten sie es niemandem.
Denn ... wenn König Saul das hören würde! Wer weiß, wie böse er dann geworden wäre!

## *DAVID MUSS ZUM KÖNIG KOMMEN*

König Saul war in seinem Palast.
Er saß auf einem sehr schönen goldenen Stuhl. Das war sein Thron.
Er hatte prächtige Kleider an und eine schwere goldene Krone auf dem Kopf.
Um ihn herum stand eine große Menge Diener, die alles tun mußten, was er sagte. König Saul war sehr reich und sehr mächtig. Er konnte alles bekommen, was er haben wollte.
Und doch war König Saul böse und ärgerlich.
Denn Samuel, der alte Knecht Gottes, hatte ihm gesagt, daß er nicht länger König sein dürfe, weil er ein schlechter König war. Weil er den Herrn nicht liebhatte und ihm nicht gehorchen wollte.
„Ein anderer wird König werden", hatte Samuel gesagt. „Der Herr hat ihn selber auserwählt. Es ist jemand, der Gott liebhat mit seinem ganzen Herzen. Der soll in deinem Palast wohnen und auf deinem Thron sitzen. Der soll König sein an deiner Stelle, weil du dem Herrn nicht gehorchen willst."
Aber wer der andere war, das hatte Samuel nicht gesagt.
Das wußte Saul also nicht.
Aber er wußte genau, daß es bestimmt so sein würde.
Denn was der Herr sagt, das geschieht immer.
Nun mußte Saul die ganze Zeit daran denken, daß er nicht König bleiben sollte.
Darum war er so böse und ärgerlich.
Der andere darf nicht König werden, dachte er. Ich will König bleiben, immer, mein ganzes Leben lang. Und später muß mein Sohn Jonathan König werden, aber der andere nicht. Nein, der andere niemals!
Und er dachte auch: Ich möchte doch zu gern wissen, wer der andere ist.

Denn Saul haßte den anderen, er hätte ihn am liebsten totgeschlagen.
Je mehr er daran dachte, um so böser wurde er. Manchmal wurde er so wütend, daß seine Diener Angst vor ihm hatten. Dann bekam er wilde Anfälle. Dann schrie er und drohte mit den Fäusten. Dann stampfte er vor Wut und Ärger auf den Boden. Er wollte alles zerreißen und alles kurz und klein schlagen.
Seine Diener hatten Mitleid mit ihm und sagten zueinander: „Unser König ist krank, sein Herz ist krank, denn Gott hat ihn verlassen. Nun wohnt die Bosheit in seinem Herzen.“
Und sie waren sehr traurig.
Sie sagten: „Können wir nicht etwas für den König tun? Können wir ihm nicht helfen, daß es besser mit ihm wird?“
Und sie dachten viel darüber nach.
Dann gingen sie zum König und sagten: „Weißt du, was du tun mußt, König? Du mußt einen Mann kommen lassen, der schöne Musik machen kann. Das ist gut für dich. Davon wirst du bestimmt wieder gesund.“

„Dann sucht mir einen solchen Mann!" erwiderte der König.
Und einer der Diener sprach: „Ich wüßte einen. Da gibt es einen Hirten in Bethlehem, das ist Isais jüngster Sohn. Der kann so schön auf der Harfe spielen, ganz wundervoll klingt das."
„Gut", sagte der König, „laßt ihn kommen."
Da ging einer der Diener nach Bethlehem, um David zu holen.
Und so kam David in den Palast des Königs.

Es stand gerade wieder einmal sehr schlimm um den König. Er hatte einen seiner wilden Anfälle und stampfte mit den Füßen im Zimmer umher. Vor Wut und Erregung schrie er laut.
In diesem Augenblick kam David leise mit seiner Harfe herein. Er ging in einen Winkel, setzte sich und spielte eines seiner schönen Lieder, das er auch auf dem Feld bei den Schafen gespielt hatte. Es war sehr schön. Es klang wie das Läuten von goldenen Glocken. Wer es hörte, konnte nicht mehr böse und traurig sein. Der

König hörte es. Er wurde still. Er stampfte und schrie nicht mehr. Er lauschte der sanften Musik und vergaß seine Bosheit und seine Traurigkeit. Er vergaß auch den anderen, an den er immer denken mußte, den anderen, der später König sein sollte.
Es wurde besser mit dem König. Die schöne Musik hatte ihn gesund gemacht. Wenn er David ansah, dachte er: Der David ist ein guter Junge. Ich bin froh, daß er hier ist. Er muß immer bei mir bleiben!
Und er begann, David sehr gern zu haben.
Aber er wußte nicht, daß David der andere war, der später König werden sollte. Oh, wenn er das gewußt hätte...

## *DAVID UND DER RIESE GOLIATH*

Einmal kam Krieg ins Land.
Feinde rückten heran, um die Schafe und das Korn des Volkes Israel zu stehlen und im ganzen Land den Herrn zu spielen. Aus dem Volk der Philister kamen die fremden Krieger.
König Saul aber rief seine Soldaten zusammen und zog mit ihnen los, um die Fremdlinge fortzujagen.
Er rückte bis dicht an die Feinde heran. Sie standen sich gegenüber, Saul mit seinen Soldaten auf der einen Seite und die Philister auf der anderen Seite.
Aber jagten sie die Philister nun fort? Nein, sie wagten es nicht, denn es waren so viele Feinde da. Und sie waren so schrecklich stark.
Einer war darunter, der war der stärkste von allen. Der war fast so groß wie ein Baum. Er war ein Riese und hieß Goliath. Er trug eine sehr gefährliche Stange mit einer scharfen, eisernen Spitze. Das war sein Speer. Er hatte auch ein ganz großes gefährliches Messer an einem Riemen um die Hüfte hängen. Das war sein Schwert. Und er trug einen ehernen Panzer und auf dem Kopf einen ehernen Helm. Der glänzte golden in der Sonne. Der Riese kam ganz nahe heran.
Er rief: „Nur her! Wer wagt es, mit mir zu kämpfen? Ha, ihr wagt es ja nicht! Ich bin stärker als ihr alle. Es soll nur mal einer kommen, der mit mir zu kämpfen wagt!"
Dann lachte er ganz laut und fluchte. Er verhöhnte Saul und die Soldaten. Er spottete über sie, aber er spottete auch über Gott. Jeden Tag kam er wieder. Aber niemand wagte es, ihn fortzujagen. König Saul nicht, und auch nicht sein Sohn, der Prinz Jonathan. Und es waren dort auch drei von Davids Brüdern, das waren große, starke Soldaten. Aber sie wagten es auch nicht.
Sie hatten alle Angst vor dem Riesen. Sie zitterten vor Angst, wenn sie ihn kommen sahen.
Und David?
David war nicht dabei. Er war wieder zu Hause bei seinem Vater. Er brauchte keine Musik mehr zu machen vor dem König. Der König hatte jetzt doch keine Zeit, ihm zuzuhören.
David hütete wieder die Schafe auf dem Feld von Bethlehem.
Doch einmal, es war an einem Abend, ließ sein Vater ihn rufen.

Er sagte: „David, du mußt morgen früh zu deinen Brüdern gehen. Sie sind Soldaten im Heer des Königs Saul. Du mußt sehen, ob es ihnen gut geht. Und dann mußt du auch etwas für sie mitnehmen. Ein wenig Brot und Korn."
Das tat David sehr gern. Denn er wollte etwas vom Krieg sehen.

Am folgenden Morgen machte er sich früh auf den Weg. Er mußte ein ganzes Stück laufen, aber schließlich kam er doch zu den Soldaten des Königs Saul. Und als er gerade ankam, war auch der Riese Goliath drüben auf dem Feld.
Da stand er wieder und schrie. Da stand er wieder und spottete und fluchte. Nun hörte David es auch.
Er erschrak darüber. Der gottlose Mann verspottete nicht nur den König, sondern er verspottete auch Gott, den David so liebhatte.
David wurde zornig. Gab es hier denn niemand, der den bösen Mann dafür strafte?
Nein, niemand wagte es.
„Dann werde ich es tun", sagte David.
„Bist du aber mutig!" riefen die Soldaten.
„Wenn du den Riesen besiegst, dann bekommst du schöne Geschenke und darfst die Tochter des Königs heiraten. Das hat der König selbst gesagt."
Und sie führten David gleich zum König.
Der König fragte: „Willst du mit dem Riesen kämpfen? Das kannst du doch nicht. Du bist nur ein junger Hirte, und er ist ein starker Soldat. Er ist viel größer und stärker als du. Nein, das will ich nicht haben."
Aber David antwortete: „Ich kann es bestimmt, König, denn Gott wird mir helfen. Als ich noch die Schafe hütete, habe ich einmal mit einem Löwen gerungen. Da hat der Herr mir auch geholfen, und ich habe den Löwen erschlagen. Und diesen bösen Mann, der über Gott zu spotten wagt, werde ich genauso erschlagen. Der Herr, der mir gegen den Löwen geholfen hat, der wird mir auch gegen den Riesen helfen."

Da war der König einverstanden.
Er ließ seinen eisernen Panzer holen. Den zog David an. Er setzte ihm seinen ehernen Helm auf den Kopf und gab ihm auch sein großes Schwert.
So wollte er aus David einen Soldaten machen.
Aber der Panzer und der Helm waren für David viel zu schwer. Er zog den Panzer schnell wieder aus und setzte den Helm wieder ab. Und das Schwert gab er auch zurück, denn damit konnte er nicht kämpfen. Nein, er hatte all die Dinge nicht nötig. Der Herr würde für ihn sorgen.
Er nahm nichts anderes mit als seinen Stecken und seine Schleuder. Das war ein Riemen, mit dem man einen Stein fortschleudern kann. Fünf Steine suchte David aus, schöne glatte Steine. Die steckte er in seine Tasche.
Und dann lief er geradenwegs auf den Riesen zu.
Der Riese Goliath sah ihn kommen. Er lachte und fluchte.
„Ha", rief er, „wer kommt da denn an? Was für ein Junge ist das? Er hat nicht einmal ein Schwert bei sich, nur einen

Stecken! Du denkst doch wohl nicht, ich sei ein Hund, den du mit einem Stock wegjagen kannst? Komm nur her, dann werde ich es dir schon zeigen! Totschlagen werde ich dich, und die wilden Tiere werden dich fressen.“

Er schrie das aus reiner Bosheit. Jeder, der es hörte, bekam Angst vor ihm.

Aber David hatte keine Angst, denn er wußte, daß Gott ganz nahe bei ihm war.

David sagte: „Du kommst zu mir mit einem Schwert und einem Speer, ich aber komme zu dir, weil du Gott verspottet hast, und darum will ich dich strafen.“

Dann legte er einen Stein in die Schleuder. Und bevor der Riese seinen Speer werfen konnte, schwang David seine Schleuder umher. Der Stein flog heraus, sauste durch die Luft und traf den Riesen direkt auf die Stirn.

Der große starke Riese schwankte und wackelte. Und dann fiel er hart zu Boden. Da lag er nun.

David lief hinzu, ergriff das Schwert und schlug dem Riesen mit seinem eigenen Schwert den Kopf ab. Da war der Riese Goliath tot. Jetzt konnte er nie mehr spotten.

Seine Freunde, die Philister, erschraken sehr, als sie das sahen. Aber die Soldaten Sauls waren froh. Sie riefen und jauchzten. Nun hatten sie keine Angst mehr, nun hatten sie Mut. Denn sie sahen, wie Gott David geholfen hatte. Sie kamen schnell herbeigelaufen und jagten alle Feinde fort.

David mußte zum König kommen. Der Krieg war aus.

Der König sagte: „Nun mußt du immer bei mir bleiben. Du darfst kein Schafhirte mehr sein. Du bist so flink und so tapfer. Du sollst der Herr sein über eine große Schar Soldaten. Und wenn wieder Feinde kommen, dann sollst du sie mit den Soldaten fortjagen.“

Prinz Jonathan, der Sohn des Saul, war auch dabei.

Jonathan liebte David sehr. Er schenkte ihm allerlei schöne Dinge: Seinen schönen Mantel und sein Schwert, seinen Bogen und seinen schönen Gürtel.

Jonathan fragte: „Wollen wir immer Freunde bleiben?“

Das wollte David gern. Er liebte Jonathan sehr.

Das war ein herrlicher Tag.

Nun war David der Freund des Königs.

Und der Freund des Prinzen.

Aber er war auch der Freund Gottes.

Und das war am herrlichsten von allem.

## *DAVID MUSS FLIEHEN*

Nun war David kein Schafhirte mehr. Er war General geworden. Er führte eine große Menge Soldaten an.

Wenn Feinde ins Land kamen, dann mußte er sie fortjagen. Das konnte er gut, denn der Herr half ihm immer.

David wohnte in einem schönen Haus, ganz nahe beim Palast des Königs. Er durfte oft zum König kommen und mit ihm essen.

Die Tochter des Königs war seine Frau.

Und der Sohn des Königs war sein Freund, sein allerbester Freund.

David war ein vornehmer Mann geworden. Die Menschen, die ihm entgegenkamen, verbeugten sich tief vor ihm. Sie

sagten: „David ist so stark und so tapfer! Er ist der Tapferste und Stärkste von allen.“
Aber David wurde deshalb nicht stolz und hochmütig. Er hatte den Herrn weiterhin lieb. Er dachte immer: Ich bin nicht stark. Ich kann nicht viel. Nur wenn der Herr mir hilft, kann ich alles.

Einmal war wieder Krieg gewesen. Und David hatte mit seinen Soldaten alle Feinde fortgejagt.
Da feierte man im ganzen Land ein Fest. Und als David mit seinen Soldaten zurückkam, standen die Menschen auf der Straße und warteten auf ihn. Die Frauen und Mädchen liefen ihm in einem großen Zug entgegen. Sie waren froh, daß der Krieg zu Ende war. Sie machten Musik und sangen Lieder.
Was sangen sie?
„Saul hat tausend Feinde fortgejagt, aber David zehntausend.“
So sangen sie.
Das hörte auch der König Saul.
Er dachte: David hat zehntausend fortgejagt und ich nur tausend? Ist David denn mehr als ich? Es sieht ja so aus, als wäre er der König.
Er wurde sehr böse und neidisch.
Er konnte das Lied nicht mehr vergessen. Er mußte den ganzen Tag darüber nachdenken. Und des Nachts konnte er deswegen nicht schlafen.
Und am folgenden Tag war es wieder ganz schlimm mit dem König, denn nun wußte er plötzlich, wer der andere war, der einst König an seiner Stelle werden sollte.
David war es! Er wußte es genau!
Er sah es an den Menschen. Die hatten David sehr gern.
Er sah es aber auch an David. Der hatte Gott so lieb und war so tapfer.
Die Menschen wollen mich verjagen, dachte Saul. Und ihn, David, wollen sie zum König machen.
Da bekam er wieder einen seiner wilden Anfälle. Er raste und schrie, er stampfte durch den Palast. Alle seine Diener bekamen Angst vor ihm.
Aber David hatte keine Angst. Er hatte Mitleid mit dem König. Leise kam er mit seiner Harfe herein, um den König mit seiner Musik wieder gesund zu machen. Er setzte sich still in einen Winkel und spielte, so schön er konnte. Denn er hätte dem armen König so gern geholfen. Aber diesmal konnte er dem König nicht helfen. Nein, nun wurde es nicht besser mit Saul, so schön David auch spielte. Denn nun wußte Saul, wer der andere war.
Er belauerte David und dachte: Ich werde David töten, dann kann er niemals König werden.
Und gleich darauf schleuderte er seinen Speer mit aller Gewalt nach David. Aber zum Glück traf er ihn nicht. Gott sorgte dafür. Der Speer flog dicht an Davids Kopf vorbei in die Wand.
Da erschrak David sehr. Er lief schnell aus dem Palast und war dankbar, daß der Herr ihn beschützt hatte. Aber er war auch betrübt, weil es nun so schlimm geworden war mit dem König, und weil er dem König nicht helfen konnte.
Ach, und dann ist alles so schrecklich geworden! David konnte nicht mehr in der Nähe des Königs bleiben. Er mußte fort,

ganz weit fort. Jonathan sagte das auch. Denn der König würde sicher wieder versuchen, David zu töten. David mußte sich irgendwo verkriechen in den Wäldern oder in den Bergen, wo der König ihn nicht finden konnte.
Sie kamen noch einmal zusammen, David und Jonathan, draußen vor der Stadt, auf dem weiten Feld. Dort nahmen sie Abschied voneinander, die beiden treuen Freunde. Vielleicht würden sie sich nie wiedersehen.
Sie waren sehr traurig, denn sie hatten einander sehr lieb. Sie umarmten sich und weinten beide.
Jonathan sagte: „Sei nicht traurig, David. Du wirst später doch König werden. So will es der Herr, und darum will ich es auch. Wirst du dann später gut sein zu mir und meinen Kindern, wenn du König bist?"
Ja, das versprach David gern. Und er konnte sich fast nicht losreißen von Jonathan, seinem besten Freund.
Aber es mußte sein.
Jonathan ging in den Palast zurück. David flüchtete in die Wälder.
Wohin?
Er wußte es nicht!
Er war nun wie ein Vogel, der nirgends mehr sicher war. Denn der König würde sicher versuchen, ihn zu fangen und zu töten.
Aber David wußte, daß der Herr für ihn sorgen würde.
Das machte ihn ruhig.

## *LIEBE DEINE FEINDE*

Der arme David! Nun hatte er nirgends mehr Ruhe.
Er konnte nicht mehr in sein Haus zurück, denn dort würde ihn der König sofort gefangennehmen lassen.
Er konnte aber auch nicht mehr zu seinem Vater und zu seiner Mutter zurück, denn dort lauerten ihm die Soldaten des Königs genauso auf.
Er mußte sich in den Wäldern verkriechen oder in der Wüste oder in den Bergen. Einmal hier, einmal dort. Und nirgends war er sicher, denn überall war der König hinter ihm her.
Wie ein Jäger hinter einem Wild her ist, so jagte König Saul mit seinen Soldaten hinter David her.
Er wollte David fangen. Er suchte das ganze Land nach ihm ab. Und einmal hätte er David beinahe gefaßt.
Aber er bekam ihn nicht.
Dafür sorgte der Herr.

David saß in einer Höhle.
Weißt du, was das ist, eine Höhle?
Das ist ein ganz großes dunkles Loch in einem Berg. Dahinein war David gekrochen, damit der König ihn nicht finden konnte, denn König Saul war in der Nähe.
In dieser dunklen Höhle saß David nun still und wartete, bis der König wieder fort sein würde.
Aber er saß dort nicht allein, es waren Freunde bei ihm. Das waren Männer, auf die der König auch böse war, und die deshalb vor ihm fliehen mußten. König Saul war ein schlechter Mann. Es gab sehr viele Menschen, die sich vor ihm fürchteten.
Still saßen alle die Männer da und warteten in der dunklen Höhle.
Sie wagten nicht zu sprechen.
Sie wollten sich nicht verraten, denn König Saul und seine Soldaten waren ganz nahe beim Eingang der Höhle. Aber sie wußten nicht, daß David darin saß.
Der König war sehr müde und erhitzt vom Suchen. Und als er die dunkle Höhle sah, dachte er: Drinnen ist es sicher angenehm kühl. Da werde ich ein Weilchen ausruhen.
„Halt", rief er seinen Soldaten zu. Da blieben sie alle stehen. Sie sollten sich eine Weile im Schatten des Berges ausruhen. Nur König Saul ging in die Höhle, um dort zu ruhen.
David und seine Männer sahen ihn. Sie erschraken sehr. Ihre Herzen klopften vor Angst. Sie hielten den Atem an.
Aber zum Glück sah sie der König nicht. Er konnte sie nicht sehen, denn sie saßen ganz hinten. Und dort war es sehr dunkel. Nur vorne in der Höhle war es hell. Dort legte sich König Saul auf den Boden und ruhte sich aus. Bald darauf war er eingeschlafen.
Als Davids Freunde sahen, daß der König fest schlief, hatten sie keine Angst mehr. Sie lachten und sagten: „Jetzt haben wir ihn, unseren Feind! Geh nur hin, David! Straf ihn doch für seine Bosheit! Schlag ihn tot! Dann kann er uns nicht länger verfolgen. Dann wirst du unser König!"
Aber so wollte David nicht König werden. Er antwortete deshalb: „Nein, das tue ich nicht. Ich will nicht zum Mörder

werden. Der Herr wird ihn selbst strafen." Aber nach einer Weile stand er doch ganz leise auf. Er ging auf den Zehenspitzen zu dem schlafenden Saul und packte das Schwert des Königs, das große scharfe Schwert. Und dann ...
Schlug er nun dem König Saul den Kopf ab?
Nein, das tat David nicht. Er schnitt nur heimlich ein Stück von Sauls Mantel ab. Und mit klopfendem Herzen schlich er leise wieder zu den andern zurück, mit dem Mantelzipfel in der Hand.
Nach einem Weilchen wachte Saul auf. Er erhob sich und ging aus der Höhle. Er rief: „Vorwärts, marsch!" Und dann zog er mit seinen Soldaten weiter.
Doch nun stand David auch auf und ging schnell nach draußen. Saul war noch nicht weit weg.
David rief: „Mein König!"
Saul sah sich um. Er war sehr erstaunt. Wo kam David plötzlich her?
David sagte: „Mein König, warum seid Ihr nur so böse auf mich? Ich tue Euch doch nichts Böses. Schaut her, ich hätte Euch töten können, aber ich habe es nicht getan. Ich habe nur ein Stück von Eurem Mantel abgeschnitten."
Und er hielt den Mantelzipfel in die Höhe.
Da schämte sich Saul sehr.
Die Tränen standen ihm in den Augen. Er weinte vor Scham und vor Leid und sagte: „O mein Sohn David, du bist besser als ich. Ich habe dir Böses getan,

aber du hast mir Gutes getan. Ich habe dich gehaßt, aber du hast mich liebgehabt."

Und dann zog er still mit seinen Soldaten davon. Er wollte David nichts Böses mehr tun.

Weißt du, warum das so war?

Weil David seinen Feind liebgehabt hatte.

## *DER SPEER UND DER KRUG*

Weißt du noch von der dunklen Höhle, in der König Saul sich schlafen legte?

Und in der David hinten saß?

Damals hätte er Saul leicht töten können, aber er tat es nicht. Er schnitt nur ein Stück von Sauls Mantel ab.

David hatte seinen Feind lieb.

Deshalb schämte sich Saul und wollte David nichts Böses mehr antun.

Aber der König vergaß schnell, daß David so gut zu ihm gewesen war. Und wieder jagte er hinter David her durch das ganze Land. Und immer noch versuchte er, ihn zu fangen.

Einmal hatte er wieder den ganzen Tag nach David gesucht, aber er hatte ihn nicht gefunden. Da wurde es Abend. Wo sollte der König jetzt schlafen?

Die Soldaten schlugen ein Zelt für den König auf. Darin legte er sich nieder. Er steckte seinen Speer mit der Spitze in den Boden, ganz nahe bei seinem Kopf. So konnte er sofort danach greifen, wenn er ihn brauchen sollte. Und einen Krug mit Wasser stellte er direkt neben sich. Daraus konnte er trinken, wenn er Durst bekam.

So legte er sich schlafen. Er war so müde vom Laufen und vom Suchen. Aber erst rief er ein paar Soldaten herbei und sagte zu ihnen: „Ihr dürft nicht schlafen! Ihr müßt Wache halten und gut aufpassen, ob Feinde herankommen. Dann müßt ihr mich sofort wecken!"

Danach legte er sich nieder und schlief schnell ein.

Die andern Soldaten schliefen auch ein. Sie waren sehr müde.

Und die Soldaten, die Wache halten sollten?

Ach, sie waren auch so müde. Sie konnten nicht so lange stehen. Sie legten sich hin und schliefen ebenfalls ein.

So schliefen sie alle, König Saul und seine Soldaten.

Es war Nacht, die Sterne schienen. Es war dunkel und still.

Doch halt, wer kam da in der stillen dunklen Nacht leise durch die Finsternis herangeschlichen? Zwei Männer waren es, jeder hatte ein Schwert. Sie kamen immer näher und näher.

Es waren David und sein Freund Abisai. David hatte den König bereits gesehen, als es noch hell war. Er hatte auch gesehen, daß Saul sich hier schlafen gelegt hatte. David war wieder ganz in der Nähe gewesen.

Und nun kam er mit seinem Freund heran. Sie liefen auf den Zehenspitzen, Schritt für Schritt. Sie schlichen leise zwischen den schlafenden Soldaten hindurch. Oh, wenn jetzt einer der Soldaten aufwachen würde! Wenn die Soldaten David sehen würden!

Aber das geschah nicht. Die Soldaten schliefen ganz fest. David und Abisai schlichen leise an ihnen vorbei. Dann kamen sie an das Zelt des Königs. Auf den Zehenspitzen schlichen sie hinein.
Da lag der König. David und Abisai standen neben ihm. Sie konnten mit ihm tun, was sie wollten. Er schlief ja.
Abisai flüsterte: „Soll ich Saul jetzt töten? Er hat es verdient, denn er will auch dich töten, David."
Aber David antwortete nur: „Hüte dich, so etwas zu tun! Gott will das nicht. Der Herr hat ihn selbst zum König gemacht. Der Herr wird ihn auch strafen."
Dann nahm er Sauls Speer an sich und auch den Krug, der neben ihm stand. Und mit dem Speer und dem Krug schlich er sich wieder fort in die Finsternis, Abisai hinter ihm her. David hatte seinen Feind immer noch lieb.
Dann wurde es Morgen. Die Sonne ging auf, die Vögel sangen.
David rief ganz laut. Er weckte die Soldaten durch sein Rufen.
Er rief: „Warum bewacht ihr den König nicht besser? Er hätte tot sein können. Schaut her, hier habe ich seinen Speer und seinen Wasserkrug. Ich hätte ihm leicht etwas Böses antun können, aber ich habe es nicht getan."
Da wurde auch Saul wach und rief: „Ist das deine Stimme, mein Sohn David?"
„Ja, König", erwiderte David. „Warum jagst du noch immer hinter mir her? Ich habe dir doch nichts Böses getan. Ich bin ganz dicht bei dir gewesen, aber ich habe meine Hand nicht gegen dich erhoben. Glaubst du jetzt endlich, daß ich nicht dein Feind bin?"

Da schämte der König sich wieder sehr. Er sagte: „Ich bereue es, David, ich bin ein schlechter Mensch. Geh ruhig mit mir in meinen Palast. Nun werde ich dir nie wieder etwas Böses antun."
Aber David ging nicht mit dem König. Er wagte es nicht. Er wußte gut, daß der König sein Versprechen wieder vergessen würde.
Ein Soldat holte den Speer und den Wasserkrug und brachte sie dem König zurück. Dann gingen sie fort, jeder in eine andere Richtung, David und Saul.
Saul ging in seinen Palast zurück.
David ging ganz weit fort in ein anderes Land, in dem der König ihn nicht finden konnte.
Sie haben sich nie wiedergesehen.

## *DAVID WIRD KÖNIG*

David wohnte in einem fernen Land, in dem König Saul ihn nicht finden konnte.
Einmal brach ein sehr trauriger Tag für David an.
Es war wieder Krieg gewesen im Land Israel. Die Philister waren gekommen. Saul und Jonathan und all die anderen Männer mußten verzweifelt kämpfen, um sie zu verjagen. Und eines Tages erhielt David die Nachricht, daß Saul tot sei und Jonathan auch.
Nun brauchte David nicht mehr in dem fremden Land zu bleiben, denn nun würde niemand mehr hinter ihm herjagen. Sein Feind war nicht mehr da. Gott hatte König Saul bestraft für all seine Bosheit.
Aber David war darüber nicht froh, denn er hatte Saul sehr liebgehabt. Und seinen Freund Jonathan noch viel mehr.
Er weinte den ganzen Tag. Er konnte weder essen noch trinken vor Leid. Und als es Abend wurde, nahm er seine Harfe. Da sang er ein Lied. Es war ein sehr trauriges Lied, ein Trauerlied um Saul und Jonathan.
„O Jonathan, Jonathan, ich hatte dich so lieb, deine Liebe war so wunderbar groß."
So klang es in den stillen Abend, das traurige Lied.
Aber nach dem traurigen Tag kam auch wieder ein froher Tag.
Da geschah etwas Schönes, etwas, das Gott schon vor langer Zeit versprochen hatte. Damals war David noch bei seinem Vater und sorgte für die Schafe auf dem Feld von Bethlehem.
Eines Tages war Samuel gekommen. Weißt du das noch? Er hatte ein Horn mit duftendem Öl bei sich. Mit diesem Öl hatte er David gesalbt und gesagt, daß David König werden solle. Und die Nachricht war von Gott gekommen.
Das war schon lange her!
Doch Gott hatte es nicht vergessen.
Gott vergißt nie etwas. Was er versprochen hat, das tut er immer. Als Saul tot war, ist David König geworden. Er wohnte in Jerusalem in dem prächtigen Königspalast. Nun war er der Herr über das ganze Land.
Er war sehr froh und dankbar.
Er dachte: Ich bin zwar König über die Menschen, aber Gott ist mein König. Die Menschen müssen mir gehorchen, aber ich muß dem Herrn gehorchen.

David war ein guter König. Er war ein Mann nach dem Herzen Gottes. Der Herr liebte ihn sehr.
Und David vergaß den Herrn nicht.
Er vergaß auch niemals, daß er früher nur ein armer Hirtenjunge gewesen war.
Er dachte oft: Wie gut hat der Herr für mich gesorgt. Er hat mir geholfen, immer wieder. Er läßt es mir an nichts fehlen.
Und dann nahm er seine Harfe.
Dann mußte er wieder singen, genauso wie früher auf dem Feld:
„Der Herr ist mein Hirte, mir wird nichts mangeln."
Seine Diener hörten dem schönen Lied zu, still und voller Andacht.
Und im Himmel hörte es Gott.

## *DER SCHLECHTE PRINZ ABSALOM*

König David hatte einen Sohn, der hieß Absalom.
Absalom war ein sehr schöner Prinz. Er hatte besonders feines Haar, prächtige, lange Locken. Und er besaß einen schönen Wagen mit vielen starken Pferden davor.
Wenn er auf dem schönen Wagen durch die Straßen fuhr, flatterten die Locken um seinen Kopf. Dann blieben die Menschen stehen, sahen ihm nach und sagten: „Seht, das ist unser Prinz, unser schöner Prinz Absalom."
Ja, Absalom war nicht nur ein schöner Prinz. Er war auch stets freundlich zu den Menschen.
Manchmal gab er sogar jemandem auf der Straße einen Kuß!
Darum hatten die Menschen Prinz Absalom sehr gern und sagten: „Was für ein lieber Prinz ist das! Was für ein guter König wird er einmal sein. O ja, Absalom muß später unser König sein."
Wenn Absalom das hörte, war das ganz nach seinem Sinn. Er war darum so freundlich und so nett zu den Menschen, damit sie alle sagen sollten: „Absalom muß unser König sein."
Denn wenn er König wäre, dürfte er in dem schönen Palast wohnen. Dann wäre er der Herr über das Land, der mächtigste und der reichste von allen Menschen.
Aber sein Vater David war noch König. Der mußte erst sterben. Vorher konnte Absalom nicht König werden.
Und nun wartete Absalom darauf, daß sein Vater sterben würde.
Er dachte: O wie lange dauert das noch! Ich wollte, mein Vater würde sehr krank. Ich wollte, mein Vater wäre schon gestorben.
So schlecht war Absalom, daß er den Tod seines Vaters wünschte.
Er sah sehr lieb und nett aus, aber im Herzen war er ganz anders. Er tat nur so, um König zu werden. Er war ein schöner Prinz mit einem falschen und häßlichen Herzen.
Doch das sahen die Menschen nicht.
Absalom wartete schon lange darauf, daß er König werden könnte, aber sein Vater David wurde nicht krank. Es konnte noch lange dauern, bis er sterben würde.
Und da dachte Absalom: Warum soll ich noch länger warten? Ich könnte meinen Vater ja auch fortjagen. Dann könnte ich sofort König werden.

Darüber sprach er mit seinen Freunden. Die waren genau so schlecht wie er und sagten: „Ja, tu das nur. Wir werden dir bestimmt helfen.“
Und was tat nun der schlechte Prinz?
Er ging ganz freundlich zu seinem Vater und sagte: „Vater, darf ich nach Hebron gehen? Ich möchte dort gern dem Herrn ein Opfer bringen.“
David antwortete: „Geh nur getrost, mein Sohn.“
Da ging Absalom nach Hebron. Das war eine Stadt, nicht weit von Jerusalem. Dort rief er alle seine Freunde zusammen und alle Menschen, die ihm helfen wollten. Es war eine sehr große Schar, ein gewaltiges Heer. Und mit diesem Heer zog Absalom nach Jerusalem zurück, um seinen Vater fortzujagen.
Seine Männer bliesen die Posaune und riefen überall: „Absalom ist König in Hebron!“
Der arme Vater David! Er erschrak sehr. Er konnte es fast nicht glauben, daß sein Sohn so schlecht war und ihm solches Leid antun würde.
Aber es war doch so.
Absalom war bereits mit seinem Heer unterwegs. Sollte David nun auch seine Diener und seine Soldaten zusammenrufen? Sollte er gegen seinen eigenen Sohn kämpfen?
Nein, das wollte er nicht. Er dachte: Ich werde flüchten vor meinem Sohn. O Absalom, welches Leid tust du mir an!
Er dachte aber auch: Der Herr sieht es. Der Herr weiß alles! Wenn er es für gut findet, daß ich König bleiben soll, wird er mich schon nach Jerusalem zurückführen.
Dann ging er fort. Weinend zog er durch die Straßen. Aber seine Freunde gingen mit ihm und seine Diener auch. Eine ganze Menge Menschen, die ihn sehr liebten. Es war ein großer Zug, aber auch ein sehr trauriger Zug.
Er ging aus der Stadt hinaus und durch das Land, weiter, immer weiter. Er ging über einen Fluß und über die Berge in einen fernen Winkel des Landes. Dort blieb David.
Aber nun war Absalom in Jerusalem. Jetzt wohnte er im Palast seines Vaters und jetzt war er der König. War er aber deshalb zufrieden?
Nein, er war noch gar nicht zufrieden, der böse Prinz. Denn er war jetzt zwar König, aber er wollte auch König bleiben. Und darum wollte er seinen Vater gefangennehmen. Dann konnte David niemals zurückkommen, um ihn vom Thron zu verjagen.
Darum stellte Absalom ein großes Heer auf und zog aus in den Winkel des Landes, in dem sein Vater jetzt lebte.
Da blieb David nichts anderes übrig, als gegen seinen eigenen Sohn zu kämpfen.
Er schickte sein Heer aus, aber er zog selber nicht mit. Er blieb zurück und wartete. Er war sehr traurig und sehr unruhig.
Er dachte: Wenn Absalom nur nichts Böses zustößt, wenn er nur nicht getötet wird! Denn sonst muß er mit seinem schlechten Herzen zu Gott kommen, dann wird Gott ihn strafen für all seine Übeltaten.
Und David befahl all seinen Soldaten: „Tut dem Jungen nichts an!“
So lieb hatte der Vater sein Kind.

In einem großen Wald stießen die beiden Heere aufeinander. Absaloms Heer und Davids Heer.
Da begannen sie gegeneinander zu kämpfen.
Absalom ritt auf einem Esel voraus. Er kämpfte so gut er konnte. Und seine Soldaten kämpften auch. Aber die Soldaten Davids waren stärker, denn der Herr half ihnen. Und so gewannen sie. Die Soldaten Absaloms liefen alle davon.
Absalom floh auch. Er hatte große Angst. Er ritt, so schnell er konnte, aber der Wald war so dicht, und die Zweige hingen so tief herab. Absalom stieß mit seinem Kopf gegen die Zweige. Sein Kopf blieb fest zwischen den Zweigen sitzen.
Der Esel lief weiter, aber Absalom blieb hängen.
Seine schönen langen Haare hatten sich in den Zweigen des Baumes festgefangen.
Da hing er nun.
So fanden ihn Davids Soldaten. Und dann kam die Strafe.
Er hatte seinen Vater fangen wollen. Nun war er selber gefangen.
Er hatte seinen Vater töten wollen. Nun wurde er selber getötet.

David saß unruhig und traurig zu Hause und wartete. Da kam ein Mann herangerannt, der rief voll Freude: „König, wir haben gewonnen!“
Aber David war nicht froh. Er fragte

nur: „Wie steht es mit meinem Sohn Absalom?"
Der Mann antwortete: „Ich weiß es nicht."
Aber dann kam wieder ein Mann angerannt, der rief auch: „König, wir haben gewonnen!"
Und David fragte wieder: „Wie steht es mit meinem Sohn, mit Absalom?"
Der Mann antwortete: „Absalom ist tot!"
Da begann David zu weinen. Er rang die Hände, er schluchzte vor großem Schmerz: „O mein Sohn Absalom, mein Sohn, mein Sohn! Ich wollte, du lebtest noch und ich wäre gestorben!"
So lieb hatte der Vater sein Kind.

Kurze Zeit darauf kehrte David wieder nach Jerusalem zurück. Er wohnte wieder in seinem Palast. Er saß wieder auf seinem Thron, und alles war wieder genauso wie früher.
Nein, alles nicht.
Denn Prinz Absalom fuhr nicht mehr durch die Straßen. David hatte seinen Sohn für immer verloren.
Und wenn David an ihn dachte, dann wurde er sehr traurig.
Dann schluchzte er: „O Absalom, mein Sohn, mein Sohn!"

## *KÖNIG SALOMO*

Möchtest du gern ein König sein?
Dann könntest du in einem schönen Palast wohnen. Dann hättest du eine Menge Diener. Dann könntest du in einem schönen Wagen durchs Land fahren. Dann trügest du eine goldene Krone auf dem Kopf. Dann könntest du alles bekommen, was du gern haben möchtest. Wäre das nicht herrlich?
Ja, aber kannst du denn auch König sein? Ein König muß für alle Menschen im ganzen Land sorgen. Er muß dafür sorgen, daß alle Menschen glücklich sind. Er muß sehr weise und verständig sein, sonst ist er kein guter König.
Wünsch dir nur nicht, ein König zu sein!
Es sieht sehr schön aus.
Aber es ist keineswegs schön.
Es ist oft furchtbar schwer.

Salomo fand es auch sehr schwer.
Er war ein Sohn des Königs David. Und David war gestorben. Nun war er König geworden.
Doch Salomo war nicht froh darüber, denn er wollte gern ein guter König sein. Er wollte gut für alle Menschen sorgen, für das ganze große Volk Israel. Und er war noch sehr jung.
Salomo dachte: Das Amt ist viel zu schwer für mich. Ich bin gar nicht weise und verständig genug. Ich kann noch kein guter König sein.
Und darum war er jeden Tag voller Sorge und Unruhe.

Aber eines Tages geschah etwas Herrliches. Und danach war Salomo nicht mehr sorgenvoll und unruhig.
Salomo hatte dem Herrn ein Opfer gebracht. Danach ging er schlafen. Und als er schlief, redete Gott mit ihm.
Gott sprach: „Salomo, ich will dir etwas geben. Du darfst dir aussuchen, was du gern haben möchtest. Und was du wählst, das bekommst du!"

Das fand Salomo herrlich. Was sollte er nun wählen? Daß er reich wäre? Oder daß er sehr stark und mächtig wäre? Oder daß er lange lebte?
Nein, nichts von alledem. Salomo dachte daran, daß er so gern ein guter König sein wollte.
Und er bat: „Herr, gib mir ein weises Herz, damit ich ein guter König sein kann."
Der Herr sprach: „Das ist eine gute Wahl, Salomo. Ich werde dich so weise und klug machen, wie es noch nie ein Mensch gewesen ist. Und weil du so gut gewählt hast, werde ich dich auch reich und stark und mächtig machen. Und wenn du immer gehorsam bist, werde ich dir auch ein langes Leben schenken."
Da wachte Salomo auf.
Und jetzt war er nicht mehr bange und unruhig.
Jetzt gefiel es ihm, daß er König war, denn er wußte, daß er ein guter König sein würde.

Eines Tages saß König Salomo in seinem Palast. Da kamen zwei Frauen herein. Sie hatten Streit miteinander. Nun sollte der König sagen, welche recht hatte.
Beide Frauen hatten ein Kind.
Das eine Kind schaute mit fröhlichen Augen in die Welt. Es lebte und war gesund. Das andere Kind aber hatte die Augen geschlossen und lag still und bleich in den Armen der Frau. Das Kind war tot. „Das lebende Kind gehört mir", sagte die eine Frau.
„Das ist nicht wahr, es ist meines", erwiderte die andere.
Salomo sagte: „Erzählt mir alles."
Und eine der Frauen erzählte: „O König, sie und ich wohnen zusammen in einem Haus, und wir schlafen in einem Zimmer und haben beide ein Kind. Aber heute nacht ist ein Kind gestorben. Ihr Kind ist gestorben, König. Das tote Kind ist ihres, und das lebende Kind ist meines."
Doch die andere Frau sagte: „Nein, das lebende Kind ist meines, und das tote ist ihres."
„Ich will das lebende Kind haben, denn ich bin die Mutter," rief die eine.
„Nein, ich bin die Mutter, ich will es haben", rief die andere.
Da standen sie nun, und niemand wußte, wer recht hatte. Salomo aber sollte es wissen. Er sollte sagen, wer das Kind haben sollte.
Salomo fragte: „Also, ihr wollt beide das lebende Kind haben?"
„Ja, König", rief die eine.
„Ja, König", sagte die andere.
Und da sagte Salomo etwas Seltsames, worüber sie alle erschraken. Er sagte: „Nun, dann wollen wir das lebende Kind mitten durchschneiden, dann bekommt jeder von euch die Hälfte."
Das meinte der König nicht so. Aber er sagte es ganz ernsthaft, er tat so, als meinte er es. Er rief einen Diener mit einem großen Schwert herbei und sagte: „Schneide das Kind mittendurch." Und der Diener ergriff das Kind und erhob das große Schwert. Aber da begann die eine Frau fürchterlich zu weinen.
„Tu es nicht!" rief sie. „Tu dem Kind nichts Böses! Gib es nur der anderen Frau! Wenn mein Kind nur am Leben bleibt!"
Doch die andere Frau gab nichts um ihr

Kind. Sie sagte: „Gut, schneide es nur mittendurch, dann haben wir beide nichts."
Da wußte der König, wer die Mutter war. Er sagte: „Gib das Kind der ersten Frau, denn sie hat es lieb. Das ist die Mutter."
Und die Frau bekam das lebende Kind und ging glücklich damit nach Hause.
Da sagten alle Menschen: „Wie weise und verständig ist unser König!"

Salomo war sehr lange König. Er sorgte gut für sein Volk. Er machte die Menschen in seinem Land glücklich.
Er baute auch einen schönen Tempel. Das war ein Haus für Gott, den Herrn, eine ganz große Kirche. Und in diesen schönen Tempel kamen die Menschen aus dem ganzen Land, um Opfer darzubringen und zu beten.
Ja, Salomo war ein guter König, aber nicht der beste König von allen. Er war zwar sehr weise, aber später kam ein König, der noch viel weiser war. Der sorgte viel besser für die Menschen als König Salomo, und er machte sie auch noch viel glücklicher.
Diesen König gibt es noch.
Weißt du auch, wie er heißt?

Jesus Christus.
Der ist auch unser König. Und wenn wir ihm gehorchen, dürfen wir später zu ihm kommen in sein Königreich.

## *ELIA UND DER BÖSE KÖNIG*

Es lebte ein König in Israel.
Der hieß Ahab.
Er war ein sehr schlechter König.
Er hatte auch eine Frau, die hieß Isebel. Und die war noch viel schlechter als er. Sie wohnten in einem schönen Palast im Land Israel. Sie waren König und Königin über das Volk Gottes. Aber sie machten das Volk nicht glücklich. Im Gegenteil, sie machten es sehr unglücklich.
Weißt du, wie sie das machten?
Sie sagten: „Wir haben Gott nicht mehr lieb, wir wollen einen anderen Gott haben."
Und dann machten sie ein Bild. Das nannten sie Baal und sagten: „Das ist unser Gott!"
Sie knieten nieder und beteten vor dem Bild. Und sie ließen Priester kommen, die brachten Opfer dar vor dem Bild.
Sie sagten zu den Menschen: „Ihr müßt das Bild auch anbeten. Ihr müßt Gott vergessen."
Das taten auch fast alle Menschen. Sie dachten: Wenn der König es sagt, wird es wohl gut sein. Sie knieten nieder vor dem Bild und vergaßen Gott.
Doch nun waren sie nicht mehr glücklich. Denn wer Gott vergißt, kann nicht mehr glücklich sein.
Gott will aber nicht, daß die Menschen ihn vergessen.
Und es dauerte nicht lange, da kam die Strafe.
Eines Tages saß König Ahab in seinem Palast. Er saß auf seinem goldenen Thron und sah sehr prächtig aus.
Auf einmal ging die Tür auf, und ein fremder Mann kam herein. Er sah sehr ärmlich aus. Er hatte einen langen grauen Mantel an und einen Lederriemen um die Hüften. Aber er war nicht verlegen in dem prächtigen Palast.
Er sah den König ernst an und sagte: „Ich bin Elia, der Prophet, der Knecht Gottes. Gott selbst hat mich gesandt, um dir die Strafe für deine Sünden zu bringen. Die Strafe wird sein, daß kein Regen mehr kommen soll. Und nachts soll auch kein Tau mehr fallen. Nicht eher, als ich es sagen werde."
Dann drehte sich Elia um und ging wieder fort. Da war es einen Augenblick ganz still im Palast. Der König und seine Diener waren erschrocken über den fremden Mann und über die seltsamen Worte. Aber dann begannen sie zu lachen und sagten: „Haha, was für ein törichter Mann! Als ob er die Wolken zurückhalten könnte, die den Regen bringen!"
Doch dann vergingen Tage, und es regnete nicht.
Es vergingen Wochen, und es regnete immer noch nicht. Und jeden Tag stand die Sonne am Himmel und brannte auf die Erde nieder.
Da wurde alles ganz trocken auf der Erde. Das Gras vertrocknete und verdorrte. Die Blumen verdorrten auch. Die Blätter fielen von den Bäumen, und das Korn vertrocknete und verbrannte auf den Feldern.

Aber das Korn hatten die Menschen nötig, um Brot davon zu backen. Nun konnten sie kein Brot mehr backen. Nun hatten sie kein Brot zu essen. Nun litten sie alle Hunger.
Da bekam der König große Angst, denn er merkte, daß Elia die Wahrheit gesprochen hatte.
Er rief: „Elia ist an allem schuld. Er hat uns unglücklich gemacht. Holt ihn her, den Elia! Sucht ihn überall!"
Ahabs Soldaten zogen durch das ganze Land und suchten und suchten. Sie suchten überall, aber sie konnten Elia nirgends finden.
Und es kam kein Regen!

Weißt du, wo Elia war?
Irgendwo zwischen den Bergen des Landes floß ein Bach. Ein kleiner, sich windender Graben, in dem noch Wasser war. Und an diesem Bach zwischen den Bergen saß Elia. Dort hatte Gott ihn versteckt vor dem bösen König.
Elia hatte ein sicheres Plätzchen gefunden. Die Soldaten konnten ihn hier nicht finden, und Gott sorgte gut für ihn.
Wenn es Nacht war, schlief Elia in einer Höhle. Das war ein Loch in den Bergen.
Wenn er Durst hatte, trank er Wasser aus dem Bach.
Und Hunger brauchte er auch nicht zu leiden, denn jeden Morgen und jeden Abend schickte Gott ihm etwas zu essen.
Weißt du, wer das Essen brachte?
Die Raben. Große schwarze Vögel.
Jeden Morgen kamen sie angeflogen mit einem Stück Brot oder einem Stück Fleisch im Schnabel. Das ließen sie bei Elia fallen.

Und jeden Abend kamen sie wieder, den Schnabel voll Brot und Fleisch. Denn Gott hatte den Raben gesagt, daß sie für Elia sorgen sollten.
Das Volk Israel litt Hunger und Durst, weil es Gott vergessen hatte.
Aber Elia hatte genug zu essen und zu trinken, weil er ein treuer Knecht Gottes war.

## *ELIA BEI DER FRAU IM FERNEN LAND*

Elia wohnte lange am Bach in den Bergen. Er hatte dort ein schönes Plätzchen. Dort konnten die Soldaten des Königs ihn nicht finden. Er hatte genug zu essen, denn die Raben brachten ihm Brot und Fleisch.
Doch schließlich mußte er von dort fort, denn das Wasser ging zu Ende. Der Bach war ganz ausgetrocknet.
Aber Gott wußte Rat für seinen Knecht. Gott sagte, daß Elia in ein fernes Land gehen müsse, denn dort wohne eine Frau, die für ihn sorgen würde.
Da machte sich Elia auf den Weg. Und nach einer langen Wanderung kam er in das ferne Land. Elia hatte Durst von der langen Reise und auch Hunger.
Auf einmal sah Elia eine Frau. Sie ging unter den Bäumen und las Zweige auf. Sie hatte schon ein ganzes Bündel zusammen.
Elia fragte: „Willst du mir ein wenig Wasser holen? Ich habe solchen Durst!"
Das wollte die Frau gern tun.
Elia sagte: „Bring mir auch ein Stück Brot mit, denn ich habe auch großen Hunger!"
Doch jetzt schüttelte die Frau den Kopf und sagte: „Nein, Herr, das kann ich nicht tun. Ich habe kein Brot mehr, wirklich nicht. Ich habe ein Faß, in dem nur noch eine Handvoll Mehl ist, und einen Krug mit ein paar Tropfen Öl. Das ist alles. Nun habe ich Holz gesucht, und damit will ich ein Feuer machen. Und dann kann ich mit dem bißchen Öl noch einen Kuchen backen für meinen Jungen und für mich. Aber dann haben wir nichts mehr. Dann müssen wir sterben."
Wie traurig das klang! Aber Elia sah gar nicht traurig drein.
Er sagte: „Geh nur nach Hause und back den Kuchen, aber gib ihn mir! Du kannst dann für dich und dein Kind auch noch welche backen. Es wird genug übrigbleiben, denn so spricht der Herr: ‚Das Mehl im Faß soll nicht ausgehen, und das Öl im Kruge soll auch nicht zu Ende gehen!' Wir werden zusammen davon essen, bis daß Regen kommt und es wieder Brot gibt."
Das waren wunderliche Worte! Aber die Frau glaubte daran. Sie ging nach Hause und machte ein Feuer an. Sie nahm die Handvoll Mehl und das letzte bißchen Öl und buk einen Kuchen daraus. Der Junge saß dabei und sah mit großen, verlangenden Augen zu.
Und auf einmal hätte die Mutter vor Freude singen mögen, denn stell dir vor, nun war wieder Mehl im Faß, und es war auch wieder Öl im Krug.
Wer hatte das hineingetan?
Die Frau wußte es genau. Das hatte Gott getan. Das war ein ganz großes Wunder.
Die Frau buk weiter.
Der erste Kuchen war für Elia.
Der zweite war für ihren Jungen.

Der dritte war für sie selbst.
Sie konnte backen, soviel sie wollte. Jeden Tag. Elia blieb bei ihr wohnen. Und jeden Tag buk sie Kuchen für alle drei, soviel sie mochten.
Der Herr sorgte für sie.

Eines Tages aber geschah etwas Trauriges. Der Junge wurde krank. Er atmete schwer, und schließlich atmete er überhaupt nicht mehr. Der Junge war gestorben.
Die Mutter war schrecklich traurig. Sie saß da mit dem Kind in den Armen. Sie rief es beim Namen, aber es hörte sie nicht mehr. Ihr Kind war tot. Bald mußte es begraben werden, und dann war es fort. Für immer fort.
Elia hatte solches Mitleid mit der armen Frau!
Er sagte: „Gib mir das Kind."
Er nahm den toten Jungen von ihrem Schoß, trug ihn in sein Zimmer und legte ihn auf sein eigenes Bett. Dann kniete er nieder.
Er dachte: Gott hat das Kind sterben lassen, Gott kann es auch wieder lebendig machen.
Und dann bat er voller Ehrfurcht: „Herr, mein Gott, laß das Kind wieder lebendig werden . . ."
So betete er einige Male.
Und Gott erhörte das Gebet seines Knechtes.
Das Kind wurde wieder lebendig, es begann wieder zu atmen. Es schlug die Augen auf und hob seinen Kopf hoch. Elia nahm es froh in seine Arme und brachte es schnell zu seiner Mutter.
„Siehe, dein Sohn lebt!" rief er.
Die Frau konnte es fast nicht glauben, aber es war doch so. Das Kind streckte die Arme nach ihr aus. Sie hatte ihr Kind aus dem Tod zurückbekommen. Da weinte die Frau vor Freude.
Und zu Elia sagte sie: „Nun weiß ich, daß du ein großer Prophet bist, ein echter Knecht Gottes."
Aber nun wußte sie noch besser, wie gut der Herr zu ihr war.

## *ELIA UND DIE BÖSEN PRIESTER*

Elia wohnte lange bei der Frau in dem fernen Land. Und während der ganzen Zeit regnete es nicht. Das war die Strafe für den bösen König Ahab und für das ungehorsame Volk Israel. Länger als drei Jahre dauerte die Strafe.
Da wuchs fast nichts mehr auf der Erde. Doch endlich war die Strafe hart genug.
Der Herr sprach zu Elia: „Geh jetzt zu König Ahab, denn ich will es regnen lassen auf Erden."
Elia tat gehorsam, was der Herr sagte. Er ging zum König Ahab. Er konnte es ruhig tun. Denn er wußte genau, daß der Herr für ihn sorgen würde.
Der König wurde furchtbar böse, als er Elia sah, und schrie: „So, bist du da? Du hast das Volk Israel unglücklich gemacht."
Aber Elia sagte: „Nein, König, ich habe das Volk nicht unglücklich gemacht, aber du hast es getan, weil du den Herrn vergessen und Baals Bild angebetet hast. Aber hör nun, was du tun mußt. Du mußt das ganze Volk zusammenrufen auf einen hohen Berg. Und all die schlech-

ten Priester, die dem Baal Opfer gebracht haben, müssen auch dorthin kommen. Das mußt du tun."
Ahab wagte nicht zu erwidern: „Das tu ich nicht."
Er mußte es eben tun.
Es sah so aus, als wäre Elia der König.

Die Menschen aus dem ganzen Land kamen alle auf einem hohen Berg zusammen.
Der König war dort.
Auch Elia war dort.
Und die schlechten Priester des Baal waren auch dort. Sie schauten neidisch auf Elia. Sie hätten ihm gern etwas angetan, aber sie wagten es nicht.
Elia sagte zu den Menschen: „Nun werde ich euch zeigen, daß der Herr euer Gott ist, und daß ihr ihn nie mehr vergessen dürft. Der Herr kann alles, und Baal kann nichts.
Hört, was zu tun ist. Die Priester des Baal sollen ein Opfer bereiten. Und ich werde auch ein Opfer bereiten. Aber wir werden das Opfer nicht selbst in Brand stecken. Die Priester sollen zu Baal beten, daß er ihr Opfer anzünden möge, und ich werde zum Herrn beten, daß er mein Opfer anzünden möge. Und der Gott, der das Feuer vom Himmel schicken wird, um das Opfer anzuzünden, der soll unser Gott sein."
Das fanden die Menschen alle gut so.

Und dann mußten die Priester beginnen. Sie häuften zuerst Steine aufeinander. Das war der Altar. Sie legten Holz darauf. Und auf das Holz legten sie das Fleisch eines Stiers. Das war ihr Opfer.
Dann begannen sie alle zu beten und zu rufen: „O Baal, erhöre uns doch! O Baal, gib uns Feuer! O Baal, antworte uns!"
Sie riefen lauter und lauter und wurden müde davon. Sie riefen und schrien immerzu: „O Baal, antworte uns!" Ihre Kehlen wurden heiser vom Rufen, aber es kam keine Antwort. Es kam kein Feuer vom Himmel.

Da sagte Elia: „Nun werde ich beginnen." Er errichtete auch einen Altar. Er legte auch Holz darauf, und auf das Holz legte er auch das Fleisch eines Stiers. Dann grub er um alles einen Graben. Und dann machte er alles mit Wasser naß. Und der Graben lief voll mit Wasser.
Es wurde ganz still, als Elia vor seinem Opfer niederkniete. Nun mußte er beten, aber er schrie nicht wie die bösen Priester. Er wußte, daß Gott ihn auch so hören würde.
Er bat voller Ehrfurcht: „Herr, du Gott Abrahams, Isaaks und Jakobs, zeige nun all den Menschen, daß du allein ihr Gott bist, und daß ich dein Knecht bin, und daß dein Volk dich nie wieder vergessen darf. Antworte mir, Herr, antworte mir!"
Um mehr brauchte Elia nicht zu bitten. Auf einmal sprangen die Menschen erschreckt zurück. Denn Feuer fiel vom Himmel auf das Opfer hernieder, und das Opfer brannte mit großen, lodernden Flammen. Das Holz verbrannte, und das Fleisch verbrannte, und die Flammen leckten alles Wasser im Graben auf.
Als die Menschen das sahen, fielen sie alle auf die Knie und riefen: „Der Herr ist Gott! Der Herr ist Gott!"

Nun hatten sie gesehen, daß Gott alles konnte und daß Baal nichts konnte. Nun sahen sie ein, wie dumm und wie schlecht es gewesen war, daß sie den mächtigen Gott vergessen hatten.
Als die Menschen wieder fort waren, blieb Elia allein auf dem Berg. Er betete wieder. Jetzt nicht um Feuer, sondern um Regen.
Und Gott erhörte auch dieses Gebet seines Knechtes. Noch am gleichen Abend zogen schwere Wolken am Himmel herauf, und der Regen rauschte hernieder.
Da wurde das Gras wieder grün. Die Blumen begannen wieder zu blühen. Die Bäume bekamen wieder Blätter. Und das Korn wuchs und wurde reif. Und die Menschen mähten es. Und dann droschen sie es und mahlten es, und sie hatten wieder Mehl, um Brot zu backen.
Wer hatte ihnen das Brot gegeben?
Baal?
Nein, nun wußten die Menschen es genau. Baal konnte nichts, aber der Herr konnte alles.
Der Herr sorgte für sie.
Er allein ist Gott.

## *REICH UND DOCH ARM*

In dem schönen Land Kanaan lebte ein Mädchen. Es wohnte bei seinem Vater und seiner Mutter.
Da gab es wieder Krieg. Fremde Soldaten kamen ins Land. Die stahlen und raubten und nahmen alles mit in ihr fernes Land. Sie nahmen sogar das Mädchen mit und dachten: Das ist ein schönes Geschenk für unseren General.

Der General hieß Naeman. Er wollte das Mädchen gern behalten und gab es seiner Frau.
Das arme Kind! Nun war es nicht mehr bei Vater und Mutter, nun war es eine Dienstmagd in dem großen Haus der fremden Frau und des fremden Generals Naeman.
Aber Naeman war ein sehr guter Herr. Das Mädchen schätzte ihn sehr. Er war auch ein sehr reicher Herr. Er hatte Diener und Wagen und Pferde und Geld und sehr viele schöne Dinge. Er konnte alles bekommen, was er haben wollte.
Aber er war doch ein armer und unglücklicher Mann, denn er hatte eine schreckliche Krankheit. Er war aussätzig. In seinem Gesicht waren große weiße Geschwüre. Und an seinen Händen und Füßen und auch an seinem ganzen Körper. Und niemand konnte ihn wieder gesund machen. Alle Ärzte nicht.
Ach, der arme, reiche Herr Naeman!
Es wurde immer schlimmer mit ihm. Wahrscheinlich mußte er bald sterben, denn niemand konnte ihm helfen.
Doch das Mädchen wußte Rat.
Es sagte zu seiner Herrin: „Wenn mein Herr in meiner Heimat wäre, wo mein Vater und meine Mutter wohnen, dann könnte er wohl wieder gesund werden. Dann würde Elisa ihn wieder gesund machen. Das ist ein Prophet, ein Knecht Gottes. Der Nachfolger des Propheten Elia. Der kann Wunder tun."
So sprach das Mädchen zu seiner Herrin. Und die Frau erzählte es gleich ihrem Mann.
Naeman dachte: Sollte ich doch noch wieder gesund werden? Wie herrlich würde das sein! Und er machte sich sogleich auf den Weg in das Land Kanaan. Er fuhr in einem prächtigen Wagen, und eine ganze Schar Diener ging mit. Die ritten neben ihm auf starken Pferden. Und eine große Menge Geschenke nahm Naeman auch mit: Gold und Silber und allerlei schöne Dinge. Die waren alle für Elisa, damit er Naeman wieder gesund machte.
Es war eine lange Reise. Und schließlich kam Naeman an einen Fluß. Der hieß der Jordan. Es war ein breites Wasser. Das mußte er überqueren, und dann war er im Land Kanaan. Und dann noch ein Stückchen, dann war er bei Elisas Haus.
Naeman dachte: Elisa wird es sicher gefallen, daß ein solch reicher Herr zu ihm kommt. Er wird sicher sehr erfreut sein. Er wird schnell nach draußen kommen und sich tief vor mir verbeugen. Und dann wird er für mich beten und mit der Hand über meinen kranken Körper streichen. Und dann werde ich vielleicht wieder gesund sein.
Aber Elisa kam nicht nach draußen. Es kam nur ein Diener heraus. Der sagte: „Ihr müßt Euch siebenmal waschen im Jordan und dann werdet Ihr wieder gesund sein."
Dann wurde die Tür wieder geschlossen. Und da stand Naeman nun! Wie enttäuscht war er und wie böse!
Er sagte: „Habe ich deshalb die weite Reise gemacht, um mich im Jordan zu waschen? Das hilft ja doch nichts. Ich habe mich so oft gewaschen, und das hat auch nichts geholfen. Auf nach Hause! Zurück in meine Heimat! Ich muß krank bleiben, bis ich sterbe!"

Und so fuhr er wieder fort, böse und enttäuscht. Und seine Knechte ritten auch enttäuscht nebenher. Sie liebten Naeman sehr, sie wollten so gern, daß er wieder gesund würde.
Sie sagten ihm: „Warum bist du denn so böse? Warum glaubst du dem Propheten nicht? Du kannst es doch ruhig versuchen. Tu es doch! Wasch dich siebenmal im Jordan, vielleicht hilft es doch."
„Nun denn!" Naeman wollte es versuchen. Vielleicht half es doch!
Er kam an den Jordan. Er zog seine schönen Kleider aus und humpelte auf seinen kranken Füßen ins Wasser. Und dann begann er seinen kranken Körper zu waschen, einmal, zweimal, dreimal. Es half noch nichts. Siebenmal mußte er sich waschen. Und als er das getan hatte, kam er tanzend und springend aus dem Wasser heraus. Wo waren seine Geschwüre nun? Fort, ganz und gar fort! Seine Hände waren wieder gesund, seine Füße waren auch wieder gesund. Sein ganzer Körper war wieder gesund.
Hatte Elisa das getan?
Naeman wußte es besser. Das konnte kein Mensch tun.
Das hatte Gott getan!
Elisa war aber der Knecht Gottes, und er hatte sicherlich für Naeman gebetet. Darum wollte Naeman sich sofort bei ihm bedanken.
Er eilte zurück zu Elisas Haus. Er holte all seine schönen Geschenke und legte sie vor Elisa nieder: Gold und Silber und schöne Kleider.
„Such nur aus", rief er. „such dir das Schönste aus! O Elisa, ich bin ja so froh! Nimm alles, was du willst!"
Aber Elisa schüttelte den Kopf und sagte: „Ich will nichts von dir haben. Du brauchst dich nicht zu bedanken, denn ich habe dich nicht gesund gemacht, Gott hat dich gesund gemacht. Du mußt dem Herrn danken."
Und Naeman antwortete: „Ich werde dem Herrn Opfer bringen. Ich will ihn immer liebhaben und ich werde ihn nie vergessen."
Dann kamen alle schönen Geschenke wieder in den Wagen. Elisa ging ins Haus zurück, und Naeman fuhr in sein Land zurück.
Nur Elisas Knecht stand noch draußen.
Er stand da und sah dem Wagen nach.
Der Knecht hieß Gehasi. Er hatte all die schönen Geschenke gesehen. Und er hätte gern etwas davon gehabt. Er wollte so gern eine Menge Geld haben. Dann könnte er ein Haus kaufen und Land und Schafe und Kühe. Dann wäre er ein reicher Herr.
Gehasi dachte: Wie dumm ist doch Elisa! Er hätte so viel Geld bekommen können und so viele andere schöne Dinge und läßt alles liegen. Aber ich lasse es nicht liegen. Ich will etwas davon haben. Elisa ist im Haus. Der sieht nicht, was ich tue.
Und dann lief Gehasi hinter dem Wagen her und rief: „Halt, wartet doch!" Und er rannte und winkte und schrie so laut er konnte.
Der Wagen hielt. Naeman sprang heraus. Er fragte: „Was ist los? Ist etwas nicht in Ordnung?"
Ja, was sollte Gehasi nun sagen? Er mußte nun lügen, dann würde er wohl etwas bekommen.
Und Gehasi log: „O Herr Naeman, Elisa

möchte doch gern ein Geschenk haben. Er möchte gern einen Sack voll Silber und zwei schöne Mäntel haben, denn er hat Besuch bekommen, versteht ihr. Es sind zwei Männer zu ihm gekommen, und denen möchte er etwas geben."

„Es ist gut", antwortete Naeman. Und dann gab er Gehasi sogar zwei Säcke voll Silber und auch noch zwei schöne Mäntel. Dann fuhr er wieder weiter. Und Gehasi ging mit seinen schönen Geschenken zurück. Wie froh war er! Wie schlau hatte er es doch angestellt! Nun war er reich, nun konnte er sich kaufen, was er wollte.

Aber zuerst wollte er alles gut verstecken, denn Elisa durfte davon nichts wissen. Danach ging er ins Haus und kam mit einem ganz unschuldigen Gesicht zu Elisa.

Und Elisa fragte: „Wo bist du gewesen, Gehasi?"

Gehasi erschrak. Was sollte er sagen? Nun mußte er wohl oder übel weiterlügen.

Gehasi sagte: „Ich bin nirgends gewesen."

Aber Elisa schüttelte traurig den Kopf und sagte: „Gehasi, Gehasi, du dachtest, niemand würde es sehen. Denkst du, daß das Geld dich glücklich machen wird? Du wirst nun erst recht unglücklich werden. Naeman ist seine Krankheit losgeworden, aber du sollst die Krankheit bekommen. Das soll die Strafe sein für deine Sünde."

Da kamen Geschwüre in Gehasis Gesicht und auch auf seine Hände und auf seine Füße und auf seinen ganzen Körper.

Nun war er genauso krank wie Naeman es gewesen war.

Das Geld durfte Gehasi behalten.

Jetzt war er reich. Er konnte ein Haus

kaufen und Land und alles, was er wollte. Aber was hatte er nun davon?
Er war doch arm, weil er Gott vergessen hatte!
Naeman war nun reich. Denn er vergaß den Herrn nicht mehr.
Und das Mädchen in seinem Haus, das ihm einen solchen guten Rat gegeben hatte?
Das durfte sich sicherlich ein schönes Geschenk aussuchen.
Was wird es sich wohl ausgesucht haben?

## *JONA*

Hast du schon einmal die Geschichte von Jona gehört?
Jona war ein Prophet, ein Knecht Gottes, aber er war kein gehorsamer Knecht. Gott sprach zu ihm: „Jona, du mußt verreisen. Du mußt in die große Stadt Ninive gehen, denn die Menschen in Ninive tun viel Böses. Und du mußt sagen, daß ich ihr böses Tun genau sehe und daß ich die Menschen strafen werde, wenn sie sich nicht bessern."
Doch Jona dachte: Nein, das tue ich nicht. Ich gehe nicht nach Ninive. Laß die Menschen doch Böses tun, denn sie sind die Feinde meines Volkes. Ich will nicht zu den garstigen Feinden gehen.
Und dann ging er wohl auf die Reise, aber er ging genau in die falsche Richtung. Er sollte nach Osten, aber er ging nach Westen. Er floh vor Gott.
Jona dachte: Ich laufe fort. Ich laufe ganz weit fort, so weit, daß Gott mich nicht mehr finden kann. Dann brauche ich nicht nach Ninive.
Und er lief und lief, bis er ans Meer kam. Da konnte er nicht weiter.
Am Ufer des Meeres lag aber ein Schiff, das wollte gerade wegfahren über das große Wasser. Jona dachte: Ich fahre mit diesem Schiff. Dann komme ich noch weiter weg. Dann kann Gott mich sicher nicht mehr finden.
Und dann stieg er ins Schiff und fuhr über das große Meer. Der Schiffer war damit einverstanden. Jona gab ihm Geld für die Fahrt.
Der Himmel war ganz blau, und die Sonne schien so warm. Und die kleinen Wellen plätscherten lieblich gegen das Schiff. Oh, es war fein, übers Meer zu fahren.
Aber Jona fand es nicht fein. Er wagte es nicht, oben an Deck bei den andern Männern zu bleiben. Er hatte solche Angst, daß Gott ihn sehen würde. Und er war auch so müde von der großen Reise. Er legte sich unten im Schiff schlafen. Da spürte er seine Müdigkeit nicht mehr. Da fühlte er auch keine Furcht mehr.
Aber Gott sah Jona auch an dem dunklen Ort unten im Schiff. Er konnte seinen ungehorsamen Knecht auch auf dem großen Meer finden.
Da rief Gott den Sturm herbei, der so mächtig wehen kann, und sandte ihn gegen das Schiff. Und der Sturm war gehorsamer als Jona, denn er tat sofort, was Gott sagte. Er führte große schwarze Wolken mit sich. Dahinter verkroch sich die Sonne. Er blies in die Segel, daß das Schiff fast umschlug. Er blies gegen die kleinen Wellen, daß sie ganz groß wurden, so groß wie ein Haus. Die großen

Wogen schlugen gegen das Schiff, daß es beinahe in Stücke ging.
Da bekam der Kapitän große Angst und die Matrosen auch.
Und Jona lag unten im Schiff und schlief seelenruhig weiter.
Ein Matrose kam zu ihm und rüttelte ihn wach und rief: „Schlaf doch nicht! Steh auf und hilf uns! Bete zu Gott, daß wir nicht ertrinken!"
Da ging Jona mit an Deck des Schiffes. Er sah die hohen Wogen und sah den schwarzen Himmel. Er hörte den schweren Sturm, und dann wußte er, daß Gott ihn doch gefunden hatte.
Er sagte: „Es ist meine Schuld, daß der Sturm gekommen ist. Gott hat ihn hinter mir hergeschickt, weil ich etwas sehr Schlimmes getan habe. Ich bin ungehorsam gewesen. Ich sollte nach Osten, aber ich ging nach Westen. Ich wollte flüchten vor Gott, aber das kann man nicht."
Und Jona fuhr fort: „Ergreift mich und werft mich ins Meer. Das ist meine Strafe, die habe ich verdient. Dann wird das Meer sich wieder beruhigen, dann wird Gott den Sturm zurückrufen."
Doch das wollten die Männer nicht. Sie ruderten, so fest sie konnten, um wieder ans Ufer und in Sicherheit zu kommen. Aber sie konnten das Ufer nicht erreichen, der Sturm tobte immer heftiger. Da wußten sich die Männer keinen anderen Rat mehr. Sie ergriffen Jona und warfen ihn ins Meer.
Jona war nicht mehr da.
Und siehe, auch der Sturm war nicht mehr da.
Gott rief ihn sofort zurück. Der Wind wehte nicht mehr, die Wogen schlugen nicht mehr gegen das Schiff. Die schwarzen Wolken verzogen sich wieder, der Himmel wurde wieder blau, und die Sonne schien wieder. Und das Schiff konnte ruhig weiterfahren auf dem glatten, stillen Meer.
Die Männer sahen es und riefen: „Wie mächtig ist doch Gott! Sogar der Wind und das Meer gehorchen ihm. Auch wir wollen ihm immer gehorchen."

Und Jona?
War er ertrunken? War Jona tot?
Nein, Jona war nicht tot. Gott hatte für ihn gesorgt. Gott hatte einen großen Fisch geschickt. Der verschluckte Jona. Da war er im Bauch des Fisches.
Drinnen war es ganz dunkel und ganz unheimlich. Doch Jona dachte: Gott sieht mich und hört mich auch hier.
Da begann Jona zu beten. Er bereute es sehr, daß er ungehorsam gewesen war, und versprach: „Ich werde nun immer gehorsam sein."
Da lenkte Gott den Fisch an das Ufer des Meeres. Dort streckte der Fisch seinen Kopf aus dem Wasser und spie Jona aus. So kam Jona wieder in sein Land zurück.

Und Gott sprach abermals: „Jona, du mußt verreisen. Du mußt in die große Stadt Ninive gehen. Was du dort verkünden sollst, werde ich dir später sagen."
Da wagte Jona es nicht mehr, ungehorsam zu sein. Jetzt schlug er den richtigen Weg ein, und nach einer langen Reise kam er in die große Stadt.
Was mußte Jona dort sagen?
Er mußte sagen: „Noch vierzig Tage, dann wird Ninive ineinanderfallen."

Ei, das war eine schöne Nachricht, fand Jona. Ineinanderfallen würde die Stadt, so wie ein Kartenhaus ineinanderfällt. Das gönnte Jona den bösen Menschen!
Er ging durch die ganze Stadt und rief überall: „Noch vierzig Tage, dann wird Ninive ineinanderfallen!"
Die Menschen erschraken über diese Nachricht sehr. Auch der König erschrak sehr. Sie wußten genau, warum die schreckliche Strafe kommen sollte: weil sie so viel Böses getan hatten.
Da bereuten sie ihre Sünden. Und der König sagte: „Wir müssen alle darum beten, daß Gott uns dieses Mal noch verschont, daß er uns noch einmal vergibt. Und keiner von uns darf mehr Böses tun. Wir müssen uns bekehren. Alle müssen sich bekehren."
Das taten sie auch. Sie beteten, die Männer und die Frauen und die Kinder, alle beteten. Und die Schafe blökten, und die Kühe brüllten. Die Tiere machten auch mit. Und niemand tat mehr Böses.
Das sah Gott. Und da hatte er Mitleid und strafte die Stadt nicht.

Jona saß auf einem Berg nicht weit von der Stadt. Dort saß er und wartete, bis die Stadt ineinanderfallen würde. Das wollte er gern sehen. Das fand er sehr gut. Denn die Menschen aus Ninive waren seine Feinde. Mit ihnen hatte Jona kein Mitleid.

Aber er wartete und wartete, und die Strafe kam nicht. Da wurde Jona böse und ärgerlich.
Doch Gott lehrte ihn, daß er nicht böse sein dürfe.
Direkt neben Jona wuchs auf einmal ein Baum aus dem Boden. Er wuchs ganz schnell. Jona sah ihn wachsen. Es wurde ein großer Baum mit Zweigen und Blättern. Da saß Jona schön im Schatten. Und er war dankbar und froh über den Wunderbaum.
Doch am folgenden Morgen schickte Gott einen Wurm. Der biß die Wurzel des Wunderbaumes durch. Da mußte der Baum sterben. Die Blätter verdorrten und fielen ab. Nun saß Jona nicht mehr im Schatten. Die Sonne brannte auf seinen Kopf.
Da wurde Jona wieder böse. Denn er ärgerte sich sehr, daß der Baum nicht mehr war. Und da konnte Gott Jona zeigen, wie dumm er war.
Gott sprach: „Jona, du hast Mitleid mit einem Baum. Darf ich dann kein Mitleid haben mit all den Menschen und den Kindern und Tieren in Ninive?"
Jona wird sich wohl sehr geschämt haben. Und er wird wohl gedacht haben: Wie schlecht bin ich doch und wie dumm! Und wie weise und wie gut ist Gott! Er sorgt für alles, was lebt. Er hat die Menschen und auch die Tiere lieb.

## *DER FROMME KÖNIG HISKIA*

Hiskia war ein junger Mann und hatte den Herrn lieb. Er war ein Prinz.
Und als sein Vater starb, wurde Hiskia König. König über das Volk Gottes.
Doch das Volk Gottes hatte Gott vergessen. Die Menschen hatten überall Bilder gemacht und beteten die Bilder an. An Gott dachten sie nicht mehr. Und an das Haus Gottes, an den schönen Tempel in Jerusalem, den Salomo gebaut hatte, dachten sie auch nicht mehr. Niemand kam mehr in den Tempel, um dort zu beten und Opfer zu bringen. Böse Männer hatten sogar die Türen des Tempels zugenagelt, so daß niemand mehr hineinkonnte.
Das arme Volk! Es hätte so glücklich sein können, und nun wurde es unglücklich. Denn jedes Jahr fielen Feinde ins Land ein, um zu rauben und zu stehlen. Das war die Strafe dafür, daß das Volk Gott vergessen hatte.
Hiskia dachte: So kann es nicht länger weitergehen. Mein Volk muß den Herrn wieder liebhaben. Es muß wieder ein echtes Volk Gottes werden. Das soll meine Aufgabe sein!
Alsbald machte Hiskia sich ans Werk. Er ließ alle Bilder im Land in Stücke schlagen. Den Tempel ließ er wieder aufbrechen und ganz neu ausschmücken. Und dann schickte er seine Knechte durchs Land und ließ die Menschen nach Jerusalem rufen.
Er sagte: „Nun werden wir miteinander Opfer bringen in dem schönen Tempel und den Herrn bitten, daß er euch das Böse vergeben wolle."
Und das haben sie dann auch getan.
Und sie haben auch zusammen ein Fest gefeiert.
Danach ist eine herrliche Zeit für das Volk Israel gekommen. Nachdem es Gott wieder liebhaben wollte, wurde es wieder

stark und glücklich. Es wurde wieder das Volk Gottes.
Und es litt nicht mehr unter seinen Feinden, denn Hiskia zog aus und trieb alle Feinde fort.
Doch Hiskia war noch nicht zufrieden. Sein Werk war noch nicht zu Ende. Sein Volk sollte Gott noch mehr liebhaben. Und es gab noch mehr Feinde, gegen die er auch noch kämpfen wollte. Er wollte sein Volk noch stärker und noch glücklicher machen.
Doch mitten in seinem Werk wurde Hiskia sehr krank; kein Arzt konnte ihm helfen. Es wurde immer schlimmer mit ihm.
Hiskia war sehr traurig. Er fand es so schrecklich, krank zu sein, und er dachte: Wie wünschte ich mir, daß ich schnell wieder gesund wäre.
Da ging die Tür des Zimmers auf.
Jesaja kam zum König.
Jesaja war ein Prophet, ein Knecht Gottes. Er hatte eine Nachricht von Gott an den König. Aber es war eine sehr traurige Nachricht.
Er sagte: „König, du mußt deiner Familie und deinen Freunden Lebewohl sagen, denn du mußt sterben."
O wie erschrak Hiskia da! Nein, er hatte keine Angst vor dem Tod. Er hatte den Herrn lieb und wußte wohl, daß er in den Himmel kommen werde. Aber er hatte noch so viel zu tun für sein Volk. Sein Werk, sein großes Werk war noch nicht fertig.
Jesaja war wieder fortgegangen, und Hiskia drehte sich in seinem Bett um, kehrte das Gesicht zur Wand und weinte vor großem Leid. Seine Kissen wurden naß von Tränen.
„O Herr", jammerte er, „laß mich doch noch eine Weile leben! Laß mich doch

noch eine Weile wirken für mein Volk! Ich möchte mein Volk noch stärker und glücklicher machen."

Das Gebet stieg zum Himmel auf. Und siehe, nach einer kleinen Weile öffnete sich wieder die Tür.

Und wieder war es Jesaja, der Prophet. Doch nun hatte er eine frohe Botschaft für den König.

Er sagte: „Hör zu, König! So spricht der Herr: ‚Ich habe dein Gebet erhört und deine Tränen gesehen. Ich werde dich gesund machen. Du sollst noch eine ganze Weile leben, noch fünfzehn Jahre. Und ich werde dir helfen gegen deine Feinde.'"

Hiskia konnte es fast nicht glauben, so herrlich war die Nachricht. Aber er glaubte es doch, denn Gott hatte es gesagt.

Drei Tage später war der König wieder gesund.

Da ging er zum erstenmal wieder aus.

Und wohin ging er wohl?

Er ging in den Tempel, in das Haus Gottes.

Gott hatte ein solch großes Wunder an ihm getan!

Nun wollte er Gott auch dafür danken.

Und ein paar Jahre später hat Gott ein noch viel größeres Wunder an Hiskia getan.

Da kam ein fremder König mit einem sehr großen Heer von Soldaten ins Land. Das waren Feinde des Volkes Israel. Die wollten nach Jerusalem und alles stehlen und die Häuser niederbrennen und Hiskia gefangennehmen.

Doch rund um Jerusalem war eine große Mauer, und die konnten die Feinde nicht übersteigen. In der Mauer gab es zwar Tore, doch die verschlossen die Menschen schnell. So konnten die Feinde nicht hindurch. Aber sie gingen nicht fort. Sie bildeten einen großen Ring um die ganze Stadt, und nun warteten sie, immerzu warteten sie. Denn nun konnte kein Mensch mehr aus der Stadt, und es konnte auch kein Mensch hinein. Nun konnte auch niemand mehr Nahrung in die Stadt bringen. Dort gab es zwar noch Vorräte, aber die würden bald verbraucht sein. Dann würden die Menschen Hunger bekommen und müßten die Tore der Stadt doch öffnen.

Da wurden die Menschen in der Stadt sehr ängstlich. Und auch Hiskia bekam Angst. Er dachte: Jetzt gibt es nur noch einen, der uns helfen kann. Er ging in den Tempel und betete: „O Herr, hilf uns!"

Und als er gebetet hatte, kam Jesaja und sagte: „Habe keine Angst, König, denn der Herr sagt: ‚Ich werde dir helfen, der fremde König soll nicht in die Stadt eindringen.'"

Da schrieb der fremde König einen Brief an Hiskia, einen ganz gottlosen Brief.

Darin stand: „Glaub doch nicht, daß Gott dir helfen wird. Das tut Gott nicht, das kann er nicht, denn ich bin viel mächtiger als Gott! Laß dich doch nicht länger durch Gott betrügen!"

Was aber tat Hiskia mit dem Brief?

Er ging damit in den Tempel. Dort legte er ihn nieder. Er dachte: Gott selbst muß den Brief lesen. Gott selbst muß dem gottlosen König eine Antwort geben.

Und das tat Gott auch.

Denn als es Nacht wurde, kam ein Engel vom Himmel, der durch das Heer des Feindes schritt. Der Engel brachte die Antwort des Herrn auf den gottlosen Brief. Er brachte eine schreckliche Strafe. Als es Morgen wurde, lagen Tausende von Soldaten des fremden Königs tot am Boden. Und die andern, die noch übriggeblieben waren, erschraken so sehr darüber, daß sie schnell wegliefen, zurück in ihr Land. Nie wagten sie es, wiederzukommen. Solche Angst hatten sie vor Hiskias Gott.
Solange Hiskia lebte, ist kein Feind mehr im Land gewesen.
Und das Volk Israel lebte glücklich und zufrieden.

## *IM LAND BABEL*

Weißt du noch, wer Hiskia war?
Das war der König, der Gott liebgehabt und der das Volk Israel stark und glücklich gemacht hatte. Das war eine herrliche Zeit gewesen.
Doch als Hiskia gestorben war, ist es bergab gegangen mit dem Volk Israel. Es kamen neue Könige, die Gott nicht liebhatten und die dann wieder Bilder anbeteten. Und das Volk begann auch wieder damit. Die Menschen vergaßen Gott ganz und gar.
Gott hatte so lange Geduld gehabt mit dem Volk. Er hatte es oft gewarnt, aber das Volk Israel wollte nicht auf ihn hören. Und dann kam eine fürchterliche Strafe.
Fremde Soldaten fielen ins Land ein. Sie verwüsteten die Stadt Jerusalem und verbrannten den schönen Tempel. Und alle Bewohner wurden von den Soldaten mitgenommen in das ferne Land, aus dem die Soldaten kamen. Dort mußten sie für einen fremden König arbeiten. Dort mußten sie sehr lange bleiben, bis Gott nicht mehr zornig auf sie war.

Das ferne Land hieß Babel.
Der fremde König hieß Nebukadnezar. König Nebukadnezar war ein sehr reicher und mächtiger König. Er war Herr über die halbe Welt.
Er wohnte in einem prächtigen Palast und hatte eine große Schar von Dienern. Aber das waren keine gewöhnlichen Diener, das waren lauter Prinzen. Denn der König hielt sich für so vornehm, daß er auch nur ganz vornehme Diener haben wollte.
Es waren auch vier Prinzen aus dem Volk Israel darunter. Und einer von den vieren hieß Daniel.
Es war aber sehr mühselig und gefährlich, ein Diener Nebukadnezars zu sein, denn der König war so stolz und streng. Wenn ein Diener etwas falsch machte, ließ ihm der König sofort den Kopf abschlagen.
Aber Daniel und seine drei Freunde fürchteten sich nicht. Sie hatten den Herrn lieb und dachten: Der Herr wird immer für uns sorgen.

Es war Nacht, und alle Menschen schliefen.
König Nebukadnezar schlief auch. Und da hatte er einen ganz seltsamen Traum, er wachte vor Schreck auf, so seltsam war der Traum. Doch als er wach war, hatte

er ganz vergessen, was er geträumt hatte. Aber sein Herz schlug noch wild von dem Traum, und er konnte nicht mehr schlafen. Es war gewiß, daß der Traum etwas zu sagen hatte.

Da ließ er seine Diener rufen. Seine weisen Diener, die sehr viele dicke Bücher gelesen hatten und die behaupteten, daß sie alles wüßten. Und als sie vor ihm standen, sagte der König: „Ich habe einen Traum gehabt und will wissen, was der Traum bedeutet."

Die weisen Diener verbeugten sich tief und sagten: „O König, erzähl uns nur, was du geträumt hast, dann werden wir Euch sagen, was es bedeutet."

Aber der König erwiderte: „Nein, ihr müßt mir erzählen, was ich geträumt habe. Wenn ihr das könnt, werde ich euch viel Geld geben. Aber wenn ihr es nicht könnt, lasse ich euch allen den Kopf abschlagen."

Die Weisen bekamen große Angst.

„Aber König", riefen sie, „wie sollen wir denn wissen, was du geträumt hast? Es gibt keinen Menschen auf der Welt, der dir das sagen kann."

Da wurde der König sehr böse und rief: „Betrüger seid ihr alle miteinander. Ihr sagt, daß ihr alles wißt, aber ihr wißt gar nichts."

Er rief seine Soldaten herbei und sagte, daß sie allen Weisen des Landes den Kopf abschlagen sollten.

Die Soldaten gingen mit den scharfen Schwertern durchs Land und kamen auch zu Daniel. Daniel und seine Freunde waren auch weise Diener. Sie sollten auch getötet werden.

Aber Daniel ging sofort zum König. „König", fragte er, „willst du bis morgen warten? Wahrscheinlich werde ich dir morgen sagen können, was du neulich geträumt hast."

Der König war damit einverstanden. Da ging Daniel zu seinen Freunden und sagte: „Es gibt nur einen, der weiß, was der König geträumt hat. Das ist Gott. Wir müssen Gott bitten, daß er es uns sagt." Das taten die Freunde. Und als es Nacht war, träumte Daniel denselben Traum, den auch der König geträumt hatte. Und Gott sagte ihm auch, was der Traum bedeutete.

Wie froh war Daniel! Er dankte Gott und ging schnell zum König.

Der König fragte: „Kannst du mir ganz gewiß erzählen, was ich neulich in der Nacht geträumt habe?"

„Nein, König", sagte Daniel, „ich kann es nicht. Kein Mensch kann es. Aber es gibt einen Gott im Himmel, und der weiß alles. Der hat es mir gesagt."

Und dann erzählte er den Traum.

Er sagte: „Du sahst ein ganz großes Bild, König. So groß, daß du davor erschrakst. Der Kopf des Bildes war aus Gold und die Brust aus Silber. Der Bauch war aus Kupfer, die Beine waren aus Eisen und die Füße aus Eisen und Ton. Und in der Nähe war ein Berg. Und von dem Berg rollte ein Stein herab. Der rollte gegen die Füße des Bildes, und das Bild fiel um, und der Stein zerstörte es ganz und gar. Nichts blieb mehr davon übrig. Und der Stein wurde immer größer und größer. Er wurde so groß wie die ganze Welt.

Das war dein Traum, mein König. Und weißt du, was der Traum bedeutet?

Der Stein war stärker als das ganze Bild. Und so ist auch Gott stärker als alle Königreiche der ganzen Welt. Das bedeutet der Traum."

Wie verwundert sah König Nebukadnezar da drein! Denn nun wußte er es auf einmal wieder: genauso war sein Traum gewesen.

Er sagte: „O Daniel, wie mächtig ist doch dein Gott."

Er gab Daniel allerlei schöne, kostbare Dinge. Und künftig sollte Daniel sein vornehmster Diener sein. Der Herr über all seine anderen Diener.

Und seine drei Freunde wurden auch sehr vornehm.

Sie hatten den Herrn lieb, und darum sorgte der Herr für sie.

## *IM FEURIGEN OFEN*

Die drei Freunde Daniels fürchteten sich vor nichts, nicht einmal vor dem König, der so stolz und so streng war.

Das war nur, weil sie wußten, daß Gott sie liebhatte und immer für sie sorgen würde.

Wenn Gott für dich sorgt, brauchst du dich vor nichts zu fürchten.

Einmal ließ König Nebukadnezar ein ganz großes Bild machen, fast genau solch ein Bild wie das, von dem er geträumt hatte, aber ganz aus Gold. Und neben dem Bild ließ er einen Ofen bauen, einen ganz großen Ofen aus Stein, in dem man ein besonders großes Feuer machen konnte.

Dann ließ er alle seine vornehmen Diener aus dem ganzen Land zusammenrufen, wohl an die tausend! Und er sagte: „Hört alle genau zu! Gleich wird die Musik spielen, und dann müßt ihr vor dem großen Bild, das ich habe machen lassen, auf die Knie fallen. Habt ihr mich verstanden? Jeder soll niederknien und das Bild anbeten. Wer es nicht tut, der wird in den feurigen Ofen geworfen."

Es wurde ganz still. Man konnte die Flammen des großen Feuers knistern hören. Und der Rauch stieg in großen schwarzen Wolken aus dem Ofen hoch.

Da bekamen sie alle große Angst. Und als die Musik zu spielen begann, taten sie, was der König verlangt hatte. Sie fielen auf die Knie und beteten das Bild an. Nein, nicht alle. Drei junge Männer blieben aufrecht stehen. Die drei Freunde Daniels. Sie knieten nicht.

Sie mußten sofort zum König kommen. Der König war böse und sagte: „Habt ihr das absichtlich getan? Ich will es noch einmal mit euch versuchen. Wenn ihr dann nicht niederkniet, lasse ich euch alle drei in den feurigen Ofen werfen. Dann kann euch keiner helfen. Dann müßt ihr bei lebendigem Leib verbrennen."

Aber die drei Freunde sagten: „König, wir knien nicht vor einem Bild. Das dürfen wir nicht. Gott will es nicht. Und darum tun wir es auch nicht. Und wenn Ihr uns ins Feuer werft, dann kann Gott uns doch noch helfen."

Da wurde der König schrecklich wütend. Er wurde rot vor Zorn und befahl, daß das Feuer im Ofen noch viel heißer gemacht werde, noch siebenmal so heiß.

Dann rief er die stärksten Soldaten herbei, die er hatte, und befahl ihnen, die drei Freunde ins Feuer zu werfen.

Das taten die Soldaten. Und das Feuer war so heiß, daß die Soldaten tot davor niederfielen.
Aber das kümmerte den schlimmen König wenig. Er sah nicht auf die Soldaten, er sah nur aufs Feuer und auf die drei Männer, die mitten hineingeworfen worden waren. Und da erschrak er sehr.
Er rief seinen Dienern zu: „Wurden nicht drei Männer ins Feuer geworfen?"
„Ja, gewiß, König", antworteten sie.
„Aber nun sind es vier", rief der König. „Schaut nur, eins, zwei, drei, vier! Sie gehen hin und her im Feuer. Und der vierte, das ist überhaupt kein Mensch, der sieht aus wie ein Engel."
Der König ging noch ein bißchen näher ans Feuer und rief: „Ihr Diener Gottes kommt heraus, kommt hierher, ich bin euch nicht mehr böse."

Die drei Freunde gehorchten und liefen durch das Feuer, als wäre es überhaupt nicht heiß, und kamen zum König. Der Engel war nicht mehr da. Er war nur gekommen, um die Freunde zu behüten. Nicht ein einziges Haar auf ihren Köpfen war verbrannt. An ihren Kleidern konnte man nicht riechen, daß sie im Feuer gewesen waren.

Die drei Freunde hatten Gott vertraut, und Gott hatte ihnen geholfen.

Der stolze König aber hatte gelernt, daß es doch einen gab, der mächtiger war als er.

## *DANIEL IN DER LÖWENGRUBE*

Daniel war ein alter Mann geworden. Sein Haar und sein Bart waren grau.

Doch er wohnte noch immer im fernen Land Babel. Er war dort ein vornehmer Diener des Königs.

Aber Nebukadnezar war nicht mehr König. Er war schon lange tot.

Nun war ein anderer König, und der hieß Darius.

König Darius hatte Daniel gern und sagte: „Daniel ist der beste Diener von allen. Ich will ihn noch viel vornehmer machen. Ich will ihn zum Unterkönig machen. Dann soll er der Herr sein über mein ganzes Königreich und über alle meine andern Diener."

Als die andern Diener das hörten, wurden sie sehr neidisch.

Sie sagten: „Soll er der Allervornehmste sein? Das darf nicht geschehen. Wir wollen die Vornehmsten sein. Wir werden gut aufpassen, ob Daniel nicht am Ende etwas Falsches tut. Und dann werden wir es schnell dem König erzählen. Dann wird der König schon nicht mehr so viel von Daniel halten."

Von da an gingen sie jeden Tag hin und lauerten darauf, daß Daniel etwas Falsches täte. Aber Daniel tat nichts Falsches. Er tat seine Arbeit so gut er konnte. Und dreimal am Tag betete er.

Wenn Daniel betete, dann kniete er in seinem Zimmer bei offenem Fenster. Weit in der Ferne lag Jerusalem. Dort hatte der schöne Tempel gestanden, der nun abgebrannt war. Aber dort würde das Volk Daniels einmal wieder wohnen. Und dort würde einst wieder ein Tempel stehen, wenn die Strafe des Volkes vorbei war.

Daniel sah in die Ferne, dorthin, wo Jerusalem lag, und bat: „Herr, laß mein Volk doch bald wieder zurückkehren in seine Heimat."

Das Beten vergaß Daniel nie. Das tat er getreulich dreimal am Tag. Die andern Diener sahen das. Und da machten die falschen Männer einen Plan, um Daniel ins Unglück zu stürzen und dafür zu sorgen, daß er nicht mehr der Vornehmste im Land sei.

Sie gingen zum König und verbeugten sich tief. Sie waren sehr höflich und freundlich und sagten: „O König, wir wissen etwas Schönes. Weißt du, was du tun mußt? Du mußt befehlen, daß die Menschen in deinem Land von niemandem mehr etwas erbitten. Von den Menschen nicht und auch von Gott nicht. Einen ganzen Monat lang. Nur von dir dürfen sie etwas erbitten, weil du unser mächtiger König bist."

Das war dem König ganz nach dem Sinn gesprochen.
„Ja, das will ich", sagte er.
„Und wer ungehorsam ist, der muß streng bestraft werden", sagten die verschlagenen Männer. „Der soll in die tiefe Grube geworfen werden, wo die Löwen sind."
„Ja, das ist gut", sagte der König.
Daraufhin ließ er seine Knechte durchs Land gehen. Und die riefen überall aus, daß niemand mehr beten dürfe und auch niemand etwas erbitten dürfe als allein vom König. Einen ganzen Monat lang.
Das hörten alle Menschen. Daniel hörte es auch. Er merkte sehr gut, wer den bösen Plan ausgedacht hatte. Das hatten seine Feinde getan. Die wollten ihn ins Unglück stürzen.
Was sollte Daniel tun?
Gott hatte gesagt, daß jeder, der ihn liebhabe, auch zu ihm beten müsse.
Aber der König sagte, daß er das nicht dürfe, daß Daniel Gott vergessen müsse.
Wem sollte Daniel nun gehorchen?
Gott natürlich. Und so kniete Daniel trotzdem nieder, dreimal täglich am offenen Fenster.
Am Fenster standen aber seine Feinde auf der Lauer. Und als sie sahen, daß Daniel trotzdem betete, liefen sie schnell zum König.
„König", sagten sie, „hast du nicht gesagt, daß niemand etwas erbitten darf, außer von Euch, einen ganzen Monat lang?"
„Ja", sagte der König, „das habe ich gesagt."
„Und wenn jemand ungehorsam ist, soll er dann nicht in die Löwengrube geworfen werden?"
„Ja", sagte der König, „so soll es sein."
„O König", riefen sie, „dann muß Daniel in die Löwengrube geworfen werden. Er ist ungehorsam gewesen. Er betet zu seinem Gott, dreimal am Tag."
Da erschrak der König. Er merkte, wie falsch die Männer waren.
„Daniel nicht", rief er, „nein, Daniel nicht!"
Doch die Männer meinten: „Du hast es gesagt, König, nun mußt du es auch tun."
Ja, das war nun einmal so in dem Land: Was der König gesagt hatte, das mußte er auch immer tun. Er hätte Daniel so gern geholfen, aber er konnte es nicht. Und als der Abend nahte, wurde Daniel zur Löwengrube gebracht.
Der König war sehr traurig und rief: „Daniel, ich kann dir nicht helfen, aber ich hoffe, daß dein Gott dir helfen wird."
Dann wurde Daniel in die Grube geworfen.
Es wurde Nacht, aber der König konnte nicht schlafen. Er war sehr traurig und mußte immerzu an Daniel denken. Ob sein Gott ihm helfen würde?
Früh am andern Morgen stand er auf und ging nach draußen. Mit klopfendem Herzen kam er zur Löwengrube.
„Daniel!" rief er, „Daniel, hat Gott dir geholfen?"
Gleich darauf hätte der König vor Freude hochspringen mögen. Denn aus der tiefen Grube antwortete eine Stimme: „Ja, König, Gott hat mir geholfen. Er hat seinen Engel geschickt, und der hat dafür gesorgt, daß die Löwen mir nichts Böses antun konnten, weil ich auch nichts Böses getan habe."
Da war der König sehr froh.

„Holt ihn heraus!“ rief er. „Zieht Daniel schnell aus der Grube!“
Rasch kamen Männer herbei mit einem dicken Seil. Und dann stand Daniel wieder vor dem König, lebendig und gesund. Er war die ganze Nacht bei den wilden Löwen gewesen, aber sie hatten ihm nichts Böses getan.
Welch ein großes Wunder war das! Und wie froh war der König, daß er Daniel zurückhatte.
Aber dann dachte er an die falschen Männer, die Daniel hatten töten wollen. Er schickte seine Soldaten aus, um sie zu holen, und dann ließ er sie auch in die Löwengrube werfen.
Jetzt war aber kein Engel da, der für sie sorgte. Sie wurden alle von den Löwen aufgefressen.
Daniel aber wurde der vornehmste Diener des Königs, der allervornehmste im ganzen Land.
Und der König befahl, daß alle Menschen im Land dem Gott Daniels dienen sollten.

## *DAS VOLK ISRAEL KEHRT HEIM*

Das Volk Israel mußte noch lange im fernen Land Babel bleiben. Dort mußte es arbeiten für einen fremden König. Und wie sehr sich die Menschen auch nach ihrer schönen Heimat sehnten, sie durften nicht hin. Sie saßen gefangen in dem fremden Land.
Das war ihre Strafe, weil sie Gott vergessen und vor Bildern gekniet hatten.
Aber endlich, endlich war die schwere Strafe vorüber. Und da durften sie wieder zurück in das schöne Land Kanaan. Wie froh waren sie! Sie machten sich sofort in einem großen Zug auf den Weg, und nach einer langen Reise kamen sie wieder zurück in ihr Land.
Aber ihre Häuser waren niedergebrannt. Und die Mauer um die Stadt Jerusalem war zerbrochen.
Und der schöne Tempel Salomos war ausgebrannt und verwüstet. Nichts als ein Haufen Steine war davon übriggeblieben.
Doch das Volk Israel machte sich alsbald ans Werk. Es baute wieder neue Häuser und auch einen neuen Tempel und errichtete auch wieder eine hohe Mauer um die Stadt. Und als das alles fertig war, wohnte es wieder zufrieden und froh im eigenen Land, genauso wie früher. Aber nun wollte es Gott nicht mehr vergessen. Nur ihn allein betete es an, und im Tempel brachte es ihm Opfer dar.
Es las auch in den Büchern Gottes.
Darin standen all die schönen Geschichten von Adam und Eva und von Abraham, von David und von den Propheten.
Weißt du, was noch darin stand?
Daß einmal etwas ganz Schönes geschehen würde.
Etwas, das Gott schon vor langer Zeit versprochen hatte. Schon Adam und Eva hatte er es versprochen.
Und dann wieder Abraham und auch David. Immer wieder hatte Gott es versprochen, aber es war immer noch nicht geschehen.

Weißt du, was das war?
Daß einst ein Kind geboren werde, das die Menschen ganz glücklich machen

würde. Das Kind sollte der Heiland sein. Auf den Heiland hatten die Menschen schon lange gewartet. Und er war noch immer nicht gekommen.

Aber er würde bestimmt kommen, denn Gott hatte es ja versprochen.
Und was Gott versprochen hat, das hält er immer.

*Es stand sehr viel über den Heiland in den Büchern Gottes. Die Bücher waren voll davon.*
*Es hieß, daß er in Bethlehem geboren werden solle, wo auch David geboren war. Und daß er später König werden solle, nicht nur über das Volk Israel, sondern über die ganze Welt.*
*Aber wann er kommen sollte, das stand nicht in den Büchern Gottes.*
*Und die Menschen warteten und warteten, aber der Heiland kam nicht.*
*Weißt du, wer jetzt kam?*
*Die Römer kamen.*
*Das waren Feinde des Volkes Israel.*
*Die kamen und spielten die Herren im Lande und quälten die Menschen oft sehr.*
*Da hatten die Menschen noch viel größere Sehnsucht nach dem Heiland.*
*Sie dachten: Ach, würde er doch jetzt geboren!*
*Und sie gingen hin und beteten darum: „Lieber Gott, willst du uns nicht bald den Heiland senden? Wir sehnen uns so sehr nach ihm."*
*Und endlich – nach sehr langer Zeit – kam der Heiland.*
*Er wurde in Bethlehem geboren, so wie es in den Büchern Gottes stand.*
*Und weißt du, wie er heißt?*
*Jesus.*

# DAS NEUE

# TESTAMENT

## *VON EINEM MANN, DER EINE FROHE BOTSCHAFT ERHIELT*

Irgendwo in einem Häuschen in den Bergen wohnten ein alter Mann und eine alte Frau. Sie hießen Zacharias und Elisabeth.

Zacharias war ein Priester. Er mußte den Menschen von Gott erzählen. Er mußte auch für sie beten und für sie Opfer darbringen.

Es waren zwei gute alte Menschen, und sie hatten den Herrn lieb. Sie waren recht glücklich. Doch sie hatten auch manchmal ein wenig Kummer, denn es war so einsam und still in ihrem Häuschen. Sie hätten so gern ein Kind gehabt, hatten aber nie eins bekommen.

Früher, als sie noch jung waren, hatten sie oft um ein Kind gebetet. Aber es sah so aus, als hörte der Herr nicht auf sie.

Nun waren sie schon sehr alt geworden. Darum glaubten sie nicht mehr, daß das Kind noch kommen werde. Sie rechneten nicht mehr damit. Und ihre früheren Gebete hatten sie vergessen. So alte Menschen wie sie bekamen bestimmt keine Kinder mehr.

Eines Tages unternahm Zacharias eine Reise. Er mußte nach Jerusalem. Das war eine große Stadt, die größte des Landes. Er zog seine besten Kleider an, sein schönes weißes Priestergewand. Er gab Elisabeth einen Kuß, und dann machte er sich auf den Weg.

Es war eine lange Reise. Doch endlich kam Zacharias auf einen hohen Berg und konnte von dort aus die Stadt liegen sehen: viele schöne weiße Häuser mit grünen Bäumen dazwischen. Jerusalem war eine schöne Stadt.

Ein besonders großes Haus war darunter, viel größer als die anderen. Das war auch weiß, aber das Dach war von Gold. Das glänzte gar schön in der Sonne.

Das große Haus war der Tempel. Es war das Haus Gottes. Dort kamen die Menschen aus dem ganzen Land zusammen, um Opfer darzubringen. Da mußte Zacharias auch hin.

Vor dem Tempel war ein großer Platz. Der hieß der Vorhof. Dorthin brachten die Menschen ihr Opfer. Sie kauften ein Schaf und gaben es den Priestern. Die schlachteten es und legten es aufs Feuer. Das war ein Brandopfer. Das Fleisch des Schafes verbrannte, und der Rauch stieg auf zum Himmel. Das bedeutete: Herr, wir haben dich lieb. Wir möchten dir so gerne etwas schenken.

Und der Herr verstand das genau.

Wer aber sollte nun in den schönen Tempel gehen? Denn dort mußte auch ein Opfer dargebracht werden. Das durfte nur einer der Priester tun. Und jeder Priester wollte es gern tun.

Da zogen sie das Los. Und wer gewann diesmal? – Zacharias!

Alle Menschen mußten draußen bleiben, er aber betrat ehrfürchtig das Haus Gottes.

Er kam in einen großen Raum mit Wänden aus Gold. Dort brannten zehn goldene Leuchter. Die Wände funkelten und die Leuchter auch. Und es war sehr still, denn Zacharias war ganz allein.

Nun mußte er das Opfer darbringen. Im Tempel stand eine goldene Schale mit einem Kohlenfeuer.

Darauf streute Zacharias kleine Körner, Weihrauchkörner. Das roch herrlich. Das war ein Rauchopfer. Und während Zacharias dort allein mit dem Rauchopfer beschäftigt war, betete er leise für die Menschen, die draußen standen.
Aber auf einmal hielt er mitten im Gebet an, denn er war nicht mehr allein. Es stand jemand bei ihm in weißen Kleidern, es war ein Engel, ein Bote Gottes.
Zacharias sprang erschreckt zurück und zitterte am ganzen Leib.
Doch der Engel sprach: „Fürchte dich nicht, Zacharias, denn ich komme, um dir etwas Schönes zu erzählen. Dein Gebet ist erhört worden, und deine Frau Elisabeth wird ein Söhnchen bekommen, und das sollst du Johannes nennen."
Scheinbar hatte Zacharias nichts davon verstanden. Er sah gar nicht froh aus. Er stand da und schüttelte immerzu den Kopf, genauso, als glaube er es nicht. War das Gebet um ein Kind jetzt noch erhört worden? Das Gebet, das Zacharias schon beinahe vergessen hatte? Das war doch nicht möglich! Nein, eine solch alte Frau wie Elisabeth bekam keine Kinder mehr.
„Das Kind wird dich sehr froh machen", sprach der Engel. „Aber nicht nur dich allein, sondern auch noch viele andere Menschen. Denn es wird ein Knecht Gottes sein, und wenn es groß ist, wird es allen Menschen verkünden, daß der Heiland bald kommen wird."
Der Engel nahm mit Sicherheit an, daß Zacharias nun sehr froh wäre, denn die Menschen hatten doch schon so lange darauf gewartet, daß der Heiland kommen würde.
Aber Zacharias schüttelte immer noch den Kopf. Er konnte es einfach nicht glauben.
„Nein", sagte er, „das kann nicht sein. Ich bin alt, und meine Frau ist alt. Wie soll ich das glauben? Das müßte ja ein Wunder sein!"
Aber der Engel sprach: „Weißt du nicht, wer ich bin, Zacharias? Ich bin Gabriel, und ich wohne bei Gott im Himmel. Gott selbst hat mich gesandt, um es dir zu sagen. Glaubst du denn dem Herrn nicht mehr? Dann werde ich dir zeigen, daß der Herr sehr wohl noch ein Wunder tun kann. Und ich werde dich zugleich strafen, weil du meinen Worten nicht geglaubt hast. Siehe, du wirst stumm sein, du wirst nicht mehr sprechen können, bis alles genauso geschehen ist, wie ich es gesagt habe."
Dann war der Engel plötzlich fort.
Zacharias war wieder allein.
Und draußen vor dem Tempel im Vorhof standen die Menschen und warteten. Sie dachten: Warum bleibt der alte Priester bloß so lange im Tempel?
Aber endlich sahen sie ihn kommen. Und sie warteten, bis er sagen würde: „Der Herr segne euch." Das tat jeder Priester, wenn er aus dem Tempel kam.
Aber Zacharias sagte nichts. Er konnte nicht mehr sprechen. Er war stumm geworden.
Die Menschen dachten: Was mag wohl mit ihm geschehen sein? Was wird er im Tempel gesehen haben?
Aber so sehr er sich auch mühte, er konnte es ihnen nicht sagen.
Als sein Werk im Tempel getan war, ging Zacharias wieder nach Hause.

Er beeilte sich, um schnell bei seiner Frau zu sein. Denn sie sollte es auch wissen, daß Gott ihr Gebet erhört hatte.
Ja, Zacharias glaubte es nun. Denn wenn er wieder sagen wollte: „Es kann nicht sein", dann konnte er es nicht mehr sagen. Dann wußte er wieder, daß Gott doch Wunder tun konnte.
Und da wurde er sehr froh. Da hätte er singen können vor Freude, aber singen konnte er auch nicht.
Als er nach Hause kam, nahm er eine Tafel und schrieb alles auf, was geschehen war. So konnte Elisabeth es lesen. Wie froh wird sie gewesen sein!
„Johannes soll sein Name sein!" Das stand auch auf der Tafel.
Johannes... Weißt du, was das bedeutet? Gott erhört Gebete.
Und kaum ein Jahr später ist das Wunder geschehen. Da bekamen Zacharias und Elisabeth ein Kind, einen Jungen.
Die Nachbarn und die Freunde hörten davon und freuten sich alle. Und als das Kind acht Tage alt war, kamen sie zu Besuch. Denn nun war ein Fest, nun sollte das Kind einen Namen bekommen.
Sie dachten, daß es Zacharias heißen solle, genauso wie sein Vater.
Aber Elisabeth sagte: „Nein, es soll Johannes heißen."
„Johannes?" fragten die Menschen. „Das kann doch nicht sein. Das ist solch ein seltsamer Name. Wir wollen einmal seinen Vater fragen, der wird es besser wissen."
Und sie fragten Zacharias: „Wie soll das Kind heißen?"
Zacharias wollte es sagen, aber er konnte noch immer nicht sprechen. Er nahm seine Tafel und schrieb darauf: „Johannes ist sein Name."
Die Menschen aber schüttelten alle verwundert den Kopf, denn das konnten sie nicht verstehen.
Da konnte Zacharias auf einmal wieder sprechen, denn nun war alles geschehen, was der Engel gesagt hatte.
„Ja", rief er, „Johannes soll er heißen, denn Gott erhört Gebete."
Und dann begann er zu singen, so froh war er. Er sang ein schönes Lied, das er selber gemacht hatte. Ein Lied zu Ehren Gottes.
Die Menschen dachten: Wie wunderlich ist doch das alles mit diesem Kind! Es ist bestimmt kein gewöhnliches Kind.
Und überall, wohin sie kamen, erzählten sie von Zacharias und von Elisabeth und von dem kleinen Jungen, der Johannes hieß.

## *DER ENGEL KOMMT ZU MARIA*

Weißt du noch vom alten Zacharias, der eine frohe Botschaft erhielt?
Die wurde ihm von einem Engel überbracht, als er im Tempel war.
Der Engel hieß Gabriel.
Und nun mußte er wieder eine Nachricht auf die Erde bringen.
Jetzt ging er nicht in die große Stadt Jerusalem, jetzt ging er in ein Städtchen ganz am Rande des Landes. Das Städtchen hieß Nazareth.
Dorthin, in ein kleines, armseliges Häuschen, brachte der Engel die schönste Botschaft, die jemals auf Erden überbracht wurde.

In dem Häuschen wohnte ein Mädchen. Das hieß Maria.
Maria war noch verwandt mit David, der vor langer Zeit König gewesen war. Aber davon wußte kaum ein Mensch mehr in Nazareth.
In der Nähe von Maria wohnte ein Zimmermann. Der hieß Joseph. Auch Joseph war verwandt mit dem König David. Aber das wußte auch fast niemand mehr. Denn nun war er arm, genauso arm wie Maria. Er mußte schwer arbeiten, um sein tägliches Brot zu verdienen.
Joseph und Maria liebten sich sehr. Sie wollten bald heiraten. Sie würden aber nicht in einem Palast wohnen, sondern in dem Zimmermannshäuschen des Joseph. Es gab zwar einen Palast im Land. Der stand in Jerusalem. Aber darin wohnte ein fremder König. Der hieß Herodes und war ein ganz schlechter Mensch. Und fremde Soldaten spielten die Herren im Land. Das waren die Römer, und sie quälten die Menschen oft sehr.
Es war eine aufregende Zeit. Die Menschen waren nicht glücklich.
Aber einst würde wieder eine bessere Zeit kommen. Gott hatte es versprochen. Einst sollte ein Kind geboren werden. Und wenn das Kind groß sein würde, sollte es König werden und die Menschen wieder frei und glücklich machen.
Aber wer würde für das Kind sorgen, wenn es geboren wurde?
Wer sollte seine Mutter sein?
Würde seine Mutter nicht die glücklichste Frau auf Erden sein?

Eines Tages war Maria allein zu Hause. Da sprach eine Stimme: „Sei gegrüßt, Maria! Du bist die gesegnetste Frau auf Erden!"
Und als Maria aufsah, stand ein Engel vor ihr. Das war der Engel Gabriel. Er hatte ein weißes Kleid an, das glänzte sehr schön. Und er sah sie ganz freundlich an. Aber Maria erschrak doch ein wenig und dachte: Was meinte er wohl? Die gesegnetste Frau auf Erden? Soll ich das sein?
Aber der Engel sprach: „Hab keine Angst, Maria. Ich bin gekommen, um dir eine frohe Botschaft zu bringen. Gott hat mich gesandt. Es soll nicht mehr lange dauern, dann wirst du einen Sohn bekommen und den sollst du Jesus nennen. Wenn das Kind groß ist, wird es König werden, genauso ein König wie David es war. Doch dein Sohn wird immer König bleiben."
Als Maria das hörte, wurde sie sehr froh. Denn jetzt verstand sie es: Das Kind würde der Heiland sein, der die Menschen froh und glücklich machen sollte. Und sie würde die Mutter des Kindes sein! Ja, dann stimmte es, dann war sie die gesegnetste Frau auf der ganzen Erde.
Maria fragte: „Aber wer soll dann der Vater des Kindes sein? Denn ich bin ja noch nicht verheiratet?"
Da antwortete der Engel: „Der Vater wird Gott selbst sein. Darum wird es auch kein gewöhnliches Kind sein, und es wird Gottes Sohn genannt werden."
Da beugte Maria voll Ehrfurcht das Haupt.
Gott selbst wollte der Vater sein? O ja, dann wollte sie gern die Mutter sein. Und sie sagte: „Dann ist alles gut. Dann soll nur alles so geschehen, wie du es sagst."

Da ging der Engel wieder.
Er hatte sein Werk getan.
Er hatte in das kleine Haus die schönste Botschaft gebracht, die je auf Erden überbracht wurde.

## *DAS KIND IN DER KRIPPE*

Zwei Menschen gingen eine Straße entlang. Ein Mann und eine Frau.
Sie gingen nur langsam.
Sie waren schrecklich müde.
Sie hatten eine weite Reise hinter sich. Es waren Maria und Joseph.
Sie mußten nach Bethlehem.
Das war die Stadt, in der König David früher gewohnt hatte. Dort mußten sie ihre Namen aufschreiben lassen. Das hatte der Kaiser befohlen. Und was der Kaiser befohlen hatte, das mußte getan werden. Denn er beherrschte fast die ganze Welt.
Der Kaiser wollte wissen, wieviel Menschen im Land wohnten. Darum mußten alle Menschen ihre Namen aufschreiben lassen, jeder in seiner eigenen Stadt. Und darum mußten Joseph und Maria nach Bethlehem. Denn das war ihre Stadt. Dort hatten ihre Familien früher gewohnt.
Es war eine weite Reise nach Bethlehem. Sie konnten nicht mit der Eisenbahn hinfahren, denn damals gab es noch keine Eisenbahn. Sie konnten auch nicht auf einem Esel reiten oder mit einem Wagen fahren, denn sie waren sehr arm. Sie hatten kein Geld, um einen Wagen oder einen Esel zu kaufen.
Sie mußten den ganzen Weg laufen. Das dauerte sehr lange, und sie wurden sehr müde davon, Maria vor allem.
Aber endlich sahen sie doch die weißen Häuser Bethlehems.
Inzwischen war es Abend geworden. Die Sonne ging schon beinahe unter. Joseph sagte: „Komm nur, Maria! Nun sind wir bald da. Und dann wollen wir uns schnell ein Plätzchen aussuchen, wo wir heute nacht schlafen können."
Dann gingen sie zusammen weiter und kamen bald nach Bethlehem. Aber nun war es schon fast dunkel.
Sie gingen zu einem großen Haus. Das war ein Gasthaus. Dort konnte man schlafen, wenn man auf Reisen war. Dort würde es auch ein Bett für Maria geben, in dem sie sich schön ausruhen konnte.
Aber es waren noch viel mehr Menschen unterwegs, und die wollten alle auch dort schlafen. Das ganze Haus war voll. Joseph und Maria suchten umher, aber es war kein Fleckchen mehr frei.
Es war überhaupt kein Platz mehr für sie in dem Gasthaus.

Was sollten sie nun tun?
Mußten sie draußen unter freiem Himmel schlafen?
Nein, zum Glück nicht.
Sie fanden doch noch etwas.
Sie fanden einen Stall und gingen hinein. Die Schafe waren nicht da. Die waren draußen auf dem Feld. Es lag zum Glück Stroh dort, und eine Krippe stand auch dort. Das war ein hölzerner Trog, ein Futtertrog, aus dem die Schafe fraßen.
Da machte Joseph ein Bett aus Stroh. Darauf konnte Maria gut schlafen. Und dann dankten sie dem Herrn für das

ruhige Fleckchen, das sie doch noch gefunden hatten.
„Schlaf gut, Maria."
„Schlaf gut, Joseph."
Dann wurde es still.
Es war ganz dunkel draußen. Die Sterne leuchteten am hohen Himmel. Es war Nacht in Bethlehem.

Und in dieser stillen, dunklen Nacht, in dem ärmlichen Stall von Bethlehem, ist dann etwas Wunderbares geschehen. Das Wunderbarste, was auf Erden geschehen konnte.
Dort hat Maria das Kindlein bekommen, von dem der Engel ihr vor langer Zeit erzählt hatte.
Es war ein solch kleines Kind! Genauso klein und genauso hilflos wie alle neugeborenen Kinder.
Es sah aus wie ein gewöhnliches Kind, aber es war ein heiliges Kind. Es war der Sohn Gottes!
Wenn es groß sein würde, sollte es König werden und alle Menschen glücklich machen. Das hatte der Engel gesagt.
Maria freute sich so über ihr Kind. Sie nahm es in die Arme und küßte es zärtlich.
Joseph war auch froh. Er streichelte das Kind mit seiner großen rauhen Hand. Maria hatte keine Kleider, aber sie hatte Tücher. Und dahinein wickelte sie das Kind.
Sie hatte auch keine Wiege. Aber Joseph nahm die Krippe und machte darin ein Bettchen aus Stroh. Dann legte Maria ihr Kind in die Krippe.
„Es soll Jesus heißen", sagte Maria, „das hat der Engel gesagt."
Da lag nun der kleine König in einem Futtertrog für die Tiere.
Der Sohn Gottes war in einem Stall geboren.
Und niemand sonst wußte davon.

## *DIE HIRTEN VON BETHLEHEM*

Es war still und dunkel.
Es war noch mitten in der Nacht.
Die Menschen von Bethlehem schliefen.
Sie wußten noch nicht, daß Jesus geboren war.
Aber draußen auf dem Feld von Bethlehem waren Hirten. Die schliefen nicht.
Die mußten Schafe hüten.
Sie hatten ein Feuer angezündet und saßen still drum herum. Die Schafe lagen nahe bei ihnen und schliefen. Die Sterne schimmerten über ihren Köpfen. Der Wind rauschte ein wenig im Gras. Und es war ganz still. Auf einmal erschraken die Hirten sehr. Denn es war so, als finge die Sonne an zu scheinen, so hell wurde es. Und in dem weißen Licht stand ein Engel.
Da bekamen die Hirten große Angst.
Aber der Engel sprach: „Fürchtet euch nicht! Denn ich habe euch etwas zu sagen, worüber ihr euch sehr freuen werdet! Jesus ist geboren, der Heiland, auf den ihr schon so lange gewartet habt. In Bethlehem ist es geschehen. Geht eilends hin! Ihr könnt es nicht verfehlen, denn ihr werdet das Kind in Windeln gewickelt finden und in einer Krippe liegend."
Dann kamen plötzlich noch mehr Engel, wohl an die tausend. Die ganze Luft war voll von Engeln. Die sangen zusammen

ein Lied, so schön, wie es die Hirten noch nie gehört hatten:

> „Ehre sei Gott in der Höhe
> und Friede auf Erden
> und den Menschen ein
> Wohlgefallen."

So sangen die Engel. Und dann schwebten sie singend wieder in den Himmel.
Danach wurde es ganz still auf dem Feld von Bethlehem.
Aber die Hirten setzten sich nicht wieder ans Feuer.
Sie sagten zueinander: „Kommt schnell, wir wollen nach Bethlehem gehen. Dann wollen wir sehen, was dort geschehen ist, wovon der Engel uns erzählt hat. Der Heiland ist geboren! O wie herrlich!"
Da liefen sie schnell über das dunkle Feld. Sie ließen ihre Schafe allein. Für sie würde der Herr schon sorgen.
Sie kamen nach Bethlehem und fanden den Stall. Ganz leise gingen sie hinein.
Da sahen sie Maria und Joseph, zwei arme Menschen, genau wie sie selber auch.
Und sie sahen ein Kind, wie sie es schon öfter gesehen hatten.
Aber sie wußten, daß es kein gewöhnliches Kind war, denn es lag in einer Krippe und war in Windeln gewickelt,

gerade so, wie es der Engel gesagt hatte. Sie konnten sich nicht irren: Dies war das Kind, das der Engel gemeint hatte. Dies war der Heiland, der die Menschen glücklich machen sollte.

Die Hirten knieten an der Krippe nieder und beteten das Kind an.

„Lieber Jesus", sagten sie. „Lieber Heiland, wie herrlich, daß du gekommen bist. Wir können dir nichts geben. Wir sind nur arme Hirten, aber wir wollen immer an dich denken. Wir wollen dich liebhaben. Und wirst du uns auch glücklich machen?"

Dann erzählten sie Maria alles, was auf dem Feld geschehen war. Danach aber mußten sie wieder zurück zu den Schafen. Sie gingen über das dunkle Feld und sangen miteinander ein Lied:

„Ehre sei Gott in der Höhe
und Friede auf Erden
und den Menschen ein
Wohlgefallen."

Sie konnten es nicht so schön wie die Engel, aber sie sangen es sehr andächtig.

Sie mußten einfach singen, denn sie waren sehr froh.

Das Kind in der Krippe hatte sie so glücklich gemacht.

## *DAS KIND IM TEMPEL*

Joseph und Maria blieben noch eine Zeitlang in Bethlehem. Und eines Tages gingen sie zum erstenmal mit ihrem Kindlein aus.
Sie gingen nach Jerusalem. Das war die große Stadt, in der der schöne Tempel stand.
Der Tempel war das Haus Gottes. Dorthin wollten Joseph und Maria gehen. Sie wollten Gott sagen, wie froh sie waren über das Kind. Und sie wollten auch bitten, daß der Herr es segne. Und sie wollten Gott fragen, ob er für das Kindlein sorgen wolle.
Das taten ein Vater und eine Mutter immer, wenn sie einen Sohn bekommen hatten. Dann brachten sie auch ein Opfer dar. Wenn sie reich waren, ein Lamm. Und wenn sie arm waren, ein paar Tauben.
Maria trug Jesus durch die Straßen. Da gingen viele Menschen.
Aber niemand sah sich nach dem Kind um, und niemand grüßte es.
Denn sie wußten nicht, daß dies der Heiland war, auf den sie schon so lange warteten.
Im Tempel waren auch viele Menschen, aber auch hier beachtete niemand das Kind.
Joseph brachte Gott ein Opfer. Er war arm. Er konnte kein Lamm kaufen. Er kaufte zwei Tauben und gab sie dem Priester. Und der Priester hielt seine Hände über das Kind und sagte: „Der Herr segne dich." Aber der Priester wußte nicht, wer das Kind war, das er segnete.

Da kam ein alter Mann in den Tempel. Er ging geradenwegs auf Maria zu. Er war so froh, als er das Kind sah. Die Tränen rollten ihm über die Backen, so froh war er. Er hieß Simeon und er wußte auch, wer das Kind war. Gott hatte es ihm gesagt.
Simeon hatte sich so sehr nach dem Herrn Jesus gesehnt. Er war oft so traurig gewesen, weil es so lange dauerte, bis er kam. Aber dann hatte Gott zu ihm gesagt: „Sei nicht traurig, Simeon. Bevor du stirbst, wirst du den Heiland gesehen haben."
Und nun war das Kind gekommen, auf das Simeon so lange gewartet hatte. Wie glücklich war er! Er nahm das kleine Kind in die Arme und sagte: „Nun will ich gern sterben, Herr, denn nun bin ich getrost. Meine Augen haben den Heiland gesehen."
Und er sang vor Freude ein Lied.

Dann kam auch eine alte Frau angehumpelt. Die hieß Hanna und war bereits vierundachtzig Jahre alt. Und die alte Hanna wußte auch, wer das Kind war. Sie stellte sich zu ihm und rief: „Das ist der Heiland. Ist er also doch gekommen? Oh, wie glücklich bin ich jetzt!"
Dann humpelte sie die Straße hinauf und erzählte überall, daß sie den Heiland gesehen hätte.

Joseph und Maria aber gingen ganz glücklich mit dem Kind wieder nach Hause.
Jesus war zum erstenmal im Tempel gewesen.
Und er hatte schon wieder einige Menschen glücklich gemacht.

## *DIE WEISEN AUS DEM MORGENLAND*

Weißt du auch, wo morgens die Sonne aufgeht?
Ja, dort drüben, ganz weit fort, im Osten.
Und dort im Osten, ganz fern in der weiten Welt, wohnten damals ein paar alte weise Männer.
Sie hatten viele dicke Bücher gelesen. Sie waren weiser und klüger als alle andern Menschen.
Aber am liebsten schauten sie sich nachts die Sterne an. Sie sagten: „Die Sterne sind so schön. Die hat Gott gemacht, und er läßt sie jede Nacht leuchten. Gott ist weiser als alle Menschen."

Eines Nachts saßen sie wieder beisammen und schauten sich die Sterne an. Und da sahen sie plötzlich einen neuen Stern, den sie noch nie zuvor gesehen hatten. Was für ein schöner, großer Stern war das! Und wie prächtig strahlte er! Der sah aus, als ob er der König über alle anderen Sterne sei.
Die weisen Männer saßen da und schauten voll Freude.
„Ein neuer Stern", sagten sie. „Wißt ihr, was das bedeutet? Das bedeutet, daß irgendwo ein Kind geboren ist. Aber ein solch schöner Stern, das bedeutet sicher, daß es ein ganz reiches und vornehmes Kind ist, ein Königskind!"
Sie schauten lange nach dem schönen Stern, und sie sprachen noch lange über das Königskind. Sie dachten an nichts anderes mehr.
Dann sagte einer von ihnen: „Wißt ihr, was wir tun? Wir wollen den kleinen König suchen. Und wenn wir ihn finden, dann knien wir vor ihm nieder. Denn so reich und mächtig, wie er später einmal werden wird, ist sicher noch nie ein König auf Erden gewesen."
Das taten sie dann auch. Sie machten sich auf den Weg, um das Königskind zu suchen. Sie ließen zuerst ihre Kamele aus dem Stall holen. Das sind große Tiere, noch größer als Pferde. Auf denen kann man gut reiten. Sie nahmen auch Geschenke mit für den jungen König. Ganz schöne kostbare Geschenke. Ein Kästchen voll Gold war auch darunter.
Dann stiegen sie auf ihre Kamele und ritten fort in die weite Welt hinein. Sie ritten in die Richtung, in der sie damals den schönen Stern gesehen hatten. Denn dort irgendwo mußte der kleine König geboren worden sein.
Es war eine lange Reise.
Sie kamen durch große Wälder und an hohen Bergen vorbei.
Sie kamen durch fremde Länder, in denen sie noch nie zuvor gewesen waren. Immer weiter ritten sie, immer noch weiter, bis sie schließlich in das Land der Juden kamen. In diesem Land mußte der junge König leben.
Aber wie sollten sie ihn finden?
Die Weisen ritten durch das Land der Juden und kamen nach Jerusalem. Das war die größte Stadt des Landes.
Sie fragten die Menschen: „Wo ist der König der Juden, der vor kurzem geboren wurde? Denn wir haben seinen Stern im Osten gesehen und sind gekommen, um vor ihm niederzuknien."
Doch die Menschen wußten es nicht.

Die Weisen gingen durch die ganze Stadt. Sie kamen auch zum Palast. Ob dort etwa der junge König sein würde?
Nein, ein junger König war da nicht, wohl aber ein alter König. Der hieß Herodes, und das war ein böser Mann.
König Herodes hörte auch, was die Weisen fragten und erschrak darüber.
Den König der Juden suchten sie?
Das bin ich, dachte Herodes, und ich will es auch bleiben. Aber mich suchen sie natürlich nicht. Sollte etwa noch ein König da sein? Ein junger König, der eben erst geboren ist? Das darf nicht sein. Ich will allein König sein.
Sollte etwa gar der Heiland geboren sein, auf den die Menschen schon so lange warten, dachte Herodes. Dann müßte

ich unbedingt wissen, wo ich das Kind finden kann. Dann müßte ich es töten. Das Kind darf nicht König werden. Ich will König bleiben.
Da ließ der böse König Herodes die Schriftgelehrten kommen. Das waren Männer, die alles aus der Bibel wußten. Er fragte: „Wißt ihr, wo der Heiland geboren werden soll?“
O ja, das wußten sie.
Sie antworteten: „In Bethlehem, König. So steht es in der Bibel.“
„Gut“, sagte der König, „vielen Dank, ich werde es mir merken.“
Dann ließ der König die Weisen heimlich zu sich rufen.
Er tat ganz freundlich.
Er fragte: „Wann habt ihr den schönen Stern gesehen?“
„O König, schon vor einiger Zeit“, erwiderten sie, „als wir noch in unserem fernen Land waren. Und nun suchen wir schon so lange nach dem jungen König, aber wir können ihn nicht finden.“
„Dann werde ich euch helfen“, sagte der König. „Vielleicht ist er in Bethlehem. Geht nur schnell dorthin und sucht gut. Und wenn ihr ihn gefunden habt, dann müßt ihr zu mir kommen und mir erzählen. Dann will ich auch hingehen und vor ihm niederknien.“
So ein Lügner!
„Dann will ich auch vor ihm niederknien“, sagte er.
In Wirklichkeit aber wollte er das Kind töten.
Die Weisen wußten nicht, daß der König so schlecht war. Sie machten sich sofort auf den Weg nach Bethlehem.
Es war Abend geworden. Die Sonne war schon untergegangen. Die Sterne begannen zu leuchten. Die Weisen ritten noch weiter.
Und auf einmal, da sahen sie den Stern! Wie froh waren sie. Der gleiche, schöne, große Stern, den sie auch im Osten gesehen hatten, stand vor ihnen am Himmel und zeigte ihnen den Weg nach Bethlehem.
Sie ritten dem Stern nach, und als der Stern stehenblieb, stiegen sie ab.
Sie standen vor einem kleinen Haus. Der Stern stand über dem Häuschen. Da gingen die Weisen hinein.
Wer wohnte in dem Häuschen?
Das Jesuskind mit Maria und Joseph. Es sah aus wie ein gewöhnliches kleines Kind, aber die Weisen wußten genau, daß es kein gewöhnliches Kind war. Es war der junge König, den sie so lange gesucht hatten. Der einmal der reichste und mächtigste König der ganzen Welt werden sollte. Da knieten sie ehrfürchtig vor ihm nieder.
„O König Jesus“, sagten sie, „wie froh sind wir, daß wir dich gefunden haben.“
Dann aber holten sie ihre Geschenke hervor und legten sie vor ihm nieder. Ein Kästchen mit Gold, einen Krug mit Weihrauch und eine Dose voll Myrrhe. Das waren sehr schöne, kostbare Dinge. Doch die Weisen gaben sie Jesus gern, denn sie fühlten sich glücklich.
Sie schliefen die Nacht in Bethlehem.
Und dann träumten sie.
Sie hatten alle denselben Traum.
Sie hörten eine Stimme, die sprach zu ihnen: „Hört genau zu! Ihr sollt nicht mehr zurückgehen zum König Herodes. Der ist ein schlechter Mann. Der will das

Kind nicht anbeten, der will ihm etwas Böses antun."
Es war die Stimme Gottes, die so sprach. Und die Weisen hörten auf die Stimme. Sie gingen nicht zum König zurück. Sie ließen ihn einfach warten. Auf einem andern Weg kehrten sie wieder in ihr Land zurück.
Und sie waren ihr ganzes Leben lang froh, weil sie Jesus, den König aller Könige, gefunden hatten.

## *DER BÖSE KÖNIG HERODES*

Es war mitten in der Nacht.
Alle Menschen schliefen.
Herodes aber, der böse König, konnte nicht schlafen.
Er mußte immer an die Weisen denken. Wo blieben die Männer nur! Er hatte nun schon so lange auf sie gewartet, aber sie waren immer noch nicht gekommen.
Er mußte auch immerzu an das Kind denken, an den jungen König, der in Bethlehem geboren sein sollte. Es ließ ihm keine Ruhe, er wollte das Kind finden und dafür sorgen, daß es nie König werden würde.
Er konnte es nicht abwarten, dem Kind ein Leid anzutun.

Doch der böse König konnte dem Kind kein Leid antun.
Dafür sorgte Gott schon.
Das Jesuskind war noch in Bethlehem.
Es lag ruhig in Marias Armen und schlief sanft.
Joseph, Marias Mann, schlief auch.
Da hatte er einen Traum.
Er sah einen schönen glänzenden Engel. Der schaute ihn an und sprach: „Joseph, steh auf, nimm das Kind und seine Mutter und geh schnell von hier fort. Geh nach Ägypten und bleib dort, bis ich dir etwas andres sage. Denn Herodes wird versuchen, das Kind zu töten."
Da wachte Joseph auf. Er war über den seltsamen Traum erschrocken. Er weckte Maria und erzählte ihr, was der Engel gesagt hatte. Es war eine Nachricht von Gott, das war ihnen klar.
Und noch in derselben Nacht flohen sie eilig davon in die stille dunkle Welt.
Es war eine lange Reise nach Ägypten.
Aber Maria brauchte nun nicht mehr zu gehen. Denn sie waren keine armen Menschen mehr.
Weißt du noch, daß sie solch schöne, kostbare Dinge von den weisen Männern aus dem Osten bekommen hatten? Da war ja auch ein Kästchen mit Gold darunter. Nun, für das Gold hatte Joseph ein Eselchen gekauft. Maria saß auf dem Esel, das Jesuskind in den Armen. Und Joseph lief nebenher und hielt den Esel an einem Strick.
So kamen sie nach Ägypten.
Dort waren sie sicher.
Dort konnte der schlimme König dem Kind kein Leid antun.
Aber der König Herodes wußte nichts davon.
Er dachte, das Kind sei immer noch in Bethlehem.
Und er wartete immer noch darauf, daß die Weisen zurückkehren würden.
Aber er wartete umsonst. Niemand kam! Da ging ihm die Geduld aus. Er rief einen Knecht herbei und sagte: „Eile nach

Bethlehem und sieh nach, wo die Weisen bleiben."
Das tat der Knecht.
Und er war schon bald wieder zurück.
Er sagte: „O König, die Weisen sind nicht mehr da. Sie sind schon längst in ihr Land zurückgekehrt. Sie sind heimlich auf einem andern Weg zurückgegangen. Sie sind nicht wieder durch Jerusalem gekommen."
Da wurde Herodes sehr zornig.
„Sie haben mich natürlich betrogen!" rief er. „Sie haben den jungen König gefunden und wollten es mir nicht sagen. Aber ich werde ihn trotzdem finden, ganz sicher!"
Und dann tat der schlimme, böse König etwas Schreckliches.
Er rief seine Soldaten und befahl: „Geht nach Bethlehem und ergreift alle Jungen, die noch nicht zwei Jahre alt sind, und bringt sie alle um."
Die Soldaten waren aber genauso schlimm wie ihr König und taten, was er sagte.

Der böse König Herodes saß in seinem Palast und glaubte, daß das Kind tot sei. Er sagte: „Ich habe gewonnen! Nun ist der kleine König nicht mehr da. Nun bin ich wieder allein König und kann es immer bleiben."
Aber das Jesuskind war nicht tot. Es war im fernen Land Ägypten bei Maria und Joseph. Dort sollte es bleiben, bis Joseph vom Engel wieder zurückgerufen wurde.
„Ich habe gewonnen!" sagte Herodes. „Ich kann immer König bleiben!"
Aber er war nur noch eine ganz kurze Zeit König.
Dann wurde er krank, und es gab niemand, der ihm helfen konnte.
Und dann ist der schlimme König gestorben.
Und nun?
Hatte er nun gewonnen?

Als Herodes gestorben war, kam der Engel zu Joseph nach Ägypten und sprach: „Geh nun mit dem Kind wieder zurück, denn Herodes ist tot!"
Da machten Joseph und Maria sich auf die lange Reise und kehrten zurück in ihr Land. Aber sie wohnten nicht mehr in Bethlehem, sondern in Josephs kleinem Häuschen in Nazareth.
Joseph arbeitete wieder als Zimmermann. Er mußte Geld für das Essen und Trinken und die Kleidung der Familie verdienen.
Maria machte die Hausarbeit und sorgte für das Kind.
Und keiner, der das Jesuskind sah, dachte daran, daß es der Heiland sei.
Aber einst sollte Jesus König sein und viele, viele Menschen glücklich machen.

## *ALS JESUS NOCH EIN KIND WAR*

Als Jesus noch ein Kind war, wohnte er im Hause Josephs, des Zimmermanns, in der kleinen Stadt Nazareth.
Joseph arbeitete für ihn. Maria kochte das Essen für ihn. Und er wuchs heran und wurde groß und stark.
Alle Menschen hatten ihn gern. Und alle Kinder auch.
Er sah so aus wie jeder andere, genau wie alle Jungen. Aber er war doch anders.

Er tat nie etwas Böses. Er war ein heiliges Kind. Das kam daher, daß er der Sohn Gottes war. Gott im Himmel war sein Vater.
Das wußten die Menschen nicht. Die dachten, daß Joseph sein Vater sei.

Jedes Jahr machten Joseph und Maria eine Reise. Dann gingen sie nach Jerusalem, wo der schöne Tempel stand. Dort war dann ein Fest. Das Passahfest nannte man es. Alle Menschen im Land Israel gingen dorthin.
Jesus durfte nie mit. Er war noch zu klein für die große Reise.
Aber als er zwölf Jahre alt war, durfte er zum erstenmal mit nach Jerusalem.
Es war eine schöne Reise. Es ging bergauf und bergab. Es waren noch viel mehr Menschen unterwegs zum Passahfest. Und alle Menschen sangen, ein Lied nach dem andern. Singend zogen sie ihres Wegs.
So kamen sie auf einen hohen Berg und sahen dann die weißen Häuser Jerusalems. Wie froh waren sie da! Sie sahen auch den schönen Tempel. Der war auch weiß, aber sein Dach war aus Gold. Es war das schönste Haus in der ganzen Stadt. Es war ja auch das Haus Gottes!
Es ist das Haus meines Vaters, dachte Jesus und wurde froh.
Sie gingen in den schönen Tempel, denn dort wurde das Fest gefeiert. Sie brachten ein Opfer und beteten.
Jesus betete auch. Er sprach mit seinem Vater im Himmel.
Er fand es herrlich im Tempel.
Er dachte: Hierhin gehöre ich eigentlich, in das Haus meines Vaters. Hier möchte ich immer wohnen.
Und er hoffte, daß das Fest recht lange dauern werde.

Das Fest dauerte sieben Tage. Aber dann war es zu Ende. Und die Menschen gingen nach Hause.
Joseph und Maria gingen auch zurück. Sie sahen Jesus nicht, aber sie waren nicht beunruhigt. Sie dachten: Er ist so gehorsam und verständig. Er macht nie dumme Streiche. Er ist sicher schon vorausgegangen mit den andern Kindern. Wir werden ihn unterwegs schon sehen.
Sie paßten gut auf, ob sie ihn irgendwo sähen. Aber sie sahen ihn nirgends.
Sie fragten die andern Menschen: „Habt ihr unser Kind gesehen?“ Aber niemand wußte, wo es war. Es wurde bereits Abend, und sie hatten es noch nicht gefunden. Da wurden Joseph und Maria sehr unruhig. Sie trauten sich nicht, weiter nach Hause zu gehen. Sie gingen zurück und dachten: Dann muß es noch in Jerusalem sein.
Sie liefen durch die Straßen und suchten überall, aber sie sahen es nirgends.
Maria fragte die Leute: „Habt ihr mein Kind nicht gesehen? Ich habe mein Kind verloren.“
Aber die Leute schüttelten alle den Kopf. Sie kannten Jesus nicht.
Maria lief weinend umher. Sie hatte solche Angst. Wo war ihr Kind nur hingegangen?
Warum war es nicht bei ihr geblieben? Es war doch sonst immer so gehorsam!
Und sie suchten weiter. Drei Tage lang suchten sie schon nach Jesus und hatten ihn noch immer nicht gefunden.
Am dritten Tag aber kamen sie wieder in

den Tempel. Da war es nun still. Die Menschen waren fast alle fort. Nur die Priester waren noch da und andere weise Männer, die den Menschen von Gott erzählten.
Und als Maria umherschaute, sah sie auf einmal Jesus. Da saß ihr Kind ganz ruhig zwischen all den großen weisen Männern und hörte zu, was sie sagten, und stellte ihnen allerlei Fragen. Und sie waren alle verwundert, denn sie hatten noch nie einen Jungen gesehen, der so verständig war und solch gute Antworten geben konnte.

Maria eilte auf ihn zu.
„Mein Kind“, rief sie, „warum bist du hier geblieben? Dein Vater und ich sind so unruhig gewesen. Wir haben dich überall gesucht.“
„Dein Vater und ich“, sagte Maria.
War Joseph denn sein Vater?
Jesus sagte: „Warum habt ihr nach mir gesucht? Wißt ihr denn nicht, daß ich im Haus meines Vaters sein muß?“
Da wußte Maria, daß Jesus nicht ungehorsam gewesen war.
Sie hatte sich so geängstigt.
Aber das war nicht Jesu Schuld.

Das war ihre eigene Schuld.
Weil sie vergessen hatte, daß Gott sein Vater war.
Sie gingen nach Hause zurück, und Jesus ging gehorsam mit.
So kamen sie nach Nazareth.
Dort wohnte Jesus bei Joseph und Maria, bis er groß war.
Jedes Jahr ging er mit nach Jerusalem zum Passahfest.
Aber Maria war seinetwegen nie mehr beunruhigt.

## *JOHANNES DER TÄUFER*

Weißt du noch, wer Johannes war?
Erinnerst du dich nicht mehr an den alten Priester, der eine solche frohe Botschaft von dem Herrn bekam?
Er war im Tempel, und da kam ein Engel.
Der erzählte ihm, daß er und seine alte Frau noch ein Kind bekommen würden.
Und so war es dann auch.
Der alte Mann hieß Zacharias.
Seine Frau hieß Elisabeth.
Und das Kind hieß Johannes.
Weißt du noch, was Johannes später tun sollte? Er sollte den Menschen erzählen, daß der Heiland kommen werde. Er sollte ein Knecht des Heilands sein.
Und als Johannes ein großer Junge geworden war, sagte ihm sein Vater das alles.
Johannes wollte gern ein Knecht des Heilands sein. Und er wollte gern das Werk für ihn tun.
Aber wie sollte er das tun?
Und wann und wo sollte er damit anfangen?
Das wollte Johannes gern wissen. Aber das konnte sein Vater ihm nicht sagen.
Das wußte nur Gott.

Darum ging Johannes, als er ein großer Mann geworden war, aus seinem Elternhaus fort.
Er ging in die Wüste. Dort wohnten keine Menschen. Dort gab es nur Berge und Steine und Sand.
Aber Gott war auch in der Wüste. Gott ist überall. Johannes war dort mit Gott allein. Und er hörte auf jedes Wort, das Gott ihm sagte.
Ein Haus gab es dort nicht für Johannes.
Er wohnte in einer Höhle. Und Brot konnte man dort auch nicht kaufen.
Wenn Johannes Hunger hatte, suchte er Heuschrecken. Das waren kleine Tiere, die man essen konnte. Manchmal fand er auch Honig im Nest der wilden Bienen.
Den Honig konnte man ebenfalls essen.
Der schmeckte wunderbar süß.
Heuschrecken und Honig, mehr hatte Johannes nicht nötig. Und schöne Kleider brauchte er auch nicht. Ein langer grauer Mantel war alles, was er hatte. Den band er mit einem Lederriemen fest um seine Hüfte.
Johannes wohnte lange in der stillen Wüste. Dort erzählte Gott ihm alles, was er für sein Werk wissen mußte.
Er lehrte Johannes, daß der Heiland König sein solle.
Kein gewöhnlicher König, sondern ein himmlischer König.
Kein kämpferischer König, der Krieg brachte, sondern ein Friedenskönig.
Und sein Königreich würde heißen: Das Himmelreich.

Wer sollte zu diesem Königreich gehören? Jeder, der den Heiland liebhaben wollte. Aber der durfte dann auch keine schlechten Dinge mehr tun. Der mußte sich bekehren und ein anderer Mensch werden. Ein besserer Mensch. Das lehrte Gott Johannes auch.
Und schließlich sprach er: „Nun ist es Zeit, Johannes. Nun mußt du zu den Menschen gehen und sagen, daß das Königreich der Himmel nahe herbeigekommen ist."
Da ging Johannes zum Jordan. Das war ein großer Fluß. Daran mußten alle Menschen vorbei, die nach Jerusalem wollten.
Dort stand Johannes mit bloßem Kopf und im langen Mantel.
Und er rief: „Bekehret euch, denn das Königreich der Himmel ist nahe herbeigekommen."
Die Menschen blieben stehen, um ihm zuzuhören. Von allen Seiten kamen sie herbeigeeilt.
„Bekehrt euch!" rief Johannes, „denn der Heiland kommt. Es wird nicht mehr lange dauern."
Da wurden die Menschen froh, denn sie hatten so lange auf den Heiland gewartet.
Aber sie erschraken auch. Denn sie dachten daran, daß sie so viel Böses getan hatten.
Sie kamen zu Johannes und sagten: „O Johannes, wir haben eigentlich Angst vor dem Heiland. Denn wir sind solch schlechte, sündige Menschen. Unsere Herzen sind schwarz vor Sünde. Wird der Heiland nicht böse auf uns sein?"
Johannes fragte: „Bereut ihr eure Sünden? Und wollt ihr euch wirklich Mühe geben, bessere Menschen zu werden?"
Ja, das wollten sie schon.
„Dann wird er auch nicht böse auf euch sein", sagte Johannes. „Dann wird er euch die Sünden vergeben und eure finsteren Herzen wieder hell machen."

Und dann tat Johannes etwas, um die Menschen zu lehren, daß Gott ihnen ein reines Herz geben wollte.
Er nahm die Menschen mit ins Wasser und taufte sie. Er tauchte sie kurz ins Wasser.
Das bedeutete: So wie das Wasser euren Körper reinigt, so will Gott euer Herz rein machen und alle Sünden wegwaschen.
Das verstanden die Menschen gut. Sie wollten alle getauft werden, denn sie wollten gern ein reines Herz haben. Und sie hatten Johannes gern.
Aber wenn Menschen kamen, die ihre Sünden nicht richtig bereuten, dann taufte Johannes sie nicht. Oh, wenn die kamen, dann wurde er sehr böse und sagte ihnen tüchtig die Wahrheit.
„Geht fort", rief er dann, „ihr falschen Menschen! Ihr tut so, als wolltet auch ihr Gott liebhaben, aber ihr meint es gar nicht so. Ihr tut, als wäre euer Herz rein, aber es ist schwarz vor Sünde."
Da liebten die Menschen Johannes noch mehr, weil er so mutig war.
Und sie sagten: „Vielleicht ist er selber der Heiland."
Doch als Johannes das hörte, erschrak er darüber sehr.
Er rief: „Nein, ich bin nicht der Heiland. Ich bin nur sein Knecht. So etwas dürft ihr nie wieder sagen! Der Heiland ist viel

mehr als ich, und er wird nun sehr bald kommen."

Und kurz darauf geschah es: da kam der Heiland.

Er kam zu Johannes, als dieser am großen Wasser stand. Und als Johannes ihn sah, wurde er sehr froh.

Da kam Jesus an! Und Jesus war der Heiland, das wußte Johannes genau. Aber was Jesus dann sagte, verstand Johannes nicht.

Er sagte, er wolle auch getauft werden, genauso wie die andern Menschen.

Aber das war doch nicht nötig! Denn das Herz des Herrn Jesus war doch rein! Er hatte ja noch nie etwas Böses getan!

Johannes schüttelte den Kopf. Er wollte es nicht tun.

Aber Jesus sagte, daß es sein müsse.

„Und Gott will es auch", sprach er. „Du mußt es tun, Johannes."

Da gingen sie zusammen ins Wasser, und dort wurde Jesus getauft, genauso wie die andern Menschen mit ihren sündigen Herzen.

Und als Jesus wieder aus dem Wasser kam, geschah etwas Schönes.

Der Himmel öffnete sich, und eine Stimme sprach: „Dies ist mein Sohn, den ich liebhabe." Und dann schwebte etwas auf den Kopf des Herrn Jesus hernieder. Es sah aus, als sei es eine weiße Taube, aber es war der heilige Geist.

Da wußte Johannes es ganz bestimmt, daß Jesus der Heiland ist, der gekommen war, um die Menschen glücklich zu machen.

Als Jesus fortgegangen war, rief Johannes den Menschen zu: „Bekehrt euch,

denn das Königreich der Himmel ist gekommen!" Und er dachte: Nun ist mein Werk bald getan. Nun sollen die Menschen nicht mehr auf mich hören, sondern alle zu Jesus gehen. Mich müssen sie vergessen, denn ich bin nur ein Knecht. Und Jesus ist der König. Ihn dürfen sie nie mehr vergessen.

## *DIE ERSTEN JÜNGER*

Hast du schon einmal das Meer gesehen? Das ist ein großes Wasser. So groß, daß du nicht darüber hinwegsehen kannst. Und du kannst mit einem Schiff darauf fahren.
Die Wellen rauschen. Und sie rollen so schön über den Strand. Es ist schön, am Ufer des Meeres zu sein.

Einmal ging auch Jesus am Meer entlang.
Da sah er ein kleines Schiff. Das fuhr nahe am Ufer. Es waren zwei Männer darin, zwei Brüder. Die hießen Petrus und Andreas. Es waren Fischer.
Sie hatten ein großes Netz und warfen es ins Wasser. Das war ein Fischernetz. Damit wollten sie Fische fangen. Das ist eine schöne Arbeit.
Jesus blieb stehen und schaute den Fischern zu. Und die Fischer sahen zu ihm hin. Sie wurden sehr froh, als sie ihn sahen, denn sie kannten Jesus.
Jesus sprach: „Kommt mit mir, dann werde ich euch noch etwas viel Schöneres lehren. Ich werde euch lehren, die Menschen froh und glücklich zu machen. Kommt nur, ihr sollt meine Freunde werden, meine Jünger, und ihr dürft immer bei mir bleiben."
Die beiden Männer sagten: „Gern, Herr, wir kommen schon."
Ihr Schiff und ihre Netze ließen sie am Meeresufer zurück.
Ein Stückchen weiter lag wieder ein Boot. Das lag fest am Ufer. Eine Schar Männer saß darin. Die waren damit beschäftigt, die Netze zu flicken. Denn die rissen häufig beim Fischen.
Ein alter Mann war dabei, dem gehörte das Boot. Und zwei junge Männer, das waren seine Söhne.
Der eine hieß Jakobus und der andere Johannes.
Das war nicht Johannes der Täufer, sondern ein anderer Johannes.
Und dann waren auch noch ein paar Knechte im Schiff. Die halfen auch bei der Arbeit.
Aber dann kam Jesus vorbei. Er rief Jakobus und Johannes an und sprach: „Kommt, ihr sollt auch meine Jünger werden."
Auch sie gingen sofort mit. Ihr Vater und die Knechte konnten die Arbeit schon allein weitermachen.
Jetzt hatte Jesus bereits vier Jünger.

Und so hat er noch mehr Männer zu sich gerufen, die seine Jünger werden sollten. Schließlich hatte er zwölf. Zwölf Freunde, die immer bei ihm bleiben wollten. Und die alle das schöne Werk lernen wollten, wie man die Menschen froh und glücklich macht.
Sie zogen mit Jesus durch das ganze Land und liebten ihn sehr.
Sie wollten gern seine Freunde sein.

## *JESUS AUF DER HOCHZEIT*

Ein junger Mann und eine junge Frau wollten heiraten. Sie waren Braut und Bräutigam. So nennt man zwei, die heiraten wollen: Braut und Bräutigam.
Die beiden waren sehr froh und glücklich. Und sie wollten auch andere Menschen froh und glücklich machen. Darum bereiteten sie ein Fest, ein Hochzeitsfest. Und dann fragten sie alle ihre Freunde und ihre Onkel und Tanten: „Kommt ihr auch zu unserm Fest?"
Ja, sie kamen alle. Und Jesus kam auch mit einigen seiner Jünger. Er war auch eingeladen worden.
Maria, die Mutter Jesu, war auch da.
Sie bekamen Kuchen und anderes leckeres Essen. Und sie tranken herrlichen Wein. Den schenkten die Diener aus. Man konnte essen und trinken, soviel man wollte. Und es wurde Musik gemacht und gesungen. Und alle waren fröhlich.
Aber mitten in dem schönen Fest geschah etwas weniger Schönes.
Das merkten die Menschen nicht.
Das merkten nur die Diener und der Bräutigam.
Weißt du, was da geschehen war?
Der Wein war ausgegangen. Es war nichts mehr zu trinken da. Was würden all die Menschen wohl dazu sagen?
Der Bräutigam saß verlegen da und sah ganz traurig drein. Aber niemand wußte, warum.
Nur Maria hatte es gemerkt. Sie wollte gern helfen, aber sie konnte es nicht.
Da ging sie zu Jesus und sagte leise: „Sie

haben keinen Wein mehr. Hilf doch den armen Menschen!"
Jesus antwortete: „Jetzt noch nicht."
Er wollte schon helfen. Und er würde es auch tun.
Maria ging zu den Dienern und sagte: „Was Jesus euch sagen wird, das tut sofort."
„Es ist gut", erwiderten die Diener.
Nach einer Weile ging Jesus zu den Dienern.
Bei den Dienern standen sechs große Krüge aus Stein. Das waren Wasserkrüge, denn man brauchte viel Wasser bei dem Fest, um alle Schüsseln, Tassen und Becher zu waschen.
Jesus sprach zu den Dienern: „Schüttet die Krüge voll Wasser."
Das taten die Diener. Sie dachten daran, was Maria gesagt hatte. Sie machten die Krüge bis zum Rand voll.
Jesus sprach: „Schöpft etwas daraus und bringt es dem Speisemeister." Das taten die Diener auch. Sie brachten einen Becher voll Wasser zum Speisemeister. Das war der vornehmste Diener, der dafür sorgen mußte, daß bei dem Fest alles klappte. Der nahm den Becher und probierte den Inhalt.
„Ah", rief er, „wie schmeckt das köstlich! Das ist aber einmal ein guter Wein!"
Und dann rief er den Bräutigam und sagte: „Welch herrlichen Wein haben wir nun! Der ist noch besser als der Wein, den wir zuerst getrunken haben. Du hast den besten Wein für zuletzt aufgehoben."
Aber der Bräutigam hatte keinen Wein aufgehoben. Er begriff nicht, woher der herrliche Wein kam.
Die Diener begriffen es aber. Wasser hatten sie in die Krüge geschüttet und Wein hatten sie herausgeschöpft. Jesus hatte das Wasser in Wein verwandelt.
Da wurde das Fest noch schöner und fröhlicher als vorher. Die Menschen tranken von dem herrlichen Wein und schauten auf Jesus. Sie dachten: Kann er solch große Wunder tun? Wer ist er nur? Ist er denn kein gewöhnlicher Mensch?
Die Jünger wußten es genau. Nun wußten sie sicher, daß Jesus der Heiland war.
Sie glaubten an ihn.

## *DER WUNDERBARE FISCHFANG*

Jesus zog mit seinen Jüngern durch das Land. Wo betrübte Menschen waren, ging er hin und machte sie wieder froh.
Manchmal sah er Menschen, die traurig waren, weil sie nicht mehr gehen konnten. Sie hatten kranke Füße. Da nahm der Herr sie an der Hand und stellte sie auf die kranken Füße. Da waren sie auf einmal gesund. Sie konnten wieder gehen und springen. Wie froh waren sie nun!
Manchmal kam aber einer, der traurig war, weil er nicht sehen konnte. Er hatte kranke Augen. Er war blind. Nun mußte er immer im Finstern leben. Da strich Jesus mit der Hand über die kranken Augen. Und auf einmal waren sie wieder gesund. Der Mann konnte wieder alles sehen. Wie froh war er da!

Aber die meisten Menschen waren traurig, weil ihre Herzen krank waren. Es war so viel Sünde darin. Sie hatten so viel Böses getan. Und nun hatten sie

Angst, daß Gott sie strafen würde. Und daß sie nicht in das Himmelreich kommen dürften.
Auch solche Menschen machte Jesus wieder froh. Er erzählte ihnen, daß Gott sie liebhat, und daß er auch die Sünder liebt.
Und er sagte auch: „Ich werde dafür sorgen, daß ihr doch in den Himmel kommen dürft. Und wenn ihr auch noch so viel Böses getan habt. Wenn ihr es nur bereut und wenn ihr Gott nur wirklich liebhabt."
Das war eine frohe Botschaft für die Menschen. Wer das hörte, brauchte nicht mehr traurig zu sein.

Jesus sprach: „Kommet her zu mir alle, die ihr mühselig und beladen seid, ich will euch erquicken."
Da kamen immer mehr Menschen, die alle die frohe Botschaft hören wollten.
Wohl hundert, wohl tausend Menschen standen manchmal bei Jesus und hörten ihm zu.
Eines Tages kam Jesus wieder an den See. Da dachte Petrus: Jetzt kann ich gut noch ein wenig fischen.
Sein Schiff lag noch am Ufer. Und als es Abend wurde, stieg er mit seinem Bruder ins Schiff, und sie fuhren zusammen auf den See hinaus. Sie warfen das Netz ins Wasser und fischten die ganze Nacht. Denn die Nacht ist die beste Zeit, um zu fischen.
Als es aber Morgen wurde, hatten sie noch nichts gefangen. Da machten sie ihr Schiff wieder am Ufer fest und säuberten die Netze. Die saßen voller Wasserpflanzen und Muscheln.
Da kam Jesus, und hinter ihm lief eine große Menschenmenge her.
Jesus stellte sich ans Ufer des Sees, um zu den Menschen zu sprechen. Um ihnen die frohe Botschaft zu verkünden, daß Gott die Menschen liebhat.
Die Menschen wollten alle in seiner Nähe stehen. Sie drängelten, um nach vorn zu kommen.
Da stieg Jesus in das Boot des Petrus und sagte: „Würdest du ein Stückchen vom Ufer wegfahren, Petrus?"
Petrus erfüllte gern den Wunsch seines Herrn.
Nun konnten ihn alle gut sehen und gut hören. Und die Menschen saßen ganz still und lauschten am Ufer des Sees.
Darüber wurde es Mittag. Und es wurde warm. Die Sonne brannte vom Himmel herunter.
Da sprach Jesus zu Petrus: „Fahr nun auf den See hinaus und wirf dein Netz ins Wasser. Dann werden wir Fische fangen."
Petrus sah ihn erstaunt an. Jetzt? Mitten am Tag? Das war keine gute Zeit zum Fischen.
Petrus sagte: „Meister, wir haben die ganze Nacht gefischt und haben überhaupt nichts gefangen."
Aber auf einmal dachte er daran, daß es der Herr war, der zu ihm sprach. Darum fuhr Petrus fort: „Doch weil du es sagst, werde ich es tun."
Dann steuerte er sein Schiff auf den See hinaus, und dort warfen sie noch einmal das Netz aus.
Sie warteten eine Weile, und Petrus dachte: Jetzt sollen Fische ins Netz gehen? Das ist doch unmöglich.

Aber wie sehr täuschte er sich! Denn als sie das Netz wieder ins Schiff ziehen wollten, konnten sie es nicht, so schwer war es. Es war so voller Fische, daß es zerriß.
Wie sollten sie nun all die Fische ins Boot bekommen?
Zum Glück waren Jakobus und Johannes mit ihrem Schiff in der Nähe. Die riefen sie schnell herbei. Alle zusammen zogen sie das Netz aus dem Wasser und warfen die Fische in die Boote. Die beiden Schiffe wurden voll mit Fischen, so voll, daß sie beinahe sanken.
Als Petrus das sah, schämte er sich sehr. Denn er hatte ja gedacht, daß sie nichts

fangen würden. Er hatte dem Herrn Jesus eigentlich nicht geglaubt.
Wie schlecht bin ich doch, dachte Petrus. Und wie weise und mächtig ist Jesus! Ich bin zu schlecht, um sein Freund zu sein!
Da fiel er nieder auf die Knie und sagte: „Ach Herr, geh fort von mir! Laß mich allein, denn ich bin ein sündiger Mensch."
Aber Jesus erwiderte freundlich: „Sei nur beruhigt, du mußt nur das schöne Werk lernen, die Menschen froh zu machen."
Da liebte Petrus den Herrn Jesus noch viel mehr.

## *EIN ARMER KRANKER MANN*

Es war einmal ein sehr unglücklicher Mann. Er wohnte ganz allein in einer Hütte, irgendwo draußen vor der Stadt auf dem Feld. Er mußte dort wohnen. Die Menschen hatten ihn dorthin getrieben, denn alle Leute ekelten sich vor ihm.
Er hatte eine gefährliche Krankheit. Er war aussätzig. Sein Kopf war voll von ekligen Geschwüren. Und seine Hände und seine Füße ebenfalls. Sein ganzer Körper war krank. Und wenn man ihn berührte, konnte man die gefährliche Krankheit auch leicht bekommen.
Darum kam niemand in seine Nähe. Einige Menschen mußten ihm zwar etwas zu essen bringen, aber das setzten sie in der Nähe seiner Hütte ab und liefen dann schnell wieder weg.
Andere Menschen begegneten ihm, wenn er den Weg ein Stückchen entlanghumpelte. Dann hörten sie ihn rufen: „Aussätzig, aussätzig!" Das mußte der Mann rufen, um die Menschen zu warnen. Dann machten die Leute einen großen Bogen um ihn. Und sie dachten: Was tut der eklige Mann da auf dem Weg?
Der arme Mann war so unglücklich. Er hatte immer Schmerzen, an den Händen, an den Füßen, überall. Niemand konnte ihm helfen. Und alle Menschen waren dabei böse und unfreundlich zu ihm.

Doch eines Tages kam Jesus in die Nähe der Stadt.
Der arme Mann kannte Jesus nicht, aber er hörte, daß die Menschen viel über ihn redeten. Die Menschen nämlich, die ihm zu essen brachten und jene, die auf dem Weg vorbeigingen.
„Der Herr Jesus kann alles", sagten sie. „Er macht alle kranken Menschen wieder gesund."
Als der kranke Mann das hörte, dachte er: Dann muß ich zu Jesus. Dann kann er auch mich wieder gesund machen.
Er ging sogleich los, um Jesus zu suchen. Er humpelte auf seinen kranken Füßen den Weg entlang so schnell er nur konnte. Wenn Leute herankamen, rief er: „Aussätzig, aussätzig!"
Und dann machten die Menschen einen Bogen um ihn und sahen ihn unfreundlich an. Sie ekelten sich alle vor ihm.
Der arme Mann dachte: Hoffentlich ekelt sich nicht auch Jesus vor mir! Hoffentlich jagt er mich nicht fort! Wenn er mich nur gesund machen will!
Und da traute er sich fast nicht mehr weiter.
Sollte er wieder zurückgehen und wieder in seine Hütte kriechen und immer Schmerzen haben und traurig sein? Nein,

er mußte weiter, denn Jesus konnte ihn gesund machen. Wenn er es wollte!
Da humpelte der Mann hastig weiter. Er suchte und schaute überall umher. Endlich sah er Jesus. Eine große Menschenmenge war bei ihm.
Da lief der Mann, so schnell er konnte, auf Jesus zu. Die Menschen sprangen erschreckt zurück, als sie ihn sahen. Sie riefen zornig: „Geh doch weg! Was tust du hier?"
Aber der Mann war schon bei Jesus. Er fiel vor ihm nieder auf die Knie und streckte seine schmerzenden Hände nach ihm aus und rief: „O Herr, willst du mich bitte wieder gesund machen? Du kannst es, wenn du nur willst."
Und Jesus jagte den Mann nicht fort. Er hatte keine Angst vor den ekligen Geschwüren. Er hatte Mitleid mit dem armen Mann.
Er ging auf ihn zu. Die Menschen erschraken darüber sehr, denn er legte seine Hände leicht auf den wunden Kopf und sprach: „Ich will, daß du gesund wirst."
Und sieh, mit einem Mal waren die Geschwüre fort.
Und fort waren alle Schmerzen!
Der Mann war wieder ganz und gar gesund.
Er weinte vor Freude.
Er wußte nicht, wie er Jesus danken sollte.
Aber Jesus ging schon wieder weiter. Es waren noch so viele arme, unglückliche Menschen da, die auf ihn warteten.
Der Mann kehrte nach Hause zurück.
Nein, nicht wieder in die häßliche Hütte.
Er ging in die Stadt, in sein Haus, in dem er früher gewohnt hatte, als er noch nicht krank war. Er durfte wieder überall hingehen. Er brauchte nicht mehr zu rufen: „Aussätzig, aussätzig", um die Menschen zu warnen. Und keiner war mehr unfreundlich zu ihm.
Noch vor kurzer Zeit war er so unglücklich gewesen!
Aber nun war er ein starker, fröhlicher Mann geworden.
Das hatte Jesus getan.

## *DER MANN, DER GELÄHMT WAR*

Es gingen vier Männer die Straße entlang. Sie trugen eine Decke. Und auf der Decke lag ein Mann.
Der Mann konnte nicht gehen. Er konnte nicht einmal seine Füße bewegen. Und seine Hände auch nicht. Er konnte nichts tun. Er war gelähmt.
Die Decke war sein Bett. Darauf mußte er immer liegen, der arme Mann. Und wenn es Zeit zum Essen war, mußte er gefüttert werden wie ein Kind.
Aber daß sein Körper krank war, war nicht einmal das schlimmste.
Das Herz des Mannes war auch krank. Er hatte so viel Böses in seinem Leben getan. Nun fürchtete er sich vor Gott. Er dachte, daß Gott böse auf ihn sei und ihm seine Sünden nicht vergeben werde.

Aber nun war Jesus in die Stadt gekommen, und zu ihm brachten seine vier Freunde den armen Mann.
Sie sagten: „Nur Jesus kann dir helfen. Er wird dich sicher wieder gesund machen."

Doch Jesus war in einem Haus. Und es standen so viele Menschen da, die zu ihm wollten. Das ganze Haus war schon voll, der Flur war auch schon voll. Und an der Tür stand auch noch eine große Menschenmenge und drängte hinein. Niemand wollte ein bißchen zur Seite rücken.

All die Menschen wollten zu Jesus.

Wie sollten die vier Männer nun mit ihrem kranken Freund zu ihm kommen?

Sollten sie etwa wieder nach Hause gehen und ihren Freund auf sein Krankenbett zurückbringen?

Nein, das wollten sie nicht.

Sie wollten ihren Freund zu Jesus bringen.

Und plötzlich fiel ihnen etwas ein. Sie hatten einen guten Plan. An der Wand des Hauses war eine Treppe. Wenn man die hinaufging, kam man aufs Dach. Es war ein flaches Dach, auf dem man gehen konnte wie auf einem gewöhnlichen Fußboden.

Da trugen die vier Männer ihren Freund vorsichtig die Treppe hinauf und legten ihn aufs Dach. Und dann machten sie ein Loch ins Dach und sahen hindurch nach unten. Jetzt konnten sie ohne weiteres ins Haus schauen. Ja, da sahen sie Jesus. Er stand im Haus und sprach. Er erzählte den Menschen etwas. Da machten die vier Männer das Loch noch größer, so groß, daß ihr Freund hindurch konnte. Sie knüpften vier starke Stricke an die vier Ecken der Decke.

„Achtung!“ riefen sie.

Und dann ließen sie ihren Freund nach unten gleiten. Sie hielten die Stricke gut fest, und der kranke Mann glitt ganz langsam nach unten. Tiefer, immer tiefer, und direkt vor Jesus kam er ganz sachte auf den Boden.

Da lag er nun. Er hatte so viel zu fragen, aber er wagte nicht, etwas zu sagen. Er sah Jesus nur an.

Jesus merkte genau, wie unglücklich der Mann war. Er sah den kranken Körper, aber auch das kranke Herz.

Und dann sprach er: „Fürchte dich nicht, denn deine Sünden sind dir vergeben.“

Wie froh wurde der Mann da! Gott war nicht mehr böse auf ihn. Sein krankes Herz war gesundet.

Aber dann sprach Jesus auch noch: „Steh auf, nimm dein Bett und geh in dein Haus.“

Und sieh, da war auch der Körper des Mannes wieder gesund. Er konnte seine Beine wieder bewegen und auch seine Hände. Er war wieder ein starker, gesunder Mann geworden. Er stand auf und nahm die Decke über die Schulter.

Und er lachte und jubelte und rief: „O Herr, ich danke dir! Wie glücklich bin ich jetzt!“

Die Menschen, die dabei standen, trauten ihren Augen nicht.

Sie sagten zueinander: „Ein solch großes Wunder haben wir noch nie gesehen. Wie mächtig ist doch der Herr und wie gut!“

## *DER JÜNGLING ZU NAIN*

Jesus kam mit seinen Jüngern eines Tages in eine Stadt, die hieß Nain. Um die Stadt war eine Mauer, aber in der Mauer war eine große Tür. Das war das Tor.

Und aus dem Tor kam eine große Men-

schenmenge heráus. Es war ein langer Zug und auch ein sehr trauriger Zug.
Denn es war eine Beerdigung.
Eine alte Mutter war auch dabei. Die weinte sehr.
Denn es war ihr Sohn, der begraben werden sollte. Ihr einziger Sohn! Ihr lieber Junge war tot. Er lag auf einer Bahre, und vier Männer trugen ihn fort.
Er lag still und bleich da. Er sah aus, als schliefe er. Aber er würde nie wieder aufwachen. Er würde nie wieder „Mutter“ sagen. Er konnte nicht mehr sprechen und nicht mehr hören und nicht mehr sehen. Und nun sollte er begraben werden in einem dunklen Loch, droben in den Bergen.
Und wenn die alte Mutter nach der Beerdigung wieder nach Hause käme, dann hätte sie niemand mehr, keinen Mann und keine Kinder. Denn ihr Mann war schon früher gestorben. Und andere Kinder hatte sie auch nicht. Dann wäre sie ganz allein. Und wer sollte dann für sie sorgen?
Wer sollte das Brot für sie verdienen? Die arme Frau war so betrübt. Und all die andern Menschen auch. Sie hatten großes Mitleid mit der alten Frau. Und darum gingen sie mit ihr. Aber es gab niemand, der ihr helfen konnte.
Auf einmal sprach eine Stimme: „Weine nicht!“
Die Mutter sah auf. Und alle Menschen sahen auch ganz verwundert auf.
Wer war das, der so sprach?

Es war Jesus. Er hatte auch Mitleid mit der alten Mutter. Mehr als alle andern.

Er ging auf die Bahre zu und legte seine Hand darauf.
Die Träger blieben stehen. Und all die andern Menschen blieben auch stehen und sahen erstaunt auf.
Was wollte Jesus?
Er sah auf den jungen Mann, der auf der Bahre lag. Der war tot.
Der konnte nicht mehr hören und nicht mehr sehen.
Und der Herr sprach: „Jüngling, ich sage dir, stehe auf!"
Und sieh, das hörte der Tote!
Als Jesus zu ihm sprach, hörte er auf einmal wieder.
Er schlug seine Augen auf und setzte sich aufrecht und begann zu reden. Und Jesus nahm ihn bei der Hand und brachte ihn zu seiner Mutter.
Die alte Mutter flog auf ihren Jungen zu. Sie umschlang ihn mit den Armen.
Sie war noch nie so froh gewesen. Sie hatte ihren Sohn wieder. Sie konnte es fast nicht glauben, aber es war doch wahr.
Er war tot gewesen, aber Jesus hatte ihn wieder lebendig gemacht.

Alle Menschen dachten: Wie gut ist Gott zu uns, daß er uns Jesus gesandt hat.
Und im ganzen Land erzählten sie, wie mächtig Jesus wäre.
Und daß er sogar einen Toten wieder lebendig gemacht hätte.

*IN SICHERER HUT*

Wieder einmal kam Jesus an den See. Da waren so viele traurige Menschen, die er alle froh machen wollte.
Er redete mit den Menschen. Er erzählte ihnen von Gott, der sie liebhatte. Er machte die Kranken gesund und setzte sich auch wieder in das Schiff des Petrus, um zu den Menschen zu sprechen.
Als es aber Abend wurde, war Jesus müde von all seiner Arbeit. Und immer noch kamen Menschen zu ihm. Die wußten nicht, daß Jesus so müde war. Sie ließen ihm keine Ruhe.
Da sprach der Herr zu Petrus: „Wir wollen ans andere Ufer des Sees segeln."
An dem gegenüberliegenden Ufer des Sees wohnten keine Menschen. Dort gab es nur Berge. Dort konnte Jesus sich gut ausruhen.

Das Schiff fuhr auf den großen See hinaus. Jesus legte sich hinten im Schiff zum Schlafen nieder, mit dem Kopf auf einem Kissen. Und die Jünger sprachen ganz leise, um ihn nicht aufzuwecken.
Anfangs war es sehr schönes Wetter. Ein ruhiger, stiller Abend. Die Sterne schienen am hohen Himmel. Der Wind blies ganz leicht ins Segel und trieb das Schiff vorwärts. Und die Wellen schlugen leise gegen das Schiff, als wollten sie mit ihm spielen.
Als sie aber mitten auf dem See waren, wurde es anders.
Die Sterne verschwanden. Der ganze Himmel verfinsterte sich. Und der Wind begann kräftig zu wehen. Die kleinen Wellen wurden riesengroß.
Die Wellen spielten nicht mehr mit dem Schiff, sie schlugen dagegen, als wollten sie mit ihm kämpfen. Als wollten sie das arme Schiff entzweischlagen.
Und der Wind packte das Schiff und schob es vor sich her. Dann jagte der Wind das Schiff über den See. Und das kleine Schiff tanzte auf den Wogen auf und nieder und schlug fast um.
Die Jünger bekamen Angst, denn die Wellen schlugen oft über das Schiff hinweg. Es war zuweilen fast ganz unter Wasser. Es sah beinahe aus, als würde es gleich sinken. Dann mußten sie alle ertrinken in dem tiefen Wasser.
Und was war mit Jesus?
Wo war er?
Lag er immer noch hinten im Schiff und schlief? War es ihm gleichgültig, daß sie alle ertrinken mußten?

Die Jünger gingen zu ihm. Sie weckten ihn und riefen: „O Meister, hilf uns doch! Meister, wir ertrinken! Ist es dir einerlei, wenn wir alle ertrinken?"
Da wachte Jesus auf. Er hörte den Wind heulen und die Wogen brausen, aber er erschrak überhaupt nicht.
Er fragte: „Warum seid ihr denn so ängstlich? Ich werde euch doch nicht ertrinken lassen!"
Dann stand er auf. Er stand aufrecht im Schiff und schaute den See und den Wind befehlend an.
Er sprach: „Still, Wind! Still, See! Schweigt, sage ich euch!"
Und sieh, da wurde es auf einmal still, wunderbar still. Der Wind wagte nicht mehr zu wehen. Und die Wellen wagten nicht mehr, gegen das Schiff zu schlagen.

Sie legten sich gehorsam vor Jesus nieder. Sie mußten alles tun, was er sagte.
Dann fragte Jesus die Jünger: „Seht ihr nun, daß ihr bei mir immer sicher seid?"
Die Jünger wagten nicht, etwas zu sagen. Sie schämten sich so.
Und als sie weiterfuhren über den schönen, stillen See, flüsterten sie einander zu: „Wie ist es nur möglich, daß sogar der Wind und die Wellen ihm gehorchen?"
Und sie dachten: Wir brauchen nie Angst zu haben, wenn der Herr bei uns ist.

## *DAS TÖCHTERLEIN DES JAIRUS*

In Kapernaum wohnten ein Vater und eine Mutter. Die hatten nur ein Kind, ein Mädchen von ungefähr zwölf Jahren. Der Vater hieß Jairus.
Kapernaum war eine Stadt in der Nähe des Sees. Jairus wohnte in einem großen Haus, denn er war ein reicher Mann. Er liebte seine Frau und seine Tochter sehr.
Eines Tages aber wurde das Mädchen krank. So krank, daß es nicht wieder gesund werden konnte.
Es lag bleich und still in seinem Bett. Es war sehr schwach und konnte fast nicht mehr sprechen.
Der Arzt sagte zu Jairus: „Deine Tochter wird bald sterben. Ihr kann niemand mehr helfen."
Wie schrecklich war das! Vater und Mutter wußten sich vor Kummer keinen Rat mehr, denn es war ihr einziges Kind, und sie liebten es sehr. Wenn ihr Mädchen sterben sollte, wäre alle ihre Freude dahin.
Aber da dachte der Vater an Jesus. Der könnte sein liebes Mädchen sicher wieder gesund machen.
Jesus war ganz in der Nähe. Er war am See. Wenn er doch nur bald käme, bevor das Mädchen sterben, bevor es zu spät sein würde!
Der Vater stürzte aus der Tür und lief schnell durch die Straßen, bis er an den See kam. Da sah er eine große Menschenmenge. Und mitten unter den Menschen war Jesus.
Der Vater zwängte sich zwischen den Menschen hindurch und fiel vor Jesus nieder auf die Knie und rief: „O Meister, komm doch bitte sofort mit mir! Mein Töchterchen ist sehr krank. Es kann jeden Augenblick sterben. Nur du kannst es wieder gesund machen. Wenn du die Hand auf seinen Kopf legst, wird es wieder besser mit ihm werden."
Jesus ging gleich mit Jairus mit. Aber sie kamen nur langsam voran, denn es waren so viele Menschen da, die alle mitwollten. Sie mußten sich zwischen den Menschen hindurchzwängen. Es dauerte sehr lange, bis sie da waren!
Und dann kam auch noch eine kranke Frau hinter Jesus her, die gern wieder gesund werden wollte. Mit der sprach Jesus ein Weilchen, und da dauerte es noch viel länger.
Oh, oh, dachte Jairus, wenn wir jetzt nur nicht zu spät kommen!
Aber es war schon zu spät. Ein Diener des Jairus kam herbeigelaufen. Der sah traurig drein und sagte: „Deine Tochter ist schon gestorben. Jesus braucht nicht mehr zu kommen. Jetzt kann er doch nicht mehr helfen!"

Aber Jesus sprach: „Hab keine Angst, Jairus. Glaube nur, daß ich noch helfen kann!"
Da war Jairus nicht mehr so traurig. Er glaubte dem Herrn und dachte: Wie es geschehen soll, weiß ich nicht, aber Jesus kann machen, daß doch noch alles gut wird.
Sie kamen zum Haus des Jairus.
Die Menschen mußten draußen bleiben. Auch die meisten Jünger. Nur drei Jünger durften mit hineingehen: Petrus, Jakobus und Johannes.
Aber im Haus waren schon viele Menschen. Die hatten bereits gehört, daß das Mädchen tot war. Sie standen alle umher und weinten und jammerten.
Jesus sprach: „Warum steht ihr hier und weint? Das Kind ist nicht gestorben, es schläft!"

Jesus schickte sie alle hinaus.
Nun wurde es im Haus ganz still.
Jesus aber ging in das Zimmer. Nur die drei Jünger durften mit. Und der Vater und die Mutter auch.
Da lag das Mädchen in seinem Bett. Seine Augen waren geschlossen. Es sah aus, als schliefe es.
So hatte es morgens auch immer gelegen, wenn die Mutter es weckte. Dann hatte die Mutter gesagt: „Töchterchen, du mußt aufstehen." Und dann hatte es die Augen aufgeschlagen.
Aber nun war es tot. Es atmete nicht mehr, und sein Herz schlug nicht mehr. Nun würde es nicht mehr hören, wenn die Mutter es rief.
Doch als Jesus es rief, da hörte es das Mädchen sogleich.
Jesus nahm es bei der Hand und sprach freundlich: „Mägdlein, ich sage dir, stehe auf."
Und siehe da, ihre Augen öffneten sich. Ihr Herz begann wieder zu schlagen.
Das Mädchen setzte sich hin, stand auf und ging durch das Zimmer zu seiner Mutter.
Es war nicht mehr tot. Es war auch nicht mehr krank. Jesus hatte es wieder ganz gesund gemacht.
Die Mutter eilte auf ihre Tochter zu und schloß sie froh in die Arme. Der Vater kam auch herbei, um sie zu küssen.
Aber Jesus sprach: „Ihr müßt ihr zuerst etwas zu essen geben."
So sorgte er für das Kind!
Er hatte alles gut gemacht.

Wenn auch du noch so großen Kummer hast, Jesus kann alles wieder gutmachen.

## *DAS BROTWUNDER*

Jesus war in den Bergen am gegenüberliegenden Ufer des Sees, und seine Jünger waren bei ihm.
Sie waren mit dem Schiff des Petrus dorthin gefahren, um eine Weile auszuruhen. Denn sie waren alle sehr müde von der Arbeit.
Doch die Menschen hatten gesehen, wohin Jesus gefahren war. Und so kamen sie doch wieder zu ihm. Sie hatten auch Kranke bei sich und wollten gern, daß der Herr sie wieder gesund machte.
Es kamen immer mehr Menschen herbeigeeilt, an die fünftausend. Was wollte Jesus da machen?
Sollte er all die Menschen fortschicken?
Sollte er sagen: Geht nach Hause, ich bin so müde?
Nein, das tat er nicht!
Jesus hat nie jemand weggeschickt, der ihn brauchte.
Er ging wieder ans Werk. Er redete mit den Menschen, um sie froh zu machen. Und er heilte auch alle ihre Kranken.

Aber dann begann es Abend zu werden. Die Sonne stand schon tief am Himmel. Noch ein Weilchen, dann würde es dunkel sein.
Wo sollten dann all die Menschen bleiben? Wo sollten sie etwas zu essen finden? Denn hier waren keine Häuser. Hier konnte man nichts zu essen kaufen. Da mußte man erst ein gutes Stück laufen, bis man in ein Dorf oder in eine Stadt kam.
Die Menschen dachten nicht ans Essen. Sie saßen still und hörten Jesus zu. Und

es sah so aus, als dächte Jesus auch nicht daran.
Die Jünger kamen zu ihm und sagten: „Schick die Menschen jetzt weg, dann können sie fortgehen und sich etwas zu essen kaufen."
Aber das war dumm, denn es gab ja keine Läden in der Nähe.
Und es waren so viele arme Menschen darunter, die kein Geld hatten. Sollten sie etwa Hunger leiden?
Der Herr sprach: „Ihr müßt ihnen zu essen geben."
Die Jünger sahen ihn verwundert an. Sollten sie all den Menschen zu essen geben? Das konnten sie ja gar nicht! Es waren viel zuviel Menschen da.
Aber Jesus sprach: „Seht einmal nach, wieviel Brote da sind."
Da machten sich die Jünger auf die Suche und fanden einen Jungen, der auch hergelaufen war und der einen Korb bei sich trug mit fünf Broten und zwei Fischen.
Aber das war ja längst nicht genug.
Die Jünger kamen wieder und sagten: „Es sind nur fünf Brote da und zwei Fische."
Der Herr erwiderte: „Bringt sie mir her!"
Das taten sie. Der Junge war gern damit einverstanden.
Der Herr sprach: „Nun sollen sich alle Menschen ins Gras setzen."
Dann nahm er die fünf kleinen Brote und die zwei kleinen Fische und legte sie vor sich hin.
Er schaute auf zum Himmel und dankte seinem Vater für das Brot und für den Fisch. Er breitete seine Hände über das Essen und segnete es.
Da geschah ein ganz großes Wunder. Jesus nahm die Brote und brach sie in Stücke. Und die Fische auch. Die Stücke tat er in einen Korb. Er füllte den ganzen Korb. Und dann noch einen Korb. Und noch einen. Und noch ganz viele.
Die Jünger brachten die Körbe zu den Menschen.
Körbe voll Brot und Körbe voll Fisch.
Die Menschen konnten essen soviel sie wollten. Aber woher kam all das herrliche Essen?
Es kam alles aus den Händen des Herrn Jesus. Die hatten das große Wunder getan.
Als alle Menschen genug gegessen hatten, sprach der Herr: „Geht nun und lest die Brocken auf, die übriggeblieben sind, denn es darf nichts verlorengehen. Mit Brot müßt ihr immer achtsam umgehen."
Und die Jünger sammelten alles ein.
Und wieviel war es?
Zwölf Körbe voll waren übriggeblieben. Nun war noch viel mehr da als zu Anfang. Und doch hatten so viele Menschen davon gegessen. An die fünftausend! Und alle waren satt geworden.

Die Menschen konnten es fast nicht glauben, daß Jesus so mächtig war.
Sie sagten: „Jesus kann alles. Er ist der Heiland. Wißt ihr, was wir tun müssen? Wir müssen ihn zum König machen. Dann muß er in einem schönen Palast wohnen und alle unsere Feinde fortjagen. Denn das kann er bestimmt auch. Kämpfen kann er sicher auch. O ja, Jesus muß unser König sein."
Aber das wollte Jesus nicht. Er wollte kein König des Krieges sein.
Erst später, wenn sein Werk auf Erden

vollendet sein würde, dann wollte er König werden.
Kein König, der Krieg machte, sondern ein Friedenskönig! Und kein König, der über ein Königreich auf Erden herrschte, sondern über das Königreich der Himmel.

Da schickte er die Menschen alle fort, weil sie ihn zum König machen wollten. Und die Jünger schickte er auch fort.
Er sprach: „Geht in das Schiff und fahrt zum andern Ufer des Sees hinüber. Ich komme später nach."
Die Jünger taten es nicht gern, aber sie mußten es. Sie mußten dem Herrn gehorchen.
Jesus blieb allein zurück.
Es wurde dunkel und still.
Es wurde Nacht.

Da stieg Jesus auf einen Berg und kniete dort nieder.

Er betete. Er sprach mit seinem Vater im Himmel.

## *JESUS WANDELT AUF DEM SEE*

Es fuhr ein Schiff auf dem See. In dem Schiff saßen zwölf Männer.
Es waren die Jünger des Herrn.
Er hatte sie weggeschickt und hatte gesagt: „Fahrt zum andern Ufer hinüber. Ich komme später nach." Die Jünger wären lieber nicht gefahren. Sie wollten lieber bei Jesus bleiben, aber sie mußten gehorchen.
Als sie fortgingen, war es Abend. Nun war es Nacht geworden. Es war dunkel. Dabei mußten sie gegen den Wind fahren.
Sie mußten angestrengt rudern, um vorwärtszukommen.

Der Wind begann immer heftiger zu wehen. Die Jünger ruderten so fest sie nur konnten und kamen doch nicht vorwärts. Sie konnten nicht vorankommen! Der Wind und die Wellen standen ihnen entgegen.

Die hohen Wellen klatschten gegen die Schiffswand, und das kleine Schiff krachte in allen Fugen. Es tanzte und schlingerte wie toll auf den hohen Wellen des Sees. Es konnte leicht in Stücke geschlagen werden. Und dann? Mußten sie dann alle ertrinken?

Da bekamen die Jünger große Angst.

Sie dachten: Nun sind wir ganz allein mitten auf dem gefährlichen See. Nun ist der Herr Jesus nicht bei uns wie beim letzten Mal, als es auch so schlimm war. Jetzt kann er uns nicht helfen. Er weiß nicht einmal, wie schlimm es um uns steht. Er sieht uns nicht. Nun müssen wir vielleicht alle ertrinken.

Aber Jesus wußte es doch.

Er sah seine Jünger wohl.

Er war noch in den Bergen, ganz allein in der Dunkelheit. Er war auf einen Berg gestiegen, um dort zu beten.

Aber er hatte seine Jünger nicht vergessen und sah sie auch im Dunkeln.

Er sah, wie mühsam sie ruderten, um das Schiff vorwärtszubringen. Er sah auch, wie ängstlich sie waren und wie sehr sie ihn herbeisehnten. Und da ging er zu ihnen.

Nicht mit einem Schiff!

Das war nicht nötig.

Das Wasser konnte den Herrn Jesus nicht aufhalten.

Es mußte ihm gehorchen.

Jesus sprach: „Wasser, du mußt mich tragen.“ Und da trug es ihn.

Jesus ging über das Wasser zum Schiff seiner Jünger.

Sie ruderten und ruderten und hatten solche Angst vor dem Ertrinken. Und da sahen sie auf einmal etwas Weißes, das auf dem Wasser ging.

Sie erschraken sehr darüber.

„Ein Gespenst, ein Gespenst!“ riefen sie.

Aber da hörten sie die Stimme des Herrn. Die sprach: „Erschreckt nicht, denn ich bin es.“

Wie froh wurden sie da! Ihr Herr kam wieder zu ihnen. Er hatte sie nicht vergessen!

Petrus rief: „Herr, bist du es? Darf ich zu dir kommen? Darf ich auch auf dem Wasser gehen?“

Und der Herr antwortete: „Komm!“

Da stieg Petrus aus dem Schiff und setzte seine Füße aufs Wasser. Und siehe da, das Wasser trug auch ihn. Er sank nicht unter. Er lief übers Wasser auf Jesus zu. Und er hatte überhaupt keine Angst, denn er sah auf Jesus und wußte, daß er für ihn sorgen würde.

Aber der Wind wehte so heftig, und die Wellen schäumten so unter seinen Füßen! Das Wasser war so finster und so tief!

Als Petrus das sah, bekam er doch Angst.

Er vergaß den Herrn.

Und plötzlich sank er in die Tiefe. „Herr, hilf mir!“ rief Petrus.

Aber Jesus faßte ihn bei der Hand. Er zog Petrus aus dem Wasser und sprach: „Kleingläubiger, warum hast du mich vergessen?“

Mit Petrus an der Hand ging er zum Schiff.

Und dann stiegen beide ein. Und siehe da – es war so wundersam – auf einmal wurde es ganz still!
Der Wind wehte nicht mehr.
Die Wellen schlugen nicht mehr gegen das Schiff.
Der Wind und die Wellen wußten, wer nun im Schiff war.
Und die Jünger wußten es auch.
Sie fielen vor Jesus auf die Knie nieder und sagten ganz andächtig: „O Herr, wie mächtig bist du! Du bist der Sohn Gottes, und du kannst immer für uns sorgen."
Ja, nun wußten sie es genau.

Ja, wenn der Herr dein Freund ist, dann bist du immer sicher. Dann brauchst du nie mehr Angst zu haben.

## *DER MANN, DER NICHT VERGEBEN WOLLTE*

Wenn dir ein anderes Kind etwas Böses getan hat, was tust du dann?
Schlägst du dann gleich wieder zurück? Schimpfst du den andern aus und sagst häßliche Dinge? Tust du dem andern möglichst viel zuleide?

Das tut Jesus nie. Wenn wir ihm Kummer bereiten, vergibt er es uns immer wieder. Er will uns trotz allem bei sich im Himmel haben.
Er hat gesagt: „Ihr müßt genauso handeln wie ich. Ihr müßt einander das Böse auch vergeben. Denn wenn ihr das nicht tut, dann wird Gott es auch nicht tun.

Dann vergibt er euch das Böse auch nicht."
Und dazu hat er eine Geschichte erzählt!

Es war einmal ein König. Der hatte viele Knechte. Und einer der Knechte mußte ihm viel, viel Geld bezahlen. Fast einen ganzen Wagen voll.
Eines Tages ließ ihn der König zu sich kommen.
Der König sagte: „Gib mir jetzt all das Geld zurück, das ich noch von dir zu bekommen habe."
Da wurde der Knecht sehr ängstlich und verlegen, denn er hatte kein Geld mehr. Er konnte die Schuld nicht zurückzahlen.
Der König sagte: „Dann werft ihn ins Gefängnis!"
Wie erschrak da der Knecht! Er fiel vor dem König auf die Knie. Er weinte und rief: „O König, hab doch Mitleid mit mir! Steck mich bitte nicht ins Gefängnis! Ich werde dir auch später alles zurückzahlen!"
Ach, er würde es ja nie ganz bezahlen können. Es war viel zuviel. Aber der König war ein guter König. Er hatte Mitleid mit dem weinenden Knecht und sagte: „Geh nach Hause. Du brauchst mir überhaupt nichts mehr zu zahlen. Ich habe dir alle Schulden erlassen."
Wie glücklich war da der Knecht! Er ging fröhlich aus dem Palast des Königs. Er hätte springen und tanzen mögen vor Freude. Nun brauchte er nicht ins Gefängnis und brauchte nichts mehr zu zahlen. Wie gut war doch der König zu ihm gewesen!
Als er aber auf die Straße kam, sah er einen andern Knecht des Königs daherkommen, der ihm noch Geld schuldete. Nicht viel, nur eine Handvoll. Aber bezahlen mußte er es doch.
Der erste Knecht sprang auf den andern zu, packte ihn am Arm und sagte: „Nun hab' ich dich! Wirst du mir mal gleich das Geld zurückzahlen, das ich noch von dir zu bekommen habe? Sonst lasse ich dich ins Gefängnis werfen."
Da wurde dem zweiten Knecht ganz angst und bange.
Er fiel auf die Knie und weinte und rief: „Ach, hab doch Mitleid mit mir! Ich werde es dir ganz bestimmt zurückzahlen. Laß mir noch ein wenig Zeit. Ich habe es jetzt nicht, aber wirf mich nicht ins Gefängnis!"
Aber der erste Knecht hatte kein Mitleid. Der König war so gut zu ihm gewesen, doch er war nicht gut zu dem andern.
Er schleppte den Mitknecht über die Straße und ließ ihn dort ins Gefängnis werfen.
Der König hatte dem ersten Knecht alle Schuld erlassen, der aber wollte seinem Mitknecht nichts erlassen.
Doch die Menschen auf der Straße hatten alles gesehen.
Sie gingen zum König und erzählten ihm, was geschehen war.
Wie böse wurde da der gute König! Er ließ den ersten Knecht noch einmal zu sich kommen und sagte: „Du schlechter, du böser Knecht! Ich habe dir alles erlassen. Mußtest du da nicht auch dem andern alles erlassen?"
Nun konnte der Mann weinen, soviel er wollte, der König hatte mit ihm kein Mitleid mehr. Nun wurde auch er ins Gefängnis geworfen.
Das war gut, nicht wahr?

Und als Jesus diese Geschichte erzählt hatte, sprach er: „So wird mein Vater im Himmel auch mit euch tun, wenn ihr einem anderen nicht alles vergebt!“
Hast du die Geschichte auch richtig verstanden?
Was mußt du tun, wenn dir ein anderes Kind Böses getan hat?

## *DER GUTE HIRTE*

Es war einmal ein Schäfchen, das hieß Lämmchen.
Lämmchen wohnte in einem Stall. Dort wohnten noch viel mehr Schafe, wohl an die hundert. Das war eine ganze Menge, eine große Herde.
Während der Nacht war die Tür des Stalls verschlossen. Dann schliefen alle Schafe im warmen Stroh.
Und wenn es Morgen wurde, dann kam der gute Hirte. Er öffnete die Tür des Stalles. Er rief alle Schafe beim Namen: „Komm, Schwarzköpfchen! Komm, Hängeöhrchen!“
Er sagte auch: „Komm, Lämmchen!“
Und die Schafe kannten den guten Hirten genau. Sie kannten seine Stimme. Sie kamen alle nach draußen!

Der gute Hirte sagte: „Nur immer schön dicht bei mir geblieben!“ Dann zogen sie zusammen los.

Der gute Hirte ging voraus. Die Schafe liefen hinter ihm her. Es ging an tiefen Schluchten vorbei und über hohe Berge. Es ging auch über ganz schmale Pfade. Der Weg war oft gefährlich.

Aber die Schafe blieben dicht beim guten Hirten, und dann ging auch alles gut. Sie konnten sich nicht verlaufen. Der gute Hirte wußte den Weg. Und nach einer Weile kamen sie auf die Weide.

Dort war es herrlich. Dort wuchs saftiges Gras. Die Schafe durften fressen soviel sie wollten, aber sie durften nicht fortlaufen. Dann rief der gute Hirte sie zurück. Er hütete die Schafe gut.

Einmal war Lämmchen ein wenig vom Weg abgekommen. Da kam ein wildes Tier herangeschlichen. Das lauerte Lämmchen auf. Das wollte das kleine Schaf packen und auffressen.

Aber der gute Hirte sah es wohl. Und da kam er schnell herbeigelaufen. Er hatte keine Angst vor dem gefährlichen Tier. Er jagte es mit seinem Stab fort.

Und er sagte zu Lämmchen: „Bleib immer ganz dicht bei mir! Bei mir bist du immer sicher!“

Aber Lämmchen war ein dummes und ungehorsames Schäfchen. Es hatte das wilde Tier schnell vergessen und dachte: Ich kann gut auf mich selbst aufpassen. Ich bin schon groß genug.

Und da lief das Schäfchen wieder fort. Es ging seinen eigenen Weg. Es dachte nicht mehr an die Herde. Und so kam es immer mehr von der Herde und vom guten Hirten ab.

Darüber wurde es Abend. Und da wollte Lämmchen wieder zurück.

Es suchte die andern Schafe, aber es konnte sie nirgends finden. Es rief ganz laut, aber es bekam keine Antwort.

Lämmchen bekam große Angst. Denn nun war es ganz allein auf dem weiten dunklen Feld. Und es konnte den guten Hirten nirgends finden. Oh, wie bedauerte es sich nun! Es dachte: Wäre ich nur nie vom guten Hirten fortgelaufen!

Es lief und suchte und irrte umher, aber es war nun ganz finster geworden. Und es waren viele Gruben auf dem Feld. Lämmchen konnte nicht mehr sehen, wohin es lief. Und plötzlich, bums, da fiel es in solch eine Grube.

Da lag das Tierchen nun. Es jammerte und weinte. Es hatte sich seinen Fuß so weh getan.

Lämmchen versuchte aufzustehen, aber es ging nicht. Es rief ganz laut: „Hilfe! Helft mir doch!“ Aber niemand hörte es. Das arme Lämmchen! Kam es nun nie wieder zum guten Hirten?

Der gute Hirte war schon nach Hause gegangen. Er stand am Stall und ließ die Schafe hinein.

Und dabei zählte er sie: „Eins, zwei, drei, vier ..., zwanzig ..., sechzig ..., hundert!“

Nein, es waren keine hundert. Ein Schäfchen war zu wenig. Und dann sah er es: Lämmchen war nicht da.

Der gute Hirte war traurig. Denn er liebte das ungehorsame Lämmchen sehr. Und so müde er auch war nach dem langen Tag, er ging nicht nach Hause, um sich auszuruhen.

Er ging sofort zurück. Er ging wieder aufs dunkle Feld hinaus, um das verlorene Schäfchen zu suchen. Er ging immer weiter, und manchmal blieb er stehen und rief: „Lämmchen!“
Und auf einmal hörte er etwas.
Ein ganz schwaches Stimmchen gab Antwort.
Der gute Hirte lief schnell darauf zu. Und da sah er das verlorene Schäfchen. Es war ein kleiner weißer Fleck in der Dunkelheit.
Wie froh war er da! Er nahm das Tierchen in seine starken Arme und trug es durch die Dunkelheit nach Hause.
Lämmchen legte sein Köpfchen an die Brust des guten Hirten und dachte: Nun bin ich geborgen. Der gute Hirte sorgt für mich. Der liebe, gute Hirte! Ich werde nie wieder fortlaufen! Ich werde nun immer ganz gehorsam sein!
So kamen sie zum Stall. Der gute Hirte legte das Lämmchen ins Stroh. Er gab ihm Wasser gegen den Durst. Er band ein Läppchen um seinen verletzten Fuß. Und dann erst ging er selber fort, um zu essen, zu trinken und zu ruhen.
Und er war sehr froh, weil er sein verlorenes Schäfchen wiedergefunden hatte.

Ist das keine schöne Geschichte?
Das ist auch eine Geschichte, die der Herr Jesus erzählt hat.
Und als er sie erzählt hatte, sprach er noch: „Ich bin der gute Hirte!“
Verstehst du das richtig?
Er ist der gute Hirte, und wir sind seine Schafe. Alle Menschen und alle Kinder, die ihn liebhaben, dürfen seine Schafe sein.
Der gute Hirte sorgt für uns, er behütet uns. Wenn wir ungehorsam sind und von ihm fortlaufen, dann sucht er uns immer wieder. Und er freut sich, wenn er das verlorene Schaf wiedergefunden hat. Der gute Hirte!
Wir wollen immer dicht bei ihm bleiben!
Bei ihm sind wir immer geborgen.
Bei ihm ist es immer gut.

## *DER BARMHERZIGE SAMARITER*

Ein Mann mußte auf Reisen gehen. Er wohnte in Jerusalem und mußte in eine andere Stadt, nach Jericho.
Es war ein unheimlicher Weg, den er entlang mußte. Dort stand kein Haus, dort wohnte kein Mensch. Ringsum gab es nur Hügel und Büsche.
In den Büschen saßen Räuber auf der Lauer. Sie sahen den Mann kommen, und als er nahe heran war, stürzten sie sich auf ihn. Sie ergriffen ihn und nahmen ihm all sein Geld ab und rissen ihm die Kleider vom Leib. Und sie schlugen ihn so lange, bis er zu Boden fiel.
Dann machten sie schnell, daß sie wegkamen.
Da lag der arme Mann nun halbtot am Wegrand. Laufen konnte er nicht mehr. Er wimmerte und dachte: Wenn niemand kommt, der mir hilft, dann muß ich hier wohl sterben.
Als er eine Weile gelegen hatte – stapf, stapf, stapf –, da hörte er jemand herankommen.
Ein Mann in einem weißen Kleid war es. Ein Priester, der im Tempel gebetet hatte,

ein Knecht Gottes. Der würde wohl Mitleid haben mit dem armen Mann. Der würde ihm wohl helfen.
Der arme Mann hob den Kopf ein wenig und rief: „Hilf mir, hilf mir doch!"
Aber der Priester tat so, als hörte er ihn nicht. Er hatte kein Mitleid mit dem Hilflosen. Er ließ ihn achtlos liegen und ging schnell auf der andern Seite des Weges vorüber.
Der unglückliche Mann aber war wieder allein und jammerte und litt.

Aber horch!
Stapf, stapf, stapf ...
Da kam wieder jemand an. Jetzt war es ein Levit, ein Diener des Priesters. Der war auch im Tempel gewesen. Der war auch ein Knecht Gottes. Ob der vielleicht mehr Mitleid hatte?
„Hilf mir, hilf mir!" rief der arme Mann.
Aber der Levit war auch kein guter Knecht Gottes. Der wollte ihm auch nicht helfen. Er schaute nicht einmal hin und ging vorbei wie der Priester.
Der Verletzte war wieder allein. Sein Kopf tat ihm so schrecklich weh und sein ganzer Körper auch. Es wurde immer schlimmer.
Er seufzte. Er wimmerte.
Niemand hatte Mitleid mit ihm. Er dachte: Nun muß ich bestimmt hier sterben!

Aber horch, kam da nicht wieder jemand?
Trappel, trappel, trappel ... machte es. Ein Esel kam langsam daher.
Auf dem Esel saß ein Mann. Ob der wohl helfen würde?
Nein, der tat es sicher nicht. Das war ein Samariter, ein Mann aus einem fremden Land. Ein Feind war es. Der würde lachen und sagen: „Ha, liegst du da? Das geschieht dir recht."
Der arme Mann am Wegrand schloß die Augen und verhielt sich ganz still, damit der Samariter ihn nicht bemerkte.
Aber horch, der Esel blieb stehen. Schritte kamen näher, und eine Stimme sagte: „Ach, armer Mann, was hat man dir getan? Kannst du nicht mehr gehen? Komm, ich werde dir helfen!"
Dann kniete der Samariter bei dem Mann nieder, wusch das Blut ab und legte einen Lappen um den schmerzenden Kopf. Und dann hob er den Verletzten ganz vorsichtig auf und setzte ihn auf seinen Esel und ging selbst nebenher, um aufzupassen, daß der Mann nicht fiel.
Er dachte nicht daran, daß der Mann ein Feind war. Das kümmerte ihn nicht. Er hatte seinen Feind lieb. Er hatte Mitleid mit ihm. Er war ein barmherziger Samariter.
So gingen sie langsam den Weg entlang, bis sie an eine Herberge kamen. Das war ein großes Haus, in dem man schlafen konnte, wenn man auf Reisen war. Aber man mußte Geld dafür bezahlen.
Der Samariter trug den Mann ins Haus, brachte ihn in ein Bett und pflegte ihn und versorgte ihn. Und als er am folgenden Morgen weiter mußte, rief er den Besitzer der Herberge zu sich und gab ihm Geld und sagte: „Das ist für dich, du mußt aber gut für den armen Mann sorgen. Du darfst ihn erst wegschicken, wenn er wieder gesund ist. Und falls du noch mehr Geld brauchst, dann werde ich es dir geben, wenn ich zurückkomme."

Auch diese Geschichte hat der Herr Jesus selbst erzählt.
Und als Jesus sie erzählt hatte, fragte er noch: „Wer von den dreien hat nun getan, was Gott wollte? Der Priester, der Levit oder der Samariter?"
Das war keine schwierige Frage. Die konnten die Menschen leicht beantworten.
Und Jesus sprach: „Dann müßt ihr ebenso tun."

## *DER VERLORENE SOHN*

Ein Vater hatte zwei Söhne. Er wohnte in einem schönen Haus. Denn er war sehr reich. Der Vater sorgte gut für seine Kinder. Er gab beiden schöne Kleider und einen goldenen Ring an den Finger. Er gab auch jedem ein Kamel, auf dem sie reiten konnten.
Der ältere Sohn war ein gehorsamer

Junge, der alle Tage seine Arbeit gut verrichtete. Der Vater hatte ihn sehr lieb. Aber der jüngere Sohn war nicht gehorsam. Er machte seinem Vater viel Kummer. Aber der Vater liebte auch ihn sehr. Er hatte seine Kinder beide lieb.

Einmal stand der jüngere Sohn auf einem Hügel. Von dort konnte er ganz weit ins Land hineinsehen. Er dachte: Dort hinten, ganz weit weg, ist es sicher noch viel schöner als hier. Dort will ich hin. Ich will in die weite Welt.
Da ging er zu seinem Vater und sagte: „Vater, gib mir einen Sack voll Geld. Ich will nicht mehr bei dir bleiben. Ich will fort in die weite Welt."
Der alte Vater wurde sehr betrübt. Er sagte: „Mein Kind, tu das doch nicht! Bleib doch bei mir! Tu mir doch nicht solchen Kummer an."
Aber der Sohn wollte nicht hören. Er dachte: Mein Vater ist dumm. Ich weiß es viel besser als er.
Er zog seine schönsten Kleider an. Dann stieg er auf sein Kamel und sagte: „Vater, gib mir das Geld. Ich gehe doch weg. Ich will in die weite Welt."
Da gab der Vater ihm das Geld, und der Sohn ritt fröhlich fort. Er sah sich nicht einmal mehr um. Er dachte nicht mehr an seinen alten Vater.
Aber der Vater dachte trotzdem an seinen Sohn. Er stand vor dem Haus und sah ihm nach, solange er konnte.
Er war sehr traurig.
Denn jetzt hatte er nur noch einen Sohn. Den anderen hatte er verloren.
Er dachte: Mein Junge, ich werde jeden Tag Ausschau halten, ob du nicht zurückkommst. Ich werde auf dich warten. Ich werde jeden Tag auf dich warten.

Der Sohn ging in die weite Welt. Er fand das Reisen sehr schön. In den Städten gab es viele Läden. Man konnte dort schöne und kostbare Dinge kaufen.
Der Sohn kaufte sehr viel. Er hatte ja Geld genug!
Er hatte auch eine Menge Freunde, mit denen er Feste feierte. Das kostete alles viel Geld, aber das machte dem Sohn nichts aus. Er dachte, sein Geld würde nie zu Ende gehen.
Aber sein Geld ging bald zu Ende. Zuletzt war der Sack ganz leer.
Da verkaufte er sein Kamel. Dafür bekam er viel Geld. Aber dieses Geld war auch bald wieder verbraucht.
Nun verkaufte er seinen goldenen Ring. Dafür bekam er viel Geld. Aber das Geld war auch bald wieder verbraucht.
Jetzt hatte der einst so reiche Sohn kein Geld mehr. Er konnte keine schönen Dinge mehr kaufen und keine Feste mehr feiern. Und da wollten seine Freunde nichts mehr von ihm wissen. Sie liefen alle fort und ließen ihn allein.
Er bekam großen Hunger. Aber er hatte kein Geld, um sich Brot zu kaufen.
Er bettelte an den Türen um ein Stückchen Brot. Doch die Menschen gaben ihm nichts. Es gab fast kein Brot im Land. Es war Hungersnot.
Schließlich kam er zu einem Bauern, der sagte: „Du kannst Knecht bei mir werden. Dann mußt du die Schweine hüten."
Der junge Mann erwiderte: „Es ist gut."
Er dachte: Dann bekomme ich wenigstens zu essen.

So wurde er Knecht bei dem Bauer. Und da saß er nun bei den dicken Schweinen. Seine Kleider waren alt und zerrissen, doch er konnte sich keine neuen kaufen. Und er hatte schrecklichen Hunger, denn der Bauer gab ihm fast nichts zu essen. Der junge Mann hätte gern das Futter von den Schweinen gegessen, solchen Hunger hatte er. Aber das ließ der Bauer nicht zu.

Es ging ihm wirklich sehr schlecht in der weiten Welt. Sein Vater hatte doch recht gehabt.
Als der junge Mann sich an seinen Vater erinnerte, wurde er sehr traurig und dachte: Mein Vater war so gut zu mir. Ich wollte, ich wäre nie fortgegangen. Mein Vater hat Brot genug, und ich muß hier bald vor Hunger sterben.
Er begann vor Reue zu weinen. Er schluchzte: „Ich will zu meinem Vater."
Schließlich stand er auf und machte sich auf den Weg zu seinem Vater.
Er dachte: Mein Vater wird sicher sehr böse auf mich sein. Aber ich gehe doch zu ihm. Ich werde sagen: Vater, ich bin so ungezogen gewesen! Ich bin viel zu schlecht, um noch dein Sohn zu sein. Laß mich wenigstens Knecht sein bei dir.
Und schließlich kam der Sohn in die Nähe seines Vaterhauses. Er sah es schon von ferne.
Als reicher Herr war er fortgegangen. Als armer Bettler kehrte er zurück.
Die Menschen kannten ihn fast nicht mehr. Sie dachten: Wer ist bloß dieser schmutzige Bettler?
Der Junge traute sich fast nicht mehr weiterzugehen.

Doch wer stand dort vor dem Haus und sah den Weg entlang?
Wer kam da so rasch angelaufen?
Das war der Vater!
Er erkannte seinen Sohn gleich wieder! Er hatte die ganze Zeit auf ihn gewartet und er war nicht böse. Er nahm seinen Sohn in die Arme und küßte ihn.
Und er rief: „O mein Kind, mein Kind, was bin ich froh, daß du wieder zurückgekommen bist!"
Der Junge sagte: „Vater, ich bin so ungehorsam gewesen. Ich bin viel zu schlecht, um dein Sohn zu sein."
Aber der Vater antwortete: „Du bist doch mein Sohn. Ich habe dich auch jetzt noch lieb."
Er rief seinen Knechten zu: „Holt schnell schöne Kleider für meinen Sohn. Und auch neue Schuhe. Gebt ihm auch einen neuen goldenen Ring an den Finger."

Dann ließ der Vater Fleisch braten und köstliche Kuchen backen. Und er sagte: „Nun laßt uns essen und ein Fest feiern, denn ich war lange Zeit ohne Sohn, aber nun habe ich ihn wieder. Er war verloren, aber nun hat er zurückgefunden!" So lieb hatte der Vater sein Kind.

So lieb hat auch der Vater im Himmel seine Kinder.
Wir dürfen immer zu ihm zurückkommen, wenn wir auch noch soviel Böses getan haben.
Wenn wir echte Reue haben, dann dürfen wir zurückkommen. Dann ist Gott nicht mehr böse auf uns. Dann ist er froh, und dann dürfen wir doch noch seine Kinder sein.
Und dann ist ein Fest bei den Engeln im Himmel, weil ein Kind, das verloren war, zurückgefunden hat.

## *DIE AUFERWECKUNG DES LAZARUS*

Jesus ging gern nach Bethanien. Das war ein kleines Dorf in der Nähe von Jerusalem. Dort wohnten Freunde.
Es waren zwei Schwestern und ein Bruder, die zusammen in einem Haus wohnten. Sie hießen Maria und Martha und Lazarus.
Sie fanden es herrlich, daß Jesus ihr Freund war, und freuten sich immer sehr, wenn er kam.
Dann lief Martha emsig hin und her, um etwas besonders Gutes zuzubereiten. Sie sorgte so gern für Jesus. Aber Maria setzte sich nahe zu Jesus und hörte zu, was er erzählte. Maria hörte so gern Jesus zu.
Dann sprach Jesus: „Martha, nun setz du dich auch einmal zu uns. Du mußt nicht so emsig sein, wenn ich hier bin. Das ist nicht nötig."
Und wie herrlich war das, wenn sie dann zu dritt bei Jesus saßen!
Sie waren treue Freunde. Jesus kam oft zu ihnen. Er hatte Maria und Martha und Lazarus lieb.

Doch eines Tages wurde Lazarus krank. So krank, daß es aussah, als müsse er sterben.
„Ach", sagten Martha und Maria, „wenn jetzt nur Jesus hier wäre! Der könnte unsern Bruder sicher gesund machen."
Aber Jesus war nicht da. Er war weit fort in einem ganz anderen Teil des Landes. Wenn er nur gewußt hätte, daß Lazarus krank war! Dann wäre er wohl sofort gekommen!
Da schickten Maria und Martha einen Mann zu Jesus. Der sollte sagen: „Herr Jesus, Lazarus, den du liebhast, ist schwer krank."
Der Mann lief den ganzen Tag und kam endlich zu Jesus und sagte: „Herr Jesus, Lazarus, den du liebhast, ist schwer krank."
Jesus erschrak nicht. Und er wurde auch nicht traurig.
Er sagte ruhig: „Diese Krankheit ist nicht zum Tode."
Das war eine herrliche Nachricht, und der Mann ging schnell zurück, um sie Martha und Maria zu bringen.
Doch als er in ihr Haus nach Bethanien kam, saßen die Schwestern da und weinten. Und warum war eine solch große Menge trauriger Menschen im Haus?
Der Mann sagte: „Der Herr hat gesagt: ‚Diese Krankheit ist nicht zum Tode!'"
Was für eine seltsame Nachricht war das nur. – Nicht zum Tode? – Lazarus war doch schon tot! Und noch am selben Tag sollte er begraben werden, irgendwo in einer dunklen Höhle in den Bergen. Und ein großer Stein würde dann vor das Loch gerollt werden.
Dann hatten Maria und Martha keinen Bruder mehr.
Sie waren vor Kummer ganz verzweifelt. Sie saßen beieinander und weinten.
„Wäre Jesus nur hier gewesen", schluchzte Martha.
„Ja", weinte Maria, „dann wäre es nicht geschehen. Dann wäre Lazarus nicht gestorben."

Wußte Jesus denn nicht, daß Lazarus gestorben war?
Doch, er wußte es genau. Er wußte alles,

aber er blieb noch zwei Tage in dem fernen Teil des Landes.
Dann sprach er zu den Jüngern: „Kommt, laßt uns nach Bethanien gehen."
Die Jünger wären lieber nicht gegangen. Bethanien war so nahe bei Jerusalem. Und in Jerusalem wohnten schlechte Menschen, die Jesus Böses antun wollten.

Jesus sprach: „Lazarus, unser Freund, schläft. Und ich werde hingehen, um ihn aufzuwecken."
Die Jünger verstanden das nicht. Sie sagten: „Herr, wenn er schläft, dann wird er wieder gesund werden. Schlafen ist gut für einen Kranken."
Und sie dachten: Dann ist es doch gar nicht nötig, daß wir eine solch gefährliche Reise machen.
Aber der Herr sprach: „Lazarus ist gestorben. Und ich bin froh, daß ich nicht dort gewesen bin. Denn nun sollt ihr an mich glauben."
Sie machten sich zusammen auf den Weg, und am folgenden Tag kamen sie nach Bethanien.

Wer kam da angelaufen, als Jesus sich dem Haus seiner Freunde näherte?
Das war Martha. Die Leute hatten ihr erzählt, daß Jesus käme.
Sie weinte und sagte: „Herr, wenn du hier gewesen wärst, dann wäre Lazarus nicht gestorben."
Jesus sprach: „Dein Bruder wird wieder aufstehen aus dem Grabe. Glaub nur an mich, Martha."
Martha erwiderte: Ja, Herr, ich glaube, daß du der Heiland bist, der Sohn Gottes."
Und da war sie schon nicht mehr traurig.
Jesus sprach: „Geh und ruf Maria!"
Martha lief ins Haus.
Dort waren viele Menschen versammelt, alles Freunde von Maria und Martha. Die waren gekommen, um die Schwestern zu trösten.
Martha ging zu Maria und flüsterte: „Der Meister ist da und ruft dich."
Da ging Maria nach draußen. Und all die Menschen, die im Haus waren, gingen mit ihr.
Denn sie sagten sich: „Maria geht sicher zum Grab. Kommt, wir lassen sie nicht allein."
Aber Maria ging zu Jesus.
Sie weinte, als sie ihn sah. Sie fiel zu seinen Füßen nieder und rief genauso wie Martha: „Herr, wenn du nur hier gewesen wärst, dann wäre Lazarus nicht gestorben."
Das klang so traurig!
Die Menschen begannen alle zu weinen. Sie hatten solches Mitleid mit Maria und Martha.
Doch Jesus hatte noch viel mehr Mitleid mit ihnen.
Er weinte auch.
Aber dann fragte er: „Wo ist das Grab von Lazarus?"
Sie antworteten: „Komm nur, Herr! Wir werden es dir zeigen!"
So gingen sie zusammen zum Grab.
Jesus sprach: „Nehmt den Stein weg."
Maria erschrak darüber und fragte: „Herr, was willst du? Es ist schon der vierte Tag . . ."
Aber Jesus antwortete: „Glaube an mich, Maria, dann wirst du sehen, wie mächtig Gott ist."

Ein paar Männer rollten den schweren Stein zur Seite.
Nun konnte man gut in die dunkle Höhle hineinsehen.
Doch Jesus sah zum Himmel empor und sprach mit seinem Vater, der im Himmel wohnt.
Er sprach: „Vater, ich danke dir, daß du mich erhört hast."
Dann schaute er ins Grab und rief: „Lazarus, komm heraus!"
Es war ganz still.
Aber plötzlich hörten die Menschen Schritte in dem dunklen Grab. Und dann kam Lazarus heraus!
Mit Tüchern um Hände und Füße und mit einem Tuch vor dem Gesicht, genauso, wie er begraben worden war, kam er nach draußen.
Die Menschen sprangen vor Schreck zurück, denn sie konnten es fast nicht glauben, daß es wirklich Lazarus war, der lebend vor ihnen stand. Und keiner streckte eine Hand nach ihm aus. Aber Jesus sprach: „Bindet die Tücher los und laßt ihn gehen."
Maria und Martha waren so froh, so froh! Sie nahmen ihren Bruder zwischen sich und gingen mit ihm nach Hause.
Vier Tage war Lazarus tot gewesen. Vier Tage lang hatte er geschlafen, so fest, daß kein Mensch ihn aufwecken konnte.
Nun war er wieder lebendig geworden.

Jesus hatte ihn auferweckt aus dem tiefen Schlaf des Todes.
Und die Menschen, die dieses große Wunder gesehen hatten, wußten nun, wer Jesus war: der Sohn Gottes, der sogar die Toten wieder lebendig machen konnte.

## *LASSET DIE KINDLEIN ZU MIR KOMMEN*

Mütter gingen auf der Straße. Sie hatten Kinder bei sich.
Die Kleinen trugen sie auf dem Arm.
Die Großen hielten sie an der Hand.
Und sie sahen alle so froh aus, als gingen sie zu einem Fest!
Sie wollten zu Jesus.
Die Mütter dachten: Unsere Kinder müssen den Herrn Jesus kennen. Sie sollen ihn sehen. Sie dürfen ihn nie mehr vergessen.
Und dann wollten sie auch um etwas bitten. Sie wollten sagen: „Lieber Herr, du kannst doch alle Menschen glücklich machen und alle Kinder auch. Willst du nicht unsern Kindern die Hand auflegen und für sie beten? Dann werden sie sicher ganz froh und glücklich werden."
Sieh, dort war ja Jesus! Er hatte mit ein paar Männern gesprochen, die gerade fortgingen. Jesus blieb allein mit seinen Jüngern zurück.
Nun war es Zeit! Froh liefen die Mütter auf ihn zu.
Aber die Jünger sahen sie mit ihren Kindern herankommen und hielten sie zurück.
Sie sagten: „Was wollt ihr denn? Wollt ihr die Kinder zu Jesus bringen? Die sind ja noch viel zu klein. Die können ja gar nicht verstehen, was Jesus sagt. Geht nur wieder nach Hause."
Aber Jesus sah es und fand es gar nicht recht von seinen Jüngern.
Er rief die Mütter und ihre Kinder zu sich und sagte: „Kommt nur ruhig her zu mir."

Und zu den Jüngern sprach er: „Lasset die Kindlein zu mir kommen und haltet sie nicht zurück!"
Das war herrlich!... Die Kinder liefen fröhlich zu Jesus. Sie hatten ihn vielleicht noch nie gesehen, aber sie hatten trotzdem keine Angst. Vor Jesus haben die Kinder nie Angst gehabt! Sie stellten sich zu ihm, und er zog sie an sich. Er legte seine Arme um die Kinder und sprach freundlich mit ihnen.
Sie verstanden vielleicht noch nicht alles, aber sie begriffen doch, wie lieb Jesus sie hatte.
Dann legte Jesus die Hände auf ihre Köpfe und segnete sie. Damit versprach er ihnen, daß sie immer glücklich sein sollten und daß sie später zu ihm in den Himmel kommen dürften.
Kinder gehören zu Jesus!
Jesus hat alle Kinder lieb.

## *DER BLINDE BARTIMÄUS*

Es saß ein Mann am Rand des Weges.
Er hatte einen Mantel um und rührte sich nicht. Es sah so aus, als schliefe er.
Aber wenn Schritte näherkamen, hob er den Kopf ein wenig und lauschte. Und wenn die Schritte ganz nahe waren, hielt er seine Hand auf und begann zu rufen: „Ach, gebt mir doch etwas! Gebt mir einen Pfennig, damit ich mir Brot kaufen kann."
Aber er sah die Menschen nicht an. Er konnte sie nicht sehen, er war blind.
Er hörte die Schritte der Menschen, aber er sah sie nicht. Er hörte die Bäume rauschen, aber er sah ihre grünen Blätter nicht. Er roch zuweilen den herrlichen Duft der Blumen, aber sah ihre schönen Farben nicht. Es war immer schwarz vor seinen Augen. Er lebte im Dunkeln und mußte immer ganz vorsichtig herumtasten, wo er lief.
Arbeiten konnte er auch nicht. Betteln war das einzige, was er noch konnte.
Darum saß er jeden Tag am Weg und hielt seine Hand auf und rief: „Ach, gebt mir doch etwas!" So bettelte er sich jeden Tag mühsam ein paar Pfennige zusammen.
Bartimäus hieß der unglückliche Mann. Er war schon sehr lange blind. Und niemand konnte seine kranken Augen gesund machen. Nur Jesus würde es können. Aber Bartimäus war noch nie bei Jesus gewesen, sonst hätte er ihn schon darum gebeten. Er konnte Jesus auch nicht suchen.
Er mußte still sitzenbleiben und am Wegrand warten.
Da saß er nun und lauschte auf die Schritte.
Es waren viele in den letzten Tagen. Täglich gingen viele Menschen vorüber. Sie gingen alle nach Jerusalem, denn dort sollte bald wieder ein Fest sein. Das Passahfest sollte gefeiert werden. Dorthin wollten all die Menschen.
Aber heute war der Weg besonders voll. Eine große Menschenschar kam durch die Straße. Der Boden bebte davon. Und sie riefen so laut! Sie drängelten so! Sie stießen manchmal beinahe gegen Bartimäus.
„Was ist los? Was ist los?" fragte Bartimäus. „Warum gehen so viele Menschen vorbei?"

Einige antworteten: „Weißt du das nicht? Der Herr Jesus kommt hier durch."
„Jesus?" Oh, was klopfte das Herz des Bartimäus! Jesus war vielleicht ganz in der Nähe. Er konnte es vielleicht hören, wenn Bartimäus ihn ganz laut rief.
Plötzlich begann Bartimäus zu rufen: „Herr Jesus! Herr Jesus, hab Mitleid mit mir!"
Die Menschen, die in seiner Nähe standen, wurden deswegen wütend.
„Sei doch still!" sagten sie. „Du mit deinem Geschrei! Denkst du, Jesus hätte Zeit für dich? Er geht nach Jerusalem, um König zu werden."

Aber Bartimäus störte sich nicht an dem Gerede der Menschen. Sie sollten selber einmal blind sein und den ganzen Tag am Wegrand sitzen in der Dunkelheit! Er rief noch viel lauter: „Herr Jesus, hab Mitleid mit mir!"
Und Jesus hört es immer, wenn jemand ihn ruft.
Er blieb stehen und sprach: „Bringt Bartimäus zu mir. Er sitzt dort am Wegrand und ruft mich."
Da riefen die Menschen: „Bartimäus, du sollst zu Jesus kommen."
Bartimäus krabbelte so schnell es ging hoch, warf seinen Mantel fort und dann

kam er an! Die Hände vorgestreckt, humpelte er durch die Menschen hindurch zu Jesus. Da hörte er auf einmal eine gute, freundliche Stimme, die ihn fragte: „Was willst du, Bartimäus? Was soll ich für dich tun?“

Das war Jesus.

Und Bartimäus antwortete: „Herr, ich möchte so gern wieder sehen können!“

Jesus sprach: „Werde sehend! Du hast geglaubt, daß ich dich gesund machen kann, und darum tue ich es auch.“

Und auf einmal konnte Bartimäus wieder sehen. Er sah die grünen Bäume und den schönen blauen Himmel. Er sah die Menschen. Und Jesus sah er auch. Den guten Herrn Jesus, der ihn wieder gesund gemacht hatte.

Er fiel vor Jesus auf die Knie, um ihm zu danken.

Und als Jesus weiterging, ging Bartimäus mit.

Er lief hinter dem Herrn her und tanzte und jubelte vor Freude.

Nun war er kein bemitleidenswerter Mensch mehr. Nun war er ein fröhlicher, starker Mann, der nicht mehr zu betteln brauchte.

Das hat Jesus getan!

## *HOSIANNA*

Es war an einem Sonntag.

Jesus ging auf einem Weg nahe bei der großen Stadt Jerusalem. Seine Jünger waren bei ihm und noch viele andere Menschen.

Sie schauten alle ehrfurchtsvoll auf Jesus und fragten einander: „Wird er nach Jerusalem gehen, um dort König zu werden?“ Sie wollten so gern, daß Jesus ihr König würde. Denn im Land waren Feinde, die Römer, und die quälten die Menschen zuweilen sehr. Wenn aber Jesus König wäre, könnte er gegen sie kämpfen und sie alle vertreiben. Er war ja so mächtig. Er konnte alles!

Auf einmal blieb Jesus stehen. Er rief zwei seiner Jünger herbei und sprach: „Seht ihr dort die Häuser? Das ist ein Dorf. Dorthin müßt ihr gehen. Am Eingang des Dorfes steht ein Esel. Er ist mit einem Strick an einen Pfosten gebunden. Den müßt ihr losmachen und mir bringen. Und wenn euch jemand fragt: ‚Was wollt ihr mit dem Esel?‘ dann müßt ihr nur sagen: ‚Der Herr braucht ihn!‘“

Die beiden Jünger dachten: Was will der Herr bloß mit einem Esel?

Aber plötzlich begriffen sie es. Er wollte auf einem Esel in die Stadt Jerusalem reiten. Dann wollte er auch sicher König werden.

Sie liefen fröhlich ins Dorf. Und es war alles so, wie Jesus es gesagt hatte.

Bei einem der ersten Häuser sahen sie einen Esel, der an einer Tür festgebunden war. Sie machten das Tier los und nahmen es mit. Einige Männer, die dort standen, fragten: „Was wollt ihr mit dem Esel?“

Und die Jünger antworteten: „Der Herr braucht ihn.“ Da waren die Männer zufrieden.

Wie froh waren die Menschen, als sie die Jünger mit dem Esel ankommen sahen. Denn nun wurde allen klar, was Jesus wollte.

Sie zogen ihre Mäntel aus und legten sie auf den Rücken des Esels. Dann halfen sie Jesus hinauf.
So ritt der Herr Jesus los.
Die Jünger gingen nebenher. Und die Menschen liefen auch mit. Auf einmal begannen sie zu rufen: „Da reitet unser König! Hosianna, unser König!"
Es kamen immer mehr Menschen hinzu. Aus Jerusalem kamen sie auch schon gelaufen. Dort hatten sie gehört, daß Jesus käme.
Und alle Menschen riefen und sangen: „Unser König kommt! Gesegnet sei er, der da kommt im Namen des Herrn. Hosianna, unser König!"
Sie pflückten lange Palmblätter von den Bäumen und winkten damit. Die Blätter waren wie große Fahnen.
Sie zogen ihre Mäntel aus und breiteten sie auf dem Weg aus. Darüber sollte der Esel laufen. So brauchte ihr König nicht über den staubigen Boden zu reiten.
Sie jauchzten und sangen. Und sie dachten: Nun wird Jesus unser König werden, unser Kampfkönig. Und dann wird er in einem schönen Palast wohnen, genauso wie früher der König David. Und uns alle wird er reich und glücklich machen.
Je näher sie an die Stadt kamen, um so lauter sangen sie: „Hosianna, Hosianna!"

Am Wegrand standen aber reiche und vornehme Männer.
Das waren die Priester und Pharisäer. Die sangen nicht mit. Sie hatten Jesus nicht lieb. Sie waren eifersüchtig, weil die Menschen ihn so liebten und ihm so gern zuhörten. Sie dachten: Die Menschen müssen auf uns hören. Wir sind viel weiser und klüger als er.
Nun sahen sie Jesus heranreiten und hörten, was die Menschen riefen.
Da wurden sie schrecklich böse. Am liebsten hätten sie den Herrn Jesus vom Esel heruntergerissen. Aber das wagten sie nicht.
„Hosianna, unser König!" riefen die Menschen.
Die bösen Männer sagten: „Ruft das doch nicht! Er ist doch nicht unser König!"
Aber die Menschen riefen es doch.
Da sagten sie zu Jesus: „Meister, sag doch deinen Jüngern, daß sie das nicht rufen dürfen!"
Aber Jesus ließ sie ruhig rufen, denn es stimmte ja: Er war ein König. Aber ein anderer König, als die Menschen dachten.
Kein gewöhnlicher König.
Kein Kampfkönig!
Ein Friedenskönig war er!
Er wollte nicht in einem Palast wohnen, wie der König David, und gegen die Feinde kämpfen.
Er wollte noch viel mehr für die Menschen tun. Er wollte gegen den Satan kämpfen, den mächtigsten Feind, der alle Menschen unglücklich machen wollte. Wenn er den überwunden hätte, würde er König werden. Nicht nur über das Land Israel, sondern über die ganze Welt.

Die Menschen verstanden das nicht. Sie dachten, daß er sofort König werden würde. Darum waren sie so froh.
Aber Jesus wußte, daß vorher noch sehr viel geschehen müsse, das schrecklich und traurig war. Darum war er betrübt.

Die Menschen lachten und sangen und jubelten.
Aber Jesus weinte.

So zog er in Jerusalem ein und ritt durch die Straßen zum Tempel.
Dort drängten sich die Menschen um ihn und warteten alle darauf, daß er sagen würde: „Macht mich nun zum König. Dann jagen wir alle Feinde aus unserm Land.“
Aber Jesus sagte das nicht.
Er blieb ganz still im Tempel.
Da wurden die Menschen ärgerlich.
Sie sagten: „Will er nicht unser König sein? Dann gehen wir fort. Dann wird er schon merken, was los ist.“
Und dann liefen sie fort, einer nach dem andern.
Sie warfen ihre schönen Palmzweige auf die Straße.
Und sie sagten: „Nun wollen wir auch nichts mehr von Jesus wissen. Nun sind wir böse auf ihn. Wenn er nicht mal unser König sein will!“
Die dummen Menschen!
Aber dennoch würde Jesus eines Tages König sein!

## *MARIA TUT ETWAS SCHÖNES*

Jesus war wieder in Bethanien. Dort wohnten seine Freunde, Martha und Maria und Lazarus. Lazarus, der tot gewesen und der durch den Herrn wieder ins Leben zurückgerufen worden war.
Es war Abend geworden. Jesus saß bei Tisch, und seine Freunde und Jünger waren bei ihm.
Sie wollten zusammen essen.
Martha lief wie immer umher, um zu helfen und zu sorgen. Lazarus saß nahe bei Jesus.
Und alle Menschen waren froh, daß Jesus bei ihnen war.
Nur Maria war noch nicht da.
Als sie schon alle am Tisch saßen, kam sie herein.
Sie hatte eine Flasche in der Hand, eine ganz schöne, kostbare Flasche. Und sie sah sehr traurig aus.
Maria wußte, daß es das letzte Mal war, daß der Herr Jesus hier saß. Morgen würde er fortgehen nach Jerusalem und nicht mehr zurückkommen. Er hatte es ja selbst gesagt.
Und nun wollte Maria noch so gern et-

was für Jesus tun. Sie wollte ihm zeigen, wie lieb sie ihn hatte.
Darum hatte sie die Flasche gekauft. Die war sehr teuer gewesen, aber das kümmerte Maria nicht. Für Jesus war ihr nichts zu teuer. In der Flasche war herrliches Riechöl. Davon gossen die Leute manchmal ein paar Tropfen aufs Haar. Das roch so lieblich.
Aber ein paar Tropfen hielt Maria nicht für ausreichend. Sie stellte sich hinter ihn, brach der Flasche den Hals ab und ließ fast den ganzen Inhalt über seinem Kopf auslaufen. Sie salbte seinen Kopf mit dem herrlichen Öl. Und dann kniete sie zu seinen Füßen nieder und salbte auch die Füße. Das ganze Haus duftete nach dem Öl.
Jesus ließ sie ruhig gewähren. Er verstand es genau, warum Maria das tat. Er wußte, wie lieb sie ihn hatte.
Aber die meisten Menschen verstanden es nicht.
Und Judas, einer der Jünger, verstand es überhaupt nicht.
Er wurde richtiggehend böse und begann zu schimpfen.
Judas murrte: „Was tut die Frau bloß? Sie zerbricht mir nichts dir nichts die teure Flasche! Und gießt all das teure Öl einfach so weg!“
Judas war ein ekliger Kerl. Er war zwar ein Jünger des Herrn, aber er hatte Jesus nicht lieb.
Judas dachte nur an Geld. Er wollte so gern reich werden.
Er schimpfte weiter: „Warum hat Maria die Flasche nicht hergegeben, als sie noch voll war? Dann hätten wir sie verkaufen können und hätten eine Menge Geld gehabt. Und das Geld hätten wir dann den Armen geben können.“
Aber Judas sagte das nicht, weil er so großes Mitleid mit den Armen hatte, sondern weil er dachte: Dann hätte ich heimlich etwas von dem Geld nehmen können.
Da begannen die anderen Jünger auch zu murren.
Aber Jesus sprach: „Seid nur still! Warum schimpft ihr auf Maria? Sie hat ein gutes Werk getan. Arme gibt es immer. Denen könnt ihr später etwas geben. Ich bin aber nicht immer da. Wißt ihr, warum Maria dies getan hat? Weil ich über kurzem sterben muß und begraben werde. Was Maria getan hat, wird nie vergessen werden.“
Da waren die Jünger still und schämten sich sehr.
Nur Judas schämte sich nicht. Judas war böse.
Er stand auf und lief fort in den dunklen Abend hinein.
Er wollte auch etwas tun für Jesus.
Aber er wollte etwas Schreckliches tun.

## *DER FALSCHE JUDAS*

Judas lief allein ins Dunkel hinaus.
Er war böse auf Jesus.
Denn er hatte gedacht, daß Jesus König werden würde. Und nun hatte Jesus gesagt, daß er sterben werde.
Warum wollte Jesus kein König werden? Es wäre doch leicht möglich gewesen. Fast alle Menschen waren damit einverstanden.
Wie herrlich wäre das gewesen, wenn Jesus König geworden wäre!

Judas hatte so fest damit gerechnet! Und darum war er so gern ein Jünger des Herrn Jesus gewesen.
Denn wenn Jesus König geworden wäre, dann wäre Judas einer seiner vornehmsten Diener geworden. Dann hätte er schöne Kleider bekommen und ein großes Haus, um darin zu wohnen. Oh, wieviel hätte Judas dann bekommen! Dann wäre er reich geworden.
Aber nun bekam Judas nichts, überhaupt nichts!
Und darum wollte Judas nicht länger ein Jünger des Herrn Jesus sein. Wo er ja doch nichts bekommen würde!
Judas dachte: Ich will Jesus etwas Übles antun. Ich bin böse auf ihn. Ich werde nach Jerusalem gehen. Dort wohnen die Feinde, die ihn fangen wollen. Ich werde ihnen helfen, Jesus zu fangen. Von ihm bekomme ich doch nichts. Vielleicht bekomme ich aber etwas von seinen Feinden. Das geschieht Jesus recht. Hätte er nur nach meinen Worten gehandelt! Hätte er mich nur reich werden lassen!
So ging er hin und verriet den Herrn.
Jesus war immer gut zu ihm gewesen. Und nun tat Judas etwas so Schlechtes.

Er kam zu den Feinden des Herrn Jesus. Das waren die Priester und Pharisäer.
Er sagte: „Was bekomme ich von euch, wenn ich euch helfe, Jesus ohne viel Aufsehen zu fangen?“
Da versprachen sie Judas Geld. Dreißig Silberlinge versprachen sie ihm.
Das Geld klimperte so schön. Es glänzte so. Judas liebte das Geld sehr. Er wollte sich die dreißig Silberlinge unbedingt verdienen.
„Ich werde euch rufen, wenn ihr ihn in aller Ruhe fangen könnt“, sagte er. „Ich werde bei Jesus bleiben und so tun, als wäre ich noch sein Freund.“
Danach schlich sich der falsche Judas davon in die Finsternis.
Er kam zu Jesus zurück und tat ganz freundlich, aber er meinte es gar nicht so.

Er hatte Jesus verraten.
Aber er ahnte bestimmt nicht, daß Jesus alles genau wußte.

## *WER WIRD DER GERINGSTE SEIN?*

Man feierte wieder das Passahfest in Jerusalem.
In jedem Haus waren die Tische gedeckt mit Wein und Brot und Fleisch. In jedem Hause wurde das Fest gefeiert.
Jesus dachte: Ich will noch einmal mit meinen Jüngern das Passahfest feiern.
Er rief Petrus und Johannes und sprach: „Geht und macht alles bereit für das Fest.“
„Aber in welchem Haus“, fragten die Jünger.
Jesus antwortete: „Geht nur in die Stadt. Dort werdet ihr einen Mann sehen mit einem Wasserkrug. Geht hinter diesem Mann her. In das Haus, in das er geht, sollt ihr auch hineingehen. Und zum Herrn des Hauses sollt ihr sagen: ‚Wo ist das Zimmer, in dem der Herr Jesus mit seinen Jüngern das Passahfest feiern kann?‘ Dann wird er euch ein großes Zimmer zeigen, in dem die Tische und die Stühle schon bereitstehen.“

Da gingen die beiden Jünger in die Stadt, und es geschah alles so, wie Jesus es gesagt hatte.
Sie sahen einen Mann mit einem Krug. Sie gingen hinter ihm her in ein Haus, und der Herr des Hauses zeigte ihnen ein großes Zimmer.
Petrus und Johannes richteten alles her. Sie stellten Brot auf den Tisch und Wein und dazu Fleisch von einem Lamm. Und an die Tür stellten sie eine Kanne mit Wasser und eine große Waschschüssel. Darin konnte man sich die Füße waschen. Die wurden so schmutzig vom Staub der Straße. Denn die Menschen hatten damals noch keine Schuhe oder Strümpfe an.
Sie trugen nur lederne Sandalen. Die Füße waren nackt. Darum mußten sie gewaschen werden, bevor die Menschen zu Tisch gingen.
Petrus und Johannes legten auch ein Tuch bereit, um die Füße damit abzutrocknen. Dann war alles fertig, und sie setzten sich und warteten, bis Jesus kommen würde.

Gegen Abend kam Jesus mit den anderen Jüngern ins Zimmer.
Sie sahen auf die Waschschüssel, die dort an der Tür stand, um die Füße darin zu waschen. Doch wer sollte ihnen die Füße waschen?
In den reichen Häusern war immer ein Diener da, der allen Leuten die Füße wusch, die zum Essen kamen. Aber in diesem Haus war kein Diener. Wer sollte die Füße waschen?
Muß ich es tun? dachte Petrus. Nein, ich nicht! Dann bin ich ja wie ein Diener. Ich will kein Diener sein. Ich bin nicht der Geringste. Vielleicht bin ich sogar der Vornehmste.
Und die anderen Jünger wollten es auch nicht tun. Sie fühlten sich alle viel zu vornehm. Keiner von ihnen wollte der Geringste sein.
Sie setzten sich mit schmutzigen Füßen zu Tisch. Und einer sagte zum andern: „Tu du es doch. Ich tu es nicht. Ich bin nicht der Geringste."
Jesus hatte sich auch zu Tisch gesetzt und sprach: „Ich habe mich sehr danach gesehnt, mit euch dieses Passahfest zu feiern, denn es wird das letzte Mal sein."
Aber die Jünger hörten ihm nicht mal richtig zu. Sie flüsterten immer noch. Sie stritten noch darüber, wer von ihnen der Vornehmste sei.
Da stand der Herr Jesus auf. Er sagte nichts, aber er nahm das Tuch und goß das Wasser in die Schüssel, und dann kniete er sich vor einem der Jünger nieder und begann, dessen Füße zu waschen.
Die Jünger erschraken sehr darüber. Tat der Herr die Arbeit, die sie nicht tun wollten? Wollte er der Diener sein? Wollte er der Geringste sein?
Sie schämten sich sehr.
Und Petrus schämte sich am meisten von allen.
Als Jesus zu ihm kam und vor ihm niederkniete, zog er rasch seine Füße zurück.
„Herr", rief er, „willst du mir die Füße waschen? Du darfst mir die Füße nicht waschen. Niemals darfst du das tun!"
Aber Jesus sah ihn an und sprach: „Wenn ich dir die Füße nicht wasche, kannst du nicht mein Jünger sein. Dann gehörst du nicht zu mir."

Oh, da wollte Petrus sich gern die Füße waschen lassen. Er wollte zu Jesus gehören. Ganz und gar. Er hatte Jesus ja so lieb!
Und er sagte: „Wasch dann nicht nur meine Füße, Herr, sondern wasch auch meine Hände und mein Gesicht."
Aber das war nicht nötig. Jesus wusch nur die Füße. Die Füße des Petrus und die Füße all der andern Jünger. Auch die Füße des Judas.

Dann stellte er die Waschschüssel fort und setzte sich wieder zu Tisch.

Er sprach: „Versteht ihr auch, warum ich dies getan habe? Ich habe euch ein Beispiel gegeben. Ich habe euch etwas lehren wollen. Ihr dürft nicht darüber streiten, wer der Vornehmste ist. Ihr müßt einander helfen und gern etwas füreinander tun. Seid ruhig die Geringsten. Habt ihr das gut verstanden? Dann handelt da-

nach! Dann werdet ihr meine rechten Jünger sein."
Da schämten sich die Jünger noch mehr. Sie bereuten sehr, daß sie so stolz gewesen waren.

Aber einer war da, der es nicht bereute. Der gehörte eigentlich nicht mehr zu den Jüngern.
Wer war das, der eigentlich nicht mehr zu ihnen gehörte?

## *DAS LETZTE ABENDMAHL*

Jesus saß mit seinen Jüngern zu Tisch. Er sprach: „Dies ist das letzte Mal, daß wir zusammen sind. Nun wird es nicht mehr lange dauern, dann werden mich die Feinde gefangennehmen, und dann muß ich sterben. Und einer von euch, der hier am Tisch sitzt, wird den Feinden helfen. Der wird mich verraten."
Die Jünger erschraken sehr. Sie konnten es fast nicht glauben. Einer von ihnen sollte Jesus verraten?
Den lieben Herrn Jesus, der so gut zu ihnen war?
Wer würde so schlecht sein können?
Sie fragten alle: „Wer ist es, Herr?" „Bin ich es am Ende?" – „Sag doch, daß ich es nicht bin!"
Johannes saß direkt neben Jesus.
Er fragte: „Herr, wer ist es?"
Und der Herr antwortete leise: „Dem ich dieses Stück Brot geben werde, der ist es."
Und er gab Judas das Brot.
Judas fragte auch noch frech: „Bin ich es etwa?"
Jesus sah ihn an und sprach: „Ja, Judas, du bist es."
Das hörten die anderen nicht.
Aber wie böse und falsch sah Judas jetzt aus. Da merkte er, daß Jesus alles von ihm wußte.
Der Herr sprach zu ihm: „Was du tun willst, das tu bald."
Da stand Judas auf und ging hinaus, fort in den dunklen Abend. Die Jünger dachten: Wohin geht Judas nur? Will er noch etwas kaufen für das Fest? Oder will er den Armen noch Geld bringen?
Aber Judas wollte das schrecklichste Werk tun, das je ein Mensch getan hatte. Er wollte den Feinden des Herrn Jesus helfen.
Er wollte seinen Meister verraten.

Aber nun war der Verräter fort, und Jesus war mit seinen wirklichen Jüngern allein.
Sie aßen von dem Brot und tranken von dem Wein. Sie feierten das Fest zusammen.
Jesus sprach: „Dieses Fest müßt ihr später auch feiern, wenn ich nicht mehr bei euch bin. Das müssen die Menschen stets feiern, dieses Fest des heiligen Abendmahls. Seht ihr, wie ich dieses Brot durchbreche? So wird auch mein Leben für euch zerbrochen werden.
Seht ihr, wie ich den Wein in den Becher gieße? So wird auch mein Blut für euch vergossen werden.
Wenn ihr später dieses Fest feiert, müßt ihr auch Brot essen und Wein trinken. Und dann müßt ihr daran denken, daß ich für euch gestorben bin. Das dürft ihr nie vergessen!"
Und das haben die Menschen auch nie vergessen.
Noch immer feiern sie das Fest des heiligen Abendmahls.

Jesus sagte an diesem Abend noch viel mehr zu seinen Jüngern.
Er sagte auch, daß in dieser Nacht die Feinde kommen würden, um ihn zu fangen.
„Dann werdet ihr mich alle allein lassen", sprach er.
Da schüttelten sie alle die Köpfe und riefen: „Nein, das werden wir nicht tun. Wir lassen dich niemals allein."

Und Petrus rief: „Und wenn sie dich auch alle allein lassen, ich werde für dich kämpfen. Ich will für dich sterben."
Jesus erwiderte: „Du willst für mich sterben? Ach, Petrus, noch in dieser Nacht wirst du mich dreimal nicht kennen wollen. Du wirst lügen und sagen, daß du nicht mein Jünger bist. Früh am Morgen kräht ein Hahn, und bevor der Hahn kräht, wirst du das dreimal getan haben."
Petrus glaubte nicht, was der Herr da sagte. Und die andern Jünger glaubten es auch nicht. Sie konnten es nicht glauben. Doch der Herr wußte alles, was in dieser schrecklichen Nacht geschehen sollte.

Jesus redete noch viel mit seinen Jüngern. Er sagte, daß sie nicht betrübt sein sollten. Zuerst würde alles ganz traurig sein. Aber später würde alles wieder gut werden.
Jesus würde zwar sterben, aber er würde auch wieder lebendig werden. Und dann würde er zum Himmel gehen. Und dorthin würden auch später seine Jünger kommen.
Darauf beteten sie zusammen.
Jesus betete mit lauter Stimme. Er betete für seine Jünger und für alle Menschen, die an ihn glaubten. Auch für uns betete Jesus.
Er sprach: „Vater, ich will, daß sie alle zu mir in den Himmel kommen."
Als Jesus gebetet hatte, sprach er: „Steht auf, wir müssen gehen."

Dann gingen sie hinaus in die dunkle Nacht.

## *IM DUNKLEN GARTEN*

In der Nähe von Jerusalem lag ein großer Garten. Der hieß Gethsemane. Dort ging Jesus nach dem Abendmahl mit seinen Jüngern hin.
Er war so betrübt, denn nun würde es nicht mehr lange dauern, bis die rohen Männer kämen, um ihn gefangenzunehmen.
Dann würden sie ihm Schmerzen bereiten und ihn quälen und töten.
Das war schrecklich. Aber es mußte sein. Jesus wollte es ja selbst so.
Er hatte es nicht verdient, daß er so gestraft wurde. Jesus hatte niemals Böses getan. Er hatte überhaupt keine Strafe verdient.
Aber die Menschen hatten stets Böses getan. Zur Strafe dafür durften sie nicht in den Himmel kommen.
Deshalb hatte Jesus gesagt: „Vater, straf mich allein. Ich habe die Menschen lieb. Laß mich nun die Strafe für sie tragen. Dann brauchen sie nicht bestraft zu werden und können doch in den Himmel kommen."

Und nun war es soweit.
Nun sollte die Strafe kommen, die Jesus nicht verdient hatte und die er doch tragen wollte.
Aber die Strafe war so schwer!
Jesus dachte: Ich will allein sein. Ich will Gott bitten, mir zu helfen, die schwere Strafe zu tragen.
Und darum sprach er, als er am Garten angekommen war, zu den Jüngern: „Bleibt ihr hier!"
Aber drei Jünger nahm er doch ein Stück

in den Garten mit: Petrus, Jakobus und Johannes.
Er sprach zu den dreien: „Ich bin so sehr betrübt. Ihr müßt hierbleiben, aber ihr dürft nicht schlafen. Ihr müßt wach bleiben und für mich beten.“
Dann ging er allein weiter, noch tiefer in den dunklen Garten hinein. Dort fiel er auf die Knie und sprach: „Mein Vater, ich bin so bang und so betrübt, weil die schwere Strafe nun kommen soll. Aber ich werde alles tun, was du willst. Hilf mir, Vater, und mach mich stark.“

Danach stand er auf und ging zu den drei Jüngern zurück. Er wollte ihnen von seinem Kummer erzählen.
Doch als er zu ihnen kam, da lagen sie alle drei und schliefen. Da weckte sie der Herr und sprach: „Petrus, schläfst du? Kannst du denn nicht eine Stunde mit mir wachen?“
Das klang ganz traurig. Petrus erschrak und schämte sich sehr. Und sie dachten alle drei: Nun werden wir aber gewiß wach bleiben!
Doch als Jesus fort war, sanken ihre Köpfe wieder ins Gras, und ihre Augen fielen wieder zu.
Sie waren so müde, und der Schlaf kam über sie. Und so ließen sie Jesus allein mit seinem Kummer.
Jesus war wieder im Dunkeln niedergekniet. Er war so niedergeschlagen und bedrückt, denn die Strafe war so schwer.
Große Schweißtropfen standen ihm auf der Stirn, so verzagt war er. Trotzdem sprach er: „Vater, ich werde die Strafe tragen, aber hilf mir!“
Dann ging er wieder zurück zu seinen Jüngern, und sieh da, sie schliefen schon wieder. Aber jetzt ließ er sie schlafen. Er ging nochmals fort und betete.
Und die Schweißtropfen auf seiner Stirn wurden zu großen Blutstropfen, so bang und betrübt war er. Und er schüttete Gott sein Herz aus. Und abermals sprach er: „Vater, hilf mir, damit ich alles tue, was du willst.“
Da kam ein Engel vom Himmel. Der tröstete und stärkte ihn. Und da war er nicht mehr traurig und auch nicht mehr ängstlich.
Er dachte: Nun mag die schwere Strafe ruhig kommen. Dann dürfen auch später alle Menschen und alle Kinder, die mich liebhaben, in den Himmel.

Doch was geschah dort?
Dort schwankten Lichter hin und her im dunklen Garten. Stimmen von einer großen Männerschar wurden laut. Die Jünger schliefen noch, aber nun wachten sie erschreckt auf. Sie erhoben sich und stellten sich zu Jesus. Was wollten die Männer hier im Garten?
Sieh doch, Judas war auch dabei. Er lief voran.
Er zeigte den andern Männern den Weg. Das waren die Soldaten, die Jesus fangen wollten.
Judas hatte zu ihnen gesagt: „Kennt ihr Jesus auch? Nein? Dann werde ich ihn euch zeigen. Ich werde so tun, als sei ich noch sein Freund. Ich werde ihm einen Kuß geben. Paßt gut auf. Wem ich einen Kuß gebe, der ist es.“
Und da kam Judas an. Er ging geradenwegs auf Jesus zu.
„Guten Abend, Meister!“ rief Judas.

Und er gab Jesus einen Kuß. Dieser falsche, gemeine Judas!
Jesus fragte betrübt: „Judas, verrätst du mich mit einem Kuß?"
Judas wagte nichts zu erwidern. Er stellte sich schnell hinter die Soldaten. Aber Jesus ging auf die Soldaten zu.
Er fragte: „Wen sucht ihr?"
„Jesus!" riefen sie.
Jesus sprach: „Ich bin es."
Und da geschah etwas Seltsames: Alle Soldaten gingen vor Schreck zurück und fielen zu Boden.
Sie schauten voll Angst auf Jesus. Konnte er sie alle einfach zu Boden werfen? Dann konnten sie ihn ja nur fangen, wenn er es wollte.
Jesus fragte wieder: „Wen sucht ihr?"
Und die Soldaten sagten voller Furcht: „Jesus!"
Jesus sprach: „Ich bin es. Wenn ihr mich nun auch festnehmt, dann tut wenigstens meinen Jüngern nichts Böses. Laßt sie ruhig weggehen."
Dann streckte er seine Hände aus. Und die Soldaten nahmen ihn fest.
Da sprang Petrus plötzlich nach vorn. Er wollte für Jesus kämpfen.
„Laßt ihn los", rief Petrus. „Laßt meinen Herrn und Meister los."
Er trug ein großes Messer, ein richtiges Schwert bei sich. Das schwang er und schlug damit auf die Soldaten ein. Und er traf sie auch. Er schlug einem Soldaten ein Ohr ab.
Aber Jesus sprach: „Hör auf, Petrus! Du darfst mir nicht helfen. Die Engel im Himmel würden mir schon helfen. Wenn ich meinen Vater darum bäte, würden Tausende kommen. Aber das will ich nicht. Laß mich nur gehen. Dies muß alles so geschehen."
Und dann ging er auf den Soldaten zu und machte sein Ohr wieder heil. So gut war er zu seinen Feinden.
Aber die Feinde waren nicht gut zu ihm. Sie ergriffen ihn und banden seine Hände mit Stricken, als wäre er ein gefährlicher Mörder. Und dann schleppten sie ihn mit ins Dunkel hinein.
Die Jünger flohen nach allen Seiten auseinander.
Sie ließen Jesus allein.

## *JESUS UND SEINE FEINDE*

In Jerusalem stand ein schönes, großes Haus. Darin wohnte der Hohepriester. Er war der Herr über alle andern Priester.
In einem Zimmer dieses Hauses saßen der Hohepriester und noch andere vornehme Männer. Sie waren alle Feinde des Herrn Jesus. Sie saßen dort und warteten, daß er zu ihnen gebracht würde.
Sie waren sehr froh, daß sie Jesus nun gefangen hatten, und dachten: Nun haben wir ihn und lassen ihn nie wieder frei! Er muß sterben! Dann sind wir ihn los. Dann kann er nicht mehr zu den Menschen reden. Dann sind wir wieder die Vornehmsten.
Da wurde Jesus hereingebracht. Seine Hände waren gebunden.
Starke Soldaten hielten ihn fest. Und all die vornehmen Priester sahen ihn zornig an.
Aber Jesus hatte keine Angst. Er stand ganz ruhig vor ihnen.

Der Hohepriester stellte ihm viele Fragen, aber Jesus antwortete nicht.
Dann kamen schlechte Männer herein, die viel Böses über ihn erzählten. Es waren lauter Lügen, denn Jesus hatte ja nie etwas Böses getan. Er hatte den Menschen von Gott erzählt und die Kranken wieder gesund gemacht. Er hatte nur Gutes getan.
Das wußten der Hohepriester und die andern Männer genau. Aber trotzdem wollten sie Jesus bestrafen.
Der Hohepriester fragte: „Sprich doch mal! Hörst du nicht, wieviel Böses die Menschen von dir reden? Hast du so viel Böses getan?"
Aber Jesus sprach immer noch nicht.
Der Hohepriester fragte: „Bist du denn der Sohn Gottes?"
Und Jesus antwortete: „Ja, ich bin der Sohn Gottes. Es wird nicht lange mehr dauern, dann werde ich zum Himmel gehen. Aber einst werde ich zurückkehren auf die Erde. Und dann werdet ihr mich alle sehen, wenn ich kommen werde auf den Wolken des Himmels."
Da sprangen sie alle auf.
Der Hohepriester rief: „Oh, wie kann er so etwas sagen! Er ist nicht der Sohn Gottes. Er ist nur der Sohn Josephs, des Zimmermanns. Das ist Spott, das ist Fluchen. Er hat Gott verspottet! Was soll mit ihm geschehen? Was für eine Strafe soll er haben?"
Und all die andern Männer schrien: „Er muß sterben! Ja, er muß sterben!"
Da sprangen sie auf Jesus zu und schlugen ihn.
Sie spuckten ihn an. Sie quälten ihn.
Jesus aber ließ alles zu. Er klagte nicht und schimpfte die schlechten Männer nicht aus. Er strafte sie nicht wegen ihrer Bosheit.
Er wollte ja für uns alle das Schwere erdulden.
Denn weil wir Böses taten, wurde er geschlagen. Für unsere Sünden wurde er bestraft.
So lieb hat uns Jesus gehabt.

## *PETRUS*

Als die Soldaten Jesus gefangengenommen hatten, waren die Jünger geflohen.
Sie hatten große Angst, die Soldaten könnten auch sie gefangennehmen. Darum waren sie nach allen Seiten in die Dunkelheit davongelaufen.

Nur Petrus und Johannes gingen heimlich hinter den Soldaten her.
Sie wollten wissen, wo sie Jesus hinbrachten.
Da sahen sie, daß er in das große Haus gebracht wurde. In das Haus des Hohenpriesters.
Da traute Petrus sich nicht weiter. Johannes aber ging zu dem Haus. Er kannte die Magd des Hohenpriesters, die immer die Tür öffnete.
Johannes klopfte an die Tür und fragte: „Darf ich wohl hineinkommen? Und mein Freund auch?"
Die Magd sagte ja.
So kam auch Petrus in das große Haus des Hohenpriesters.
Petrus hatte jedoch Angst.
Er dachte: Es ist gefährlich, daß ich hier bin. Dies ist das Haus der Feinde. Wenn

sie erfahren, daß ich ein Jünger des Herrn bin, dann ergreifen und quälen sie mich auch!

Warum schaute ihn die Magd so an? Petrus ging schnell an ihr vorbei. Er kam auf den Hof.
Dort brannte ein Feuer hell in der Dunkelheit. Soldaten saßen daran und wärmten sich.
Petrus stellte sich zu ihnen ans Feuer. Er wärmte sich auch. Und er sah nach Jesus. Den konnte er hier gut sehen. Jesus stand mit gefesselten Händen in einem Zimmer, und die vornehmen Priester saßen vor ihm.
Aber da kam die Magd und stellte sich auch ans Feuer. Sie sah Petrus an und fragte: „Gehörst du nicht auch zu den Jüngern Jesu?“
Petrus erschrak und dachte: Ich muß jetzt lügen, sonst halten mich die Soldaten fest.
Und er antwortete: „Ein Jünger Jesu? Aber nein, ich kenne den Mann nicht.“
Das war das erste Mal, daß er seinen Herrn verleugnete.

Nun bekam Petrus noch größere Angst. Er dachte: Ich darf nicht länger in diesem gefährlichen Haus bleiben.
Er ging zur Tür.
An der Tür stand aber gerade die Magd und unterhielt sich mit einigen Leuten. Und als Petrus herankam, sagte sie zu den andern: „Dieser Mann gehört auch zu Jesus.“
Petrus erschrak wieder sehr und sagte: „Aber nein, das ist nicht wahr. Ich kenne Jesus nicht.“

Das war das zweite Mal, daß er seinen Herrn verleugnete.

Jetzt traute sich Petrus nicht mehr fortzugehen.
Er dachte: Nun werden sie mich beim Hinausgehen erkennen und festnehmen. Das Haus ist bewacht.
Er hatte solche Angst! Er ging wieder ans Feuer und setzte sich zu den Soldaten. Er schaute nach Jesus und sah, wie er geschlagen und verspottet wurde.
Wenn sie mich packen, werden sie mich sicher auch schlagen, dachte Petrus.
Da fragte auf einmal einer der Soldaten: „Sag, bist du nicht auch einer von den Jüngern?"
„Nein", antwortete Petrus schnell.
Nun schauten sie ihn alle an. Und ein anderer Soldat sagte: „Doch, ich habe dich in dem dunklen Garten gesehen."
Petrus rief: „Es ist nicht wahr, ich kenne den Mann nicht. Ich bin kein Jünger von ihm!"
Und er fluchte dabei, damit alle Menschen glauben sollten, daß er kein Jünger Jesu sei.
Das war das dritte Mal, daß er seinen Herrn verleugnete.

Da krähte ein Hahn. – Petrus hörte es. Was hatte Jesus doch gesagt? „Bevor der Hahn kräht, wirst du mich dreimal verleugnen."
Nun dachte Petrus an diese Worte.
„Das werde ich nie tun!" hatte er erwidert.
Und er hatte es doch getan!
Petrus schämte sich sehr. Er sah erschrokken zu Jesus hin. Der stand weit fort von ihm im Zimmer bei den Feinden. Aber er wußte genau, daß Petrus draußen war. Er wußte auch, was geschehen war. Jesus drehte sich um und sah Petrus an.
Da konnte Petrus es nicht mehr aushalten.
Die betrübten Augen Jesu fühlte er tief in seinem Herzen. Er sprang auf und lief fort in die Dunkelheit. Und er weinte bitterlich. Vor Reue.
„Ach, Meister, was habe ich getan! Wie schlecht bin ich gewesen! Ich dachte, ich wäre der beste von allen Jüngern, und nun bin ich der schlechteste! Ach, lieber Herr Jesus, vergib mir."
Ob der Herr dem Petrus wohl vergeben hat?

## *KREUZIGE IHN*

Die Nacht war vorüber. Und Jesus war immer noch im Haus des Hohenpriesters. In den Händen seiner Feinde. Sie hatten gesagt, daß er sterben müsse. Sie wollten ihn unbedingt töten.
Aber das konnten sie nicht so ohne weiteres tun.
Sie waren ja nicht die Herren im Land. Fremde Soldaten waren die Herren. Es waren die Römer.
Der vornehmste Römer hieß Pilatus. Der war der Herr über das ganze Land und über alle Menschen.
Darum gingen der Hohepriester und all die andern bösen Männer mit Jesus zu Pilatus. Sie wollten den Römer fragen, ob sie Jesus töten dürften. Viele Menschen gingen mit. Immer mehr Menschen kamen hinzu.

Pilatus wohnte in einem großen Palast. Als all die Menschen mit Jesus ankamen, ging er nach draußen und fragte: „Warum bringt ihr diesen Mann zu mir?"
„Weil er sterben muß!" riefen die Priester. „Weil er so viel Böses getan hat."
Pilatus fragte: „Was hat er denn Böses getan?"
Da zählten sie alles auf. Es waren alles Lügen, aber Jesus sagte nichts dazu.
Pilatus sah Jesus an. Der stand da so still und geduldig. Er sah nicht einmal wütend drein bei all diesen Lügen. Er sah nur traurig aus.
Pilatus dachte: Der Mann hat bestimmt nichts Schlechtes getan.
Er sprach auch kurz mit Jesus. Und da wußte er es ganz sicher: Jesus hatte wirklich nichts Schlechtes getan. Aber er sagte nicht: „Ihr müßt den Mann freilassen!"
Das wagte er nicht. Er hatte Angst vor den vornehmen Priestern und vor all den vielen Menschen.
Pilatus dachte: Ich werde es ganz schlau anfangen. Ich werde dafür sorgen, daß Jesus freikommt und daß die Menschen trotzdem nicht wütend auf mich werden.
Deshalb schickte er ein paar Soldaten ins Gefängnis.
Dort waren ganz schlimme Männer eingesperrt.
Die Soldaten holten einen Mörder heraus, der Barabbas hieß, und den stellte Pilatus neben Jesus.
Er sagte zu den Menschen: „Heute ist ein Festtag. Darum dürft ihr wählen, welchen von diesen beiden ich freilassen soll, Barabbas oder Jesus?"
Er dachte: Nun werden sie natürlich sagen: Laßt Jesus frei. Sie werden den gefährlichen Mörder bestimmt nicht freilassen.
Aber er wußte nicht, daß die Menschen so böse waren auf Jesus.
Sie riefen alle: „Weg mit Jesus! Laßt Barabbas los!"
Pilatus bekam einen Schreck.
Er fragte: „Was soll ich denn mit Jesus tun?"
„Er muß sterben!" riefen die Priester. „Er muß gekreuzigt werden!"
Da riefen alle übrigen auch: „Ja, sterben muß er! Kreuzige ihn! Kreuzige ihn!"

Jesus hörte alles. Er hatte den Menschen nie Böses getan, im Gegenteil, er war stets gut zu ihnen gewesen. Er hatte ihre Kranken geheilt. Er hatte ihre Kinder gesegnet.
Und damals liebten die Menschen ihn auch. Damals hatten sie ihn zum König machen wollen. Sie hatten gesagt: „Jesus kann alles. Er ist der Sohn Gottes. Jesus muß unser König sein."
Als er aber ihr König nicht werden wollte, wollten auch sie nichts mehr von ihm wissen.
Und nun waren sie böse auf ihn. Sie sahen ihn dort stehen mit Stricken an den Händen und dachten: Nein, er kann nicht alles. Er ist nicht der Sohn Gottes. Er ist ein Betrüger. Und sie schrien: „Weg mit dem Betrüger! Kreuzige ihn! Laß Barabbas frei!"

Da ließ der ängstliche Pilatus den Mörder Barabbas frei.
Jesus aber blieb gefangen.

Pilatus hatte jedoch noch einen Plan, um zu verhindern, daß Jesus gekreuzigt würde. Er nahm ihn mit hinein und rief seine Soldaten. Die zogen Jesus die Kleider vom Leib.
Sie banden ihn an einem Pfahl fest und geißelten ihn.
Sie schlugen ihn auf den bloßen Rücken. Dann warfen sie ihm einen alten Soldatenmantel über und verspotteten ihn. „Das ist sein Königsmantel!" riefen sie. Sie nahmen Dornen und flochten einen Kranz daraus. Den drückten sie Jesus fest auf den Kopf.
„Das ist seine Königskrone", lachten sie. Sie gaben Jesus auch einen Stecken in die Hand.
Sie lachten ihn aus und riefen: „Guten Tag, König! Oh, was bist du für ein schöner König!"
Jesus ließ alles mit sich geschehen, weil er unsre Strafe tragen wollte.

Schließlich nahm Pilatus Jesus wieder nach draußen.
Er stellte ihn vor die Menschen.
Jesus sah so elend aus. Das Blut tropfte von seinem Antlitz. Und er war so bleich und so müde.
Pilatus dachte: Nun werden die Menschen Mitleid mit ihm haben. Sie werden sagen: Laß ihn nur frei!
Er zeigte auf Jesus und sagte: „Seht, welch ein Mensch!"
Aber die bösen Priester hatten kein Mitleid. Und die andern Menschen auch nicht. Sie schrien: „Fort mit ihm! Kreuzige ihn! Kreuzige ihn!"
Sie schrien sehr laut. Pilatus bekam Angst vor den Menschen.
Er sagte: „Dann nehmt ihn nur mit. Tut mit ihm, was ihr wollt!"
Da packten die Soldaten Jesus und brachten ihn fort, damit er gekreuzigt werde.

## *GOLGATHA*

Dies wird eine sehr traurige Geschichte.
Und dennoch – eine schöne Geschichte.
Sie handelt davon, wie Jesus am Kreuz gestorben ist. Wieviel Schmerzen er erlitten hat. Wie elend er gewesen ist.
Wenn du sie hörst, wirst auch du traurig sein.
Aber dann weißt du auch, wie lieb uns Jesus gehabt hat. Denn er hat das alles für uns erlitten. Und weil er das getan hat, dürfen wir Gottes Kinder sein.
Darum ist die Geschichte doch schön!
Wenn du daran denkst, wirst du wieder froh.

Die Soldaten brachten Jesus fort, damit er gekreuzigt werde.
Sie nahmen ein schweres Holz und legten es auf seine Schulter. Zwei schwere Holzstücke, die aufeinandergenagelt waren.
Das war das Kreuz. Das mußte er selbst tragen.
So gingen sie durch die Straßen von Jerusalem. Soldaten voraus und Soldaten hinterher und Jesus in der Mitte mit dem schweren Kreuz aus Holz. Und viele Menschen gingen auch mit. Sie johlten und schrien. Und sie drängelten, um vorwärtszukommen.
Aber Jesus war so müde! Er hatte schon so viel gelitten. Er konnte das schwere Kreuz fast nicht mehr tragen.

Und auf einmal brach er zusammen, und das Kreuz lag über ihm.
„Vorwärts!" riefen die Soldaten. „Heb das Kreuz auf!"
Aber Jesus konnte nicht mehr.
Da riefen sie einen Bauer, der gerade daherkam.
Der hieß Simon.
„Komm her!" befahlen sie. „Trag das Kreuz für den Mann!"
Das wollte Simon gern tun.
Die Soldaten zogen Jesus mit. Simon lief hinter ihm her mit dem Kreuz.
So kamen sie vor die Stadt. Dort lag ein Hügel, eine kahle Anhöhe aus Sand. Die hieß Golgatha. Dort legten die Soldaten Jesus auf das Kreuz.
Sie schlugen Nägel durch seine Hände und Füße und stellten dann das Kreuz aufrecht in den Boden.
Jesus wurde aber immer noch nicht böse auf die Männer.
Er bat sogar Gott, daß er sie nicht dafür strafen möge, weil sie so grausam und so schlecht zu ihm waren.
Er sprach: „Vater, vergib ihnen, denn sie wissen nicht, was sie tun!"

Dann wurden noch zwei weitere Kreuze in den Boden gerammt, an jeder Seite eins. Und an jedem der Kreuze hing auch ein Mann.
Es waren zwei Mörder, die bestraft werden mußten. So hing Jesus zwischen zwei Mördern.
Die Menschen standen da und sahen sich alles mit an.
Die Feinde Jesu, die Priester und Pharisäer, standen auch da. Sie hatten immer noch kein Mitleid.
„Ha!" riefen sie, „da hängt er nun! Er hat gesagt, er sei der Sohn Gottes. Warum hilft Gott ihm nicht?
Er hat gesagt, er könne alles. Warum kommt er denn nicht vom Kreuz herunter? Er kann es ja gar nicht!"

Aber Jesus konnte es wohl.
Nur ... er wollte es nicht.
Er wollte die Strafe tragen.
Er wollte sterben, weil er die Menschen liebhatte.
Die Soldaten spotteten auch.
Und einer der Mörder, der neben Jesus am Kreuz hing, konnte auch nicht stillbleiben. Er sagte: „Ja, wenn du der Sohn Gottes bist, dann kannst du doch alles. Steig doch vom Kreuz herab und hilf uns auch herunter!"
Aber der andere Mörder spottete nicht. Er sagte: „Sei doch still! Du hast es verdient, daß du da hängst. Und ich auch. Wir haben viel Böses getan. Aber Jesus hat nichts Böses getan."
Dann wandte er seinen Kopf zur Seite und bat: „Herr Jesus, denk an mich, wenn du in dein Königreich kommst."
Und Jesus sprach zu ihm: „Heute noch wirst du mit mir im Paradies sein."
Nun brauchte der Mann keine Angst mehr vor dem Sterben zu haben.
Wenn er auch noch so viel Böses getan hatte, er durfte doch zu Jesus in den Himmel kommen.

Nicht alle waren Feinde, die dort beim Kreuz standen.
Maria, die Mutter Jesu, stand auch da. Und Johannes, einer der Jünger Jesu, war bei ihr.

Die arme Maria war so sehr traurig. Sie sah, wie ihr Sohn leiden mußte, und sie konnte ihm nicht helfen. Nun würde er bald sterben.
Und wer würde dann für sie sorgen?
Aber Jesus sah seine Mutter stehen. Er hatte solches Mitleid mit ihr und dachte: Nun muß Johannes ihr Sohn sein. Jetzt muß er für sie sorgen.
Darum sprach Jesus zu Maria: „Dort steht dein Sohn!"
Und zu Johannes sprach er: „Dort steht deine Mutter."
Das verstand Johannes gut. Er nahm Maria mit nach Hause und sorgte fortan für sie.

Jesus hing lange am Kreuz.
Es war nun schon Mittag. Die Sonne stand hoch am Himmel. Sie brannte auf ihn hernieder.
Da ging die Sonne auf einmal fort. Es war noch lange nicht Abend, und doch wurde es dunkel.
Es war noch Tag, und doch sah es aus, als wäre es Nacht. So dunkel war es überall!
Die Menschen bekamen einen Schreck. Keiner wagte mehr zu spotten. Es wurde ganz still auf Golgatha.
Und in der Stille hing Jesus und litt solche Not.
Die Strafe war so schwer, und die Finsternis war so schrecklich.
Es schien, als wolle sein Vater im Himmel nichts mehr von ihm wissen.
Alle seine Freunde waren fort. Sie hatten ihn verlassen.
Hatte Gott ihn auch verlassen?
Drei Stunden blieb es dunkel.
Schließlich konnte Jesus es nicht mehr aushalten.
Er rief: „Mein Gott, mein Gott, warum hast du mich verlassen?"
Da wurde es wieder hell.
Und da wußte Jesus, daß sein Vater im Himmel ihn nicht verlassen hatte. Daß Gott ihn liebhatte und ganz nahe bei ihm war.

Nun war die Strafe fast vorüber. Jesus hatte alles ertragen.
Er hatte sein großes Werk für die Menschen getan.
Er hatte alles vollbracht.
Das wollte Jesus noch sagen, aber er konnte es beinahe nicht mehr. Er war schon fast gestorben und konnte kaum mehr sprechen.
Er jammerte: „Mich dürstet."
Da kam ein Mann mit einem langen Stab.
Am Ende des Stabes saß ein Schwamm.
Den machte er naß und drückte ihn dann gegen die Lippen des Herrn. So konnte er noch etwas trinken.
Als Jesus getrunken hatte, blickte er um sich und rief: „Es ist vollbracht!"
Das klang so froh!
Das große Werk war getan. Die Menschen konnten wieder in den Himmel kommen.
Nun konnte Jesus ruhig sterben.
Er dachte: Ich werde meinen Vater bitten, daß er für mich sorgt, wenn ich gestorben bin.
Und er sprach: „Vater, in deine Hände befehle ich meinen Geist."
Dann senkte er den Kopf.
Er schloß seine Augen.
Dann ist Jesus gestorben.

IN

## *JESUS WIRD BEGRABEN*

Jesus war gestorben.
Aber sein Leichnam hing noch am Kreuz.
Dort hing er, bis es Abend wurde.
Dann kamen ein paar Männer und Frauen. Das waren Freunde.
Sie machten den Leichnam Jesu ganz vorsichtig los. Sie hatten schöne leinene Tücher bei sich. Die wickelten sie um den Leichnam. Sie hatten auch Kräuter, die herrlich dufteten. Die legten sie zwischen die Tücher.
So trugen sie den Leichnam Jesu voll Ehrfurcht fort in einen schönen Garten ganz in der Nähe.
In dem Garten war ein Grab, eine dunkle Höhle in einem Felsen. Dahinein legten sie den Leichnam Jesu.
Und dann rollten sie gemeinsam einen großen runden Stein vor die dunkle Höhle.

Der Herr war begraben.
Die Männer und Frauen weinten und dachten: Nun ist Jesus tot! Nun kann er nie mehr mit uns sprechen! Nun kann er uns nicht mehr froh und glücklich machen! Wir dachten, daß alles so herrlich werden sollte, und nun ist alles so traurig geworden!
Und sie vergaßen ganz, daß Jesus gesagt hatte: „Ich werde zwar sterben, aber ich werde auch wieder lebendig werden. Nach drei Tagen werde ich wieder auferstehen aus dem Grabe."
Wenn sie nur daran gedacht hätten! Dann wären sie nicht so traurig gewesen.
Aber die Priester und Pharisäer dachten schon daran.
Sie schickten Soldaten ans Grab und sagten ihnen: „Ihr müßt am Grab bleiben und müßt gut aufpassen, daß nichts damit geschieht. Das Grab darf nicht geöffnet werden. Und Jesus muß darin bleiben."
Und so hielten die Soldaten am Grab Wache.
Würden sie jedoch Jesus zurückhalten können, wenn er hinausgehen wollte?

## *DER HERR IST AUFERSTANDEN*

Es war noch früh am Morgen. Es wurde eben erst ein wenig hell.
Die Soldaten hielten am Grab des Herrn Wache. Sie mußten aufpassen, daß nichts am Grab geschehe. Es sollte geschlossen bleiben. Und niemand sollte sich ihm nähern.

Sie standen hier bereits den dritten Tag, und es war noch nichts geschehen. Es war auch noch niemand gekommen.
Aber an dem stillen Morgen kam doch jemand. Und den konnten die Soldaten nicht verjagen!
Es war ein Engel.
Sein Kleid war weiß wie Schnee. Und als seine Füße den Boden berührten, begann die Erde zu erbeben.
Die Soldaten erschraken fast zu Tode. Sie sahen nur noch, wie der Engel zum Grab ging und den schweren Stein fortrollte.
Da flohen sie voll Angst, so schnell sie konnten.
Und der Engel war allein am Grab.

Und an diesem stillen, frühen Morgen wurde Jesus wieder lebendig und ging aus dem dunklen Grab. Er war auferstanden von den Toten.
Der Tod konnte ihn nicht festhalten, weil er der Sohn Gottes war.
Nun war seine Strafe ganz abgelaufen. Nun würde er nie mehr Schmerzen leiden oder Kummer haben.
Der Engel war sein Diener, den Gott ihm gesandt hatte.
Und all die anderen Engel waren auch seine Diener.
Er war der König des Himmels und der Erde!
Doch die Jünger wußten noch nicht, daß der Herr auferstanden war.

Da kamen Frauen an das Grab. Es waren dieselben Frauen, die den Herrn begraben hatten.
Sie waren sehr betrübt, denn sie dachten, Jesus sei noch tot.
Und nun hatten sie Kräuter gekauft, noch mehr Kräuter, die so herrlich dufteten. Die wollten sie auf den Leichnam des Herrn Jesus legen.
Als sie aber in den schönen Garten kamen, dachten sie an den Stein, der vor das Grab gerollt war. Sie sagten: „Wer wird uns helfen, den schweren Stein wegzurollen?“

Auf einmal blieben sie stehen, und ihre Augen wurden groß vor Schreck. Denn der Stein war schon weggerollt.
Wie kam das?
Wer hatte das getan?
War schon jemand im Grab des Herrn gewesen?

Sollten die bösen Feinde gekommen sein, um den Leichnam des Herrn wegzunehmen?
Eine der Frauen lief sofort zurück. Sie dachte: Ich werde es schnell den Jüngern erzählen. Die Frau hieß Maria Magdalena.
Doch die andern Frauen gingen weiter bis zum Grab.
Und da erschraken sie wieder! Denn es war jemand im Grab. Ein Engel war es in einem schönen weißen Kleid. Und noch einer! Zwei Engel standen bei den Frauen im Grab. Und die Frauen bekamen große Angst.
Aber die Engel sprachen: „Habt keine Angst! Ihr sucht Jesus, der gekreuzigt ist. Er ist nicht hier, er ist auferstanden! Kommt und seht. Hier ist die Stelle, wo er gelegen hat."
Sie sahen es: Die Stelle war leer. Aber sie begriffen es noch nicht recht. Sie konnten es fast nicht glauben.
Da sprachen die Engel: „Wißt ihr denn nicht mehr, was der Herr früher selbst zu euch gesagt hat? Er hat gesagt: ‚Ich werde sterben, aber nach drei Tagen werde ich wieder aus dem Grab auferstehen!'"
Ja, nun fiel es ihnen wieder ein. Und sie waren sehr froh.
„Geht nun schnell und erzählt es seinen Jüngern", sagten die Engel.

Ja, das wollten sie tun. Sie liefen schnell den Weg zurück und zitterten vor Freude.
Doch siehe, wer kam dort auf sie zu?
Wer begrüßte sie so freundlich?
Das war Jesus! Er lebte wieder!
Er stand vor ihnen. Sie hatten ihren lieben Meister wieder.
Die Frauen fielen vor ihm auf die Knie. Sie hielten seine Füße fest. Und sie schluchzten vor Freude.
Jesus sprach: „Sagt meinen Jüngern, daß auch sie mich sehen werden."
Dann waren die Frauen wieder allein.
Jesus war plötzlich weg. Aber die Frauen wußten nun sicher, daß er lebte. Sie hatten ihn gesehen und seine freundliche Stimme gehört. Und sie liefen schnell in die Stadt zu den Jüngern.
Sie lachten und jauchzten: „Der Herr ist auferstanden!"
Aber die Jünger schüttelten traurig den Kopf.
„Ihr habt geträumt", sagten sie.
Sie konnten es nicht glauben.

## *MARIA MAGDALENA*

Maria Magdalena stand am Grab und weinte.
Sie wußte noch nicht, daß Jesus auferstanden war.
Die andern Frauen wußten es schon, aber Maria Magdalena wußte es nicht. Sie war ja zu den Jüngern zurückgegangen, als die anderen Frauen Jesus gesehen hatten. Sie glaubte, der Leichnam des Herrn sei fortgenommen und anderswo hingebracht worden.
Und nun war sie wieder zum Grab gekommen, um ihn zu suchen. Aber wo konnte sie ihn finden?
Ach, sie war ja so traurig. Sie wußte sich vor Kummer keinen Rat. Sie stand am Grab und weinte. Sie bückte sich und sah

durch die dunkle Öffnung nach innen. Da sah sie zwei Männer sitzen in weißen Kleidern. Die saßen an der Stelle, wo der Leichnam des Herrn gelegen hatte. Es waren zwei Engel, doch das wußte Maria nicht.

Die Engel fragten: „Frau, warum weinst du denn so?“

Maria schluchzte: „Weil sie meinen Herrn weggenommen haben und ich nicht weiß, wo sie ihn hingelegt haben.“

Maria drehte sich um, und da sah sie noch jemand in weißen Kleidern stehen. Es war Jesus, aber das merkte Maria nicht. Sie konnte ihn durch ihre Tränen hindurch nicht erkennen.

Jesus fragte: „Warum weinst du? Wen suchst du?“

Und Maria merkte noch nicht, daß Jesus zu ihr sprach.

Sie dachte, es sei der Gärtner. Deshalb schluchzte sie: „Ach, Herr, hast du ihn fortgetragen? Sag mir doch, wo du ihn hingebracht hast?“

Da sprach Jesus nur ein Wort. Er sagte: „Maria!“

Und auf einmal erkannte Maria Magdalena, daß es der Herr war.
„Herr Jesus! Lieber Meister!“ rief sie. Und sie wollte ihn mit beiden Händen festhalten, daß er immer bei ihr bliebe.
Aber Jesus sagte freundlich:
„Halt mich nicht fest, denn ich kann hier nicht bleiben. Ich werde wieder zu meinem Vater in den Himmel gehen. Geh aber zu meinen Jüngern und sage es ihnen.“
Und dann war Jesus plötzlich wieder fort.

Maria Magdalena war nun aber nicht mehr traurig. Sie hatte ja ihren lieben Herrn wieder. Sie lief schnell zu den Jüngern und rief: „Ich habe den Herrn Jesus gesehen.“ Und sie erzählte alles, was Jesus gesagt hatte.
Aber die Jünger konnten es noch immer nicht glauben.

## *DER ABEND*

Es gingen zwei Männer die Straße entlang. Zwei betrübte Männer ...
Sie kamen aus Jerusalem und wollten in ein kleines Dorf, das Emmaus hieß. Dort wohnten sie.
Sie sprachen über Jesus und sagten: „Ach, wie schade ist es doch, daß er tot ist! Und wir glaubten, daß er König werden würde. Wir dachten, daß er der Heiland sei, der Sohn Gottes, der uns alle glücklich macht. Aber er war nicht der Sohn Gottes, denn sonst wäre er doch nicht gestorben.
Und was die Frauen in Jerusalem erzählten, glaubst du daran? Sie sagen, er sei wieder aus dem Grab auferstanden. Aber das kann doch gar nicht sein. Dann wäre er ja doch der Sohn Gottes! Aber warum mußte er dann erst sterben?“
Sie verstanden das nicht und schüttelten traurig den Kopf.
Da ging auf einmal ein Mann neben ihnen her. Es war der Herr, aber das merkten sie nicht.
Er fragte: „Worüber redet ihr denn so eifrig und warum seht ihr so traurig aus?“
Und sie antworteten: „Weißt du denn nicht, was in Jerusalem geschehen ist?“
„Was denn?“ fragte der Fremde.
„Weißt du nicht, was sich mit Jesus zugetragen hat?“ antworteten sie.
„Du hast doch sicher schon von Jesus gehört? Er war so gut und konnte alles.
Er hat Kranke wieder gesund gemacht. Er hat Blinde wieder sehend gemacht. Und noch viel mehr Wunder hat er getan. Aber die bösen Priester haben ihn gefangen und gekreuzigt. Und nun ist er tot. Und wir dachten, daß er der Heiland sei, der uns alle glücklich machen würde. Aber er ist schon drei Tage tot. Und nun sind da Frauen in Jerusalem, die sagen, daß er lebe, daß er aus dem Grab auferstanden sei. Aber das glauben wir nicht. Das kann doch gar nicht sein. Warum hat er dann erst sterben müssen?“
Und sie dachten, daß der Fremde nun auch sagen würde: „Nein, das ist fast unmöglich.“
Aber der Mann sagte ganz etwas anderes. Er sprach: „Wie dumm seid ihr doch! Warum glaubt ihr das nicht? Es ist wahr,

Jesus ist wirklich auferstanden. Und ihr fragt noch, warum er gestorben ist? Das mußte sein, damit die Menschen wieder glücklich werden. Das wollte Jesus so. Er wollte die Strafe tragen, die die Menschen verdient hatten, damit sie in den Himmel kommen können. Seht ihr jetzt ein, daß Jesus die Menschen doch glücklich gemacht hat? Daß er doch der Heiland ist?"

Er erzählte ihnen noch viel mehr. Die beiden Männer hörten zu, und ihr Kummer verschwand ganz.

Denn nun verstanden sie alles und wußten sicher, daß Jesus doch auferstanden war.

Sie hätten dem Mann noch gern länger zugehört, aber es ging nicht mehr, denn sie waren an ihrem Haus angekommen. Und der Mann wollte weitergehen.

Aber das wollten sie nicht zulassen. „Bleib bei uns", sprachen sie, „denn es ist Abend. Gleich wird es dunkel, und dann kannst du doch nicht weitergehen!"

Und zu ihrer Freude ging der Mann mit ihnen hinein.

Er setzte sich mit ihnen zu Tisch, um zu essen.

Die beiden Männer sahen ihn an.

Wer war das nur, der sie so froh gemacht hatte?

Seine Augen waren so freundlich, seine Stimme war so leise und so gut!

Sieh, nun nahm er das Brot. Er betete und brach das Brot mittendurch und gab jedem ein Stück.

Und plötzlich wußten die Männer, wer er war! Er war der Herr.

Sie streckten die Hände nach ihm aus.

„Jesus, lieber Meister!" wollten sie rufen.

Aber da war Jesus auf einmal nicht mehr da.

Wohin war er so schnell verschwunden? Sie wußten es nicht. Es war alles so wunderlich.
„Oh, oh“, sagten sie, „den ganzen Weg sind wir mit ihm gegangen und wußten nicht, daß er es war. Aber darum wurden wir auf einmal so froh!“
Nein, nun aßen sie nicht weiter. Sie gingen sofort nach Jerusalem zurück, um den Jüngern alles zu erzählen. Wie froh würden sie sein, wenn sie es hörten!
Die Jünger waren in einem Haus versammelt, und die Tür war gut verschlossen. Denn sie hatten Angst vor den bösen Priestern.
Als aber die beiden Männer anklopften, ging die Tür auf. Sie durften schon hinein. Doch bevor sie etwas sagen konnten, riefen die Jünger bereits: „Der Herr ist wirklich auferstanden. Petrus hat ihn gesehen!“
„Ja“, riefen die beiden Männer, „wir haben ihn auch gesehen.“ Und sie erzählten alles, was geschehen war.

Und siehe, als sie noch eifrig am Reden waren, wer stand auf einmal unter ihnen? Wer grüßte sie so freundlich? War das Jesus? Wie war er aber hereingekommen? Die Tür war doch abgeschlossen, und die Fenster waren auch zu.
Sie erschraken darüber sehr.
Aber Jesus sprach: „Habt keine Angst, ich bin es. Kommt nur, berührt mich nur!

Betrachtet mich gut, dann werdet ihr sehen, daß ich es wirklich bin."
Und dann zeigte er ihnen seine Hände und seine Füße. Darin waren noch die Löcher von den Nägeln. Er bat auch um etwas Essen. Und er aß ein Stück Brot und ein wenig Honig.
Da glaubten sie, daß es ihr lieber Meister war. Er saß wieder bei ihnen am Tisch, genauso wie früher. Und sie durften wieder auf seine freundliche Stimme hören. Welch ein herrlicher Abend ist das dann geworden!
Als Jesus später fortging, war niemand mehr traurig. Jetzt wußten sie, daß sie ihren Herrn und Meister wieder hatten und daß er der Heiland war, der noch sehr viele Menschen glücklich machen würde.

## *AM SEE*

Am Ufer des Sees lag ein Schiff.
Und am Wasser entlang gingen sieben Männer. Es waren sieben Jünger des Herrn. Petrus war auch dabei.
Jesus hatte gesagt, daß sie hierhergehen sollten und daß er hier wieder zu ihnen kommen werde. Nun warteten sie auf ihren Herrn.
Am Ufer lag auch das Schiff des Petrus, mit dem er so oft gefahren war. Es lag dort, als ob es auf Petrus wartete.
„Ich gehe fischen", sagte Petrus.
„Wir gehen mit", sagten die andern.
Da stiegen sie alle sieben in das Schiff und fuhren auf den großen See hinaus. Es ging schon auf den Abend zu.
Sie warfen das Netz ins Wasser und fischten die ganze Nacht, aber sie fingen nichts. Als es Morgen wurde, kamen sie wieder in die Nähe des Ufers.
Da hörten sie eine Stimme rufen. Am Ufer des Sees stand ein Mann in einem weißen Kleid. Die Jünger konnten ihn kaum erkennen, so dunkel war es noch. Es war ja noch früh am Tag. Aber sie hörten genau, was die Stimme sagte.
„Habt ihr auch etwas zu essen?" rief der Mann.
„Nein", riefen sie zurück.
„Werft das Netz auf der andern Seite des Schiffes aus", rief der Mann, „dann werdet ihr Fische fangen."
Sie versuchten es. Sie holten das Netz aus dem Wasser und warfen es auf der anderen Seite des Schiffes wieder hinein. Dann ruderten sie ein Stück weiter und zogen es wieder hoch ...
Ja, sie wollten es hochziehen, aber sie konnten es nicht! So voller Fische war das Netz.
Wie freuten sich da die Jünger! Der Mann hatte doch recht gehabt. Aber wer war es nur?
Johannes kam als erster darauf. Er sagte zu Petrus: „Es ist der Herr!"
Natürlich, es war der Herr! Da hielt Petrus es nicht mehr im Schiff aus. Er sprang einfach ins Wasser und schwamm ans Ufer.
Petrus mußte beim Herrn Jesus sein.
Die anderen Jünger blieben im Schiff und fuhren damit ans Ufer. Da sahen sie den Herrn an einem Feuerchen sitzen. Über dem Feuer wurde bereits Fisch gebraten. Und Brot war auch da.
Jesus wartete auf seine Jünger und hatte alles für sie zubereitet.

Jesus sprach: „Bringt ein paar von den Fischen, die ihr gefangen habt."
Petrus holte einige. Er zog das Netz ans Ufer hoch und zählte die Fische. Hundertdreiundfünfzig große Fische waren es. Und doch war das Netz nicht zerrissen. Es war wie ein Wunder.

Es wurde ein schöner Morgen am Ufer des Sees.
Sie saßen im Kreis um das Feuer, Jesus und seine Jünger. Er nahm das Brot und teilte es aus. Er gab ihnen auch von dem Fisch zu essen, und die Jünger sahen still und andächtig auf ihren Meister. Sie fanden es herrlich, daß er wieder bei ihnen war.
Doch Petrus war ein wenig verlegen und dachte: Ich bin so schlecht gewesen. Ob ich wohl noch das schöne Werk tun darf, das der Herr uns gelehrt hat, und ob ich später in die Welt gehen darf, um die Menschen froh zu machen? Ob ich wohl noch ein Knecht Jesu sein darf?
Auch die anderen Jünger dachten: Gehört Petrus eigentlich noch zu uns?
Ja, wo er doch etwas ganz Häßliches getan hatte! Dreimal hatte er den Herrn verleugnet. Dreimal hatte er gesagt, daß er nicht zu ihm gehöre.
Gehörte er da noch zu ihnen?

Als sie gegessen hatten, fragte Jesus plötzlich: „Petrus, hast du mich mehr lieb als die andern Jünger?"
Petrus erschrak.
Ja, er hatte es früher einmal gesagt, daß er den Herrn von allen Jüngern am meisten liebe.
„Und wenn sie auch alle fliehen sollten, ich werde dich nie allein lassen. Ich will für dich kämpfen. Ich will für dich sterben!"
Das hatte Petrus gesagt, aber das wagte er nun nicht zu wiederholen. Er schämte sich so!
Aber er liebte den Herrn doch sehr.
Und das wußte Jesus genau.
Petrus antwortete leise: „Ja, Herr, du weißt, daß ich dich liebhabe."
Da sprach Jesus: „Dann darfst du mein Diener sein."
Eine Weile war es still.
Dann fragte Jesus wieder: „Petrus, hast du mich lieb?"
Petrus wurde traurig. Glaubte ihm der Herr nicht mehr? Ach, er hatte ja so schrecklich gelogen!
Petrus sagte betrübt: „Herr, du weißt doch, daß ich dich liebhabe."
Und Jesus sprach: „Dann darfst du auch mein Diener sein."
Und wieder war es eine Weile still.
Und dann fragte Jesus zum dritten Mal: „Petrus, hast du mich wirklich lieb?"
Dreimal hatte Petrus gelogen und gesagt, daß er Jesus nicht kenne.
Nun mußte er auch dreimal sagen, daß er den Herrn sehr liebhabe.
Petrus sagte schluchzend: „Herr, du weißt alles. Dann weißt du auch, daß ich dich liebhabe."
Jesus erwiderte: „Dann darfst du aber auch mein Diener sein und in die Welt gehen, um mein Werk zu tun."
Und er sprach: „Früher tatest du, was du wolltest, Petrus, aber nun mußt du tun, was ich will."
Und da war alles wieder gut.
Da wußten auch die andern Jünger, daß

Petrus doch zu ihnen gehörte, und daß Jesus ihm alles vergeben hatte.

## *JESUS GEHT WIEDER ZUM VATER*

Als Jesus aus dem Grab auferstanden war, blieb er noch eine Weile bei seinen Jüngern auf der Erde.
Aber nicht mehr lange.
Denn sein Werk auf der Erde war getan.
Er hatte alles vollbracht.
Dann ist er wieder zu seinem Vater in den Himmel gegangen.
Einmal noch ist Jesus mit all seinen Jüngern zusammengekommen.
Judas war nicht mehr dabei. Der war bestraft worden für seinen Verrat.
Der falsche Judas war tot.
Aber die andern waren alle versammelt und hörten dem Herrn gut zu, denn sie wußten, daß er zum letztenmal bei ihnen war.
Jesus sagte, die Jünger dürften nun bald das schöne Werk tun, das er sie gelehrt hatte. Sie müßten in die weite Welt gehen, um den Menschen überall von Jesus zu erzählen.
Das war ein schönes Werk, aber auch ein mühseliges und gefährliches Werk.
Doch die Jünger brauchten keine Angst zu haben. Jesus würde ihnen helfen und für sie sorgen.
Jesus sprach: „Ich werde euch nicht allein lassen. Ich werde jemand schicken, der immer bei euch sein wird. Das ist der heilige Geist. Der wird euch stark machen und weise. Der wird euch sagen, was ihr tun müßt.
Und deshalb könnt ihr noch nicht sofort in die weite Welt gehen. Ihr müßt in Jerusalem bleiben, bis der heilige Geist gekommen ist."

Als Jesus alles gesagt hatte, was seine Jünger wissen mußten, ging er mit ihnen aus der Stadt hinaus.
Nahe bei Jerusalem war ein Berg. Der hieß der Ölberg. Dorthin gingen sie.
Als sie auf dem Berg angekommen waren, nahm der Herr Abschied von seinen Jüngern. Noch einmal sah er sie mit seinen freundlichen Augen an. Noch einmal hob er seine Hände und segnete sie. Und dann stieg er auf zum Himmel.
Die Jünger waren auf die Knie gefallen. Lieber Herr Jesus, dachten sie, gehst du nun wirklich von uns fort?
Und sie sahen ihm nach. Aber dann kam eine Wolke angetrieben, und sie sahen den Herrn nicht mehr.
Sie blieben sehr einsam zurück. Sie konnten Jesus nicht entbehren. Als er schon lange fort war, schauten sie immer noch nach ihm.
Da standen auf einmal zwei Engel bei ihnen und sprachen: „Ihr Männer, warum steht ihr hier und schaut gen Himmel? Der Herr Jesus ist nicht für immer fortgegangen. So wie ihr ihn zum Himmel habt fahren sehen, so wird er auch wieder zurückkommen."
Ja, das wußten sie. Das hatte Jesus ihnen auch gesagt, und nun waren die Jünger nicht mehr traurig. Sie gingen froh nach Hause.
Sie sagten: „Wie herrlich, daß Jesus jetzt im Himmel bei seinem Vater ist! Aber er sieht uns noch! Und er sorgt auch noch für uns. Nun werden wir bald das schöne Werk tun, das er uns gelehrt hat. Aber erst werden wir warten und beten, daß er uns den heiligen Geist schicken möge."

## *ALS DER HEILIGE GEIST KAM*

Jesus war wieder zum Himmel gegangen. Er hatte sein Werk auf der Erde getan.
Und die Jünger saßen in Jerusalem und warteten, daß der heilige Geist käme, der ihnen helfen sollte bei ihrem schönen Werk. Der sie weise und stark machen sollte. Sie beteten täglich darum.

Zehn Tage lang warteten die Jünger, dann geschah es.
Es war wieder ein Fest in Jerusalem, das Pfingstfest. Es waren sehr viele Menschen in der Stadt. Von allen Seiten waren sie gekommen, sogar aus dem Ausland, um in Jerusalem das Fest zu feiern und im Tempel ein Opfer zu bringen.
Es war viel Betrieb auf den Straßen.
Doch auf einmal blieben die Menschen verwundert stehen und lauschten und schauten, denn sie hörten etwas Seltsames.
Sie hörten ein Geräusch, als brauste ein gewaltiger Wind. Und dabei wehte es überhaupt nicht. Das seltsame Brausen kam aus einem Haus in der Nähe des Tempels. „Was ist das?" riefen die Menschen. Und sie liefen schnell darauf zu.
Neugierig gingen sie in das Haus.
Da sahen sie etwas Seltsames.
In dem Haus waren die Jünger. Über ihren Köpfen war das seltsame Geräusch des Windes. Und auf ihren Köpfen waren Flammen. Sie sahen aus wie Feuerflammen. Aber es war kein Feuer, denn die Jünger verbrannten nicht. Und sie waren sehr froh. Sie jubelten vor Freude.
Denn nun war der heilige Geist in ihr Herz gekommen, den Jesus ihnen versprochen hatte.

Das hatte man nicht sehen und nicht hören können. Das war ganz heimlich geschehen.
Die Menschen riefen: „Was ist das nur? Was bedeutet das?“
Es waren auch einige Menschen darunter, die zu lachen wagten. Sie sagten: „Oh, wir verstehen es gut. Die Männer haben zuviel Wein getrunken. Sie sind betrunken, und darum benehmen sie sich so seltsam.“
Da wurde es auf einmal still in dem Haus. Und einer der Jünger stellte sich vor die Menschen und begann zu sprechen.
Es war Petrus, der früher immer so ängstlich war. Der nicht einmal zu sagen wagte, daß er den Herrn Jesus kenne, und der ihn dreimal verleugnete.
Nun hatte er keine Angst mehr.
Er sagte: „Nein, ihr Leute, wir sind nicht betrunken. Wir haben keinen Wein gehabt. Wißt ihr, was hier geschehen ist? Jesus hat uns den heiligen Geist geschickt. Ihr kennt doch alle noch unseren Herrn Jesus?
Ihr wißt noch, daß er die Kranken wieder gesund machte und daß er noch viel mehr Wunder tat! Aber dann seid ihr böse auf ihn gewesen, und er wurde gefangengenommen. Und ihr habt geru-

fen: ‚Kreuzige ihn! Kreuzige ihn!' Da starb Jesus am Kreuz. Und das ist eure Schuld.
Doch er blieb nicht im Grab, denn er war der Sohn Gottes. Gott hat ihn auferweckt, wir haben ihn alle gesehen. Und nun ist er im Himmel und hat uns den heiligen Geist geschickt. Er ist der König des Himmels und der Erde. Der gleiche Jesus, den ihr gekreuzigt habt."
Da erschraken die Menschen sehr. War Jesus doch der Sohn Gottes? Wie schlecht waren sie dann gewesen! Wie zornig würde Gott auf sie sein!
„Was müssen wir denn tun?" riefen sie. Petrus sprach: „Ihr müßt darum bitten, daß Gott euch vergeben möge. Ihr müßt Jesus liebhaben. Und ihr müßt euch taufen lassen, daß Gott euch die Sünden vergibt. Dann werdet ihr wieder froh und glücklich sein."

Das wurde ein herrliches Pfingstfest dort in Jerusalem!
Denn es kamen sehr viele Menschen zu den Jüngern, um getauft zu werden. An die dreitausend! Alles Menschen, die Jesus liebhatten und auch gern seine Jünger sein wollten. Als sie nach dem Fest wieder nach Hause gingen, erzählten sie überall, was mit ihnen geschehen war. Und daß Jesus sie so froh und glücklich gemacht hatte.

## *DER MANN, DER LAHM WAR*

Es war ein Mann, der den ganzen Tag am Boden saß, an der Tür des Tempels. Wenn Menschen vorbeikamen, hielt er seine Hand auf und rief: „Gebt mir etwas! Habt Mitleid mit mir Armen!"
Der arme Mann hatte sein ganzes Leben lang noch keinen Schritt laufen können. Seine Beine waren nicht in Ordnung. Er war lahm. Seine Beine waren schlaff, er konnte darauf nicht stehen.
Das war immer so gewesen. Als er klein war, hatte ihm seine Mutter das Laufen nicht beibringen können. Er sank zusammen, wenn sie ihn aufrichtete.
Als er größer wurde, liefen die andern Jungen fröhlich auf der Straße herum und spielten, aber er konnte nicht mitmachen. Er saß dann traurig an der Seite.

Nun war er ein großer Mann, schon über vierzig Jahre alt. Die andern Männer konnten arbeiten und Geld verdienen, er aber nicht. Er mußte betteln.
Darum saß er an der Tür des Tempels. Dorthin wurde er des Morgens getragen. Und wenn Menschen vorbeikamen, hielt er seine Hand auf.
Manchmal bekam er etwas.
Aber oft bekam er nichts.
Er war ein armer, unglücklicher Mensch. Doch eines Tages war der Mann auf einmal ganz gesund.
Das geschah an einem Nachmittag, ungefähr gegen drei Uhr. Da gingen immer viele Menschen in den Tempel, denn um drei Uhr wurde dort ein Opfer gebracht. Der Mann saß an der schönen, goldenen Tür des Tempels, und da kamen Petrus und Johannes vorbei. Die wollten auch in den Tempel.
Der Lahme hielt seine Hand auf und rief: „Gebt mir etwas Geld, um Brot zu kaufen."

Es wurde aber kein Geld in seine Hand gelegt, sondern Petrus sagte: „Sieh uns einmal an!“
Der Mann sah auf und dachte: Was will der Mann von mir?
Petrus sagte: „Geld habe ich nicht für dich. Aber ich habe etwas anderes, und das will ich dir geben.“
Er faßte den Mann bei der Hand und sagte: „Steh auf! Der Herr Jesus will dich wieder gesund machen.“
Und dann zog er den Lahmen hoch. Da mußte der Mann sich einfach hinstellen auf seine lahmen Beine.
Aber die Beine waren nicht mehr krank. Die Füße und Knöchel des Mannes waren fest geworden.
Er konnte stehen und laufen, genauso gut wie jeder andere. Jesus hatte ihn gesund gemacht.
Wie froh war der Mann! Er weinte und lachte. Er jubelte: „Ich kann laufen! Ich bin nicht mehr lahm! Jesus hat mich gesund gemacht. Wie gut ist er zu mir!“
Er sprang umher und tanzte.
Er tanzte hinter Petrus und Johannes her mitten in den Tempel.
Im Tempel waren viele Menschen. Die sahen sehr verwundert drein und sagten: „Wer ist das? Ist das nicht der Lahme, der an der Tür des Tempels saß und bettelte? Ist er nun gesund? Haben Petrus und Johannes ihn gesund gemacht?“
Sie stellten sich alle um Petrus und Johannes und sahen sie ganz ehrfurchtsvoll an.
Und Petrus sagte zu den Menschen: „Ihr sollt uns nicht so ehrfurchtsvoll ansehen, denn wir haben den Mann nicht gesund gemacht. Das hat Jesus getan.“

Und er sagte den Menschen, sie sollten Jesus bitten, er möge ihnen ihre Sünden vergeben.
Er sagte: „Jesus ist nicht tot. Er ist wieder auferstanden aus dem Grab und nun ist er im Himmel. Er will euch alle glücklich machen."
Petrus sagte noch viel mehr, und die Menschen hörten ihm gern zu.
Es waren aber auch Priester im Tempel. Denen gefiel es gar nicht, daß Petrus dort stand und redete. Sie riefen die Soldaten, und die ergriffen Petrus und Johannes und warfen beide ins Gefängnis.
Die ganze Nacht saßen Petrus und Johannes im Gefängnis, aber sie fanden das gar nicht schlimm.
Sie dachten: Jesus hat so viel für uns gelitten, nun können wir auch mal ein wenig für ihn leiden. Wir dürfen für ihn im Gefängnis sitzen. Und sie waren nicht traurig.
Am folgenden Morgen aber kamen die Soldaten wieder, um sie zu holen und vor die bösen Priester zu bringen!
Die Priester dachten: Wir werden den beiden Männern einmal ordentlich Angst einjagen. Dann werden sie es schon sein lassen, den Menschen von Jesus zu erzählen. Denn wir wollen nicht, daß noch weiterhin über Jesus gesprochen wird. Die Menschen dürfen nicht auf die Jünger hören. Sie sollen auf uns hören.
Und dann sagten sie zu Petrus und Johannes: „Ihr dürft nicht mehr von euerm Jesus erzählen! Laßt euch nie wieder dabei ertappen! Sonst werdet ihr noch etwas erleben!"
Doch Petrus und Johannes hatten überhaupt keine Angst.
Sie sagten: „Jesus hat selber gesagt, daß wir es tun müssen, und darum tun wir es auch. Wir müssen Jesus mehr gehorchen als euch."
Und dann gingen sie wieder fort. Die Priester wagten nicht, den beiden etwas anzutun.
Aber nun waren sie noch viel böser geworden.
Sie dachten: Wartet nur, wir erwischen die Männer schon! Wir haben diesen Jesus gestraft und werden seine Jünger auch noch strafen.

Aber die Jünger hatten keine Angst.
Sie wußten, daß Jesus für sie sorgen würde.

## *PETRUS IM GEFÄNGNIS*

Es war mitten in der Nacht.
Es war dunkel.
Und in der dunklen Nacht lag ein Mann im Gefängnis. Er lag in einem engen Raum, in einer dunklen Zelle am Boden. Und zwei Soldaten lagen neben ihm, an jeder Seite einer. Die mußten ihn bewachen, damit er nicht fortlaufen konnte.
Aber das war ihm nicht möglich, denn er trug an beiden Armen eine Kette. Und damit war er an die Arme der Soldaten festgebunden.
Wenn er weglaufen wollte, würden die Soldaten sofort aufwachen.
Die Tür der Zelle war gut verschlossen und die Außentür des Gefängnisses ebenfalls. Und an den Türen standen weitere Soldaten, die aufpaßten, daß niemand weglief. Denn es saßen noch andere Män-

ner im Gefängnis. Diebe und Mörder und sonstige schlechte Menschen.
Nein, der Mann konnte wirklich nicht weglaufen. Und das sollte auch nicht sein! Denn am nächsten Morgen sollte er vor den König gebracht werden. Und dann mußte er sterben. Diese Nacht war die letzte Nacht seines Lebens.
Hatte der Mann keine Angst? Weinte er nicht, weil er am nächsten Morgen sterben mußte?
Nein, der Mann hatte kein bißchen Angst vor dem Tod. Denn er wußte, daß der Herr für ihn sorgen würde, auch wenn er sterben mußte. Daß er dann in den Himmel kommen würde. Und darum lag er ruhig da und schlief zwischen den Soldaten. Dieser Mann war kein Dieb und kein Mörder! Er hatte den Herrn lieb.
Er hatte auch nichts Böses getan.
Er hatte nur den Menschen von Jesus erzählt.
Weißt du, wer der Mann war?
Es war Petrus!
Die bösen Priester hatten ihn doch wieder ins Gefängnis gesteckt. Und niemand würde ihm helfen können. Auch seine Freunde nicht.
Doch die Freunde dachten immer an ihn. Sie hatten sich nicht schlafen gelegt. Sie saßen die ganze Nacht beieinander. Und wenn sie Petrus auch nicht helfen konnten, so konnten sie doch für ihn beten.
Das taten sie auch die ganze Nacht.
Sie baten: „Herr, hilf doch dem Petrus! Wir können nichts für ihn tun, aber du kannst alles."

Petrus schlief. Und die beiden Soldaten, die neben ihm lagen, schliefen auch.

Da stand auf einmal ein Engel in der Zelle. Er stieß Petrus an, weckte ihn und sprach: „Steh schnell auf!"
Petrus folgte sofort. Und die Ketten fielen einfach von seinen Händen. Die Soldaten wurden nicht wach.
Der Engel sprach: „Zieh deine Schuhe an und deinen Mantel und komm mit." Das tat Petrus auch. Und dann ging er hinter dem Engel aus dem Gefängnis heraus. Die schweren Türen öffneten sich von selber. Und die Soldaten standen wohl da, aber sie hielten Petrus nicht zurück. Sie sahen ihn überhaupt nicht!
Petrus dachte: Ich träume sicher noch.
Dann kamen sie auf die Straße. Petrus sah den Mond am hohen Himmel. Und immer noch konnte er es nicht glauben, daß er wirklich aus dem Gefängnis heraus war.
Der Engel ging mit Petrus durch die Straßen. Dann war er plötzlich verschwunden. Petrus war allein. Er blieb stehen, sah sich um und dachte: Ja, nun weiß ich sicher, daß der Herr seinen Engel gesandt hat, um mir aus dem Gefängnis zu helfen. Ich bin wieder frei. Ich bin wirklich wieder frei!
Aber wohin sollte Petrus nun gehen? Natürlich als erstes zu seinen Freunden! Er kannte genau das Haus, in dem sie waren. Er konnte es im Dunkeln leicht finden und klopfte an die Tür. Das hallte laut in der stillen Nacht.
Die Jünger und die andern Freunde bekamen einen großen Schreck. Sie saßen noch immer und beteten für Petrus. Und nun machte es auf einmal bum, bum, bum, an der Tür! Wer mochte wohl dort draußen sein, mitten in der Nacht? Ob es Soldaten waren, die auch sie gefangennehmen wollten?
In dem Haus war auch eine Magd, die hieß Rhode.
Sie ging zur Tür und rief: „Wer ist dort?"
„Mach ruhig auf, ich bin es", sagte eine Stimme.
Oh, das war die Stimme des Petrus, das hörte das Mädchen sofort! Vor Freude vergaß es ganz, die Tür zu öffnen. Sie lief ins Haus und rief: „Petrus steht vor der Tür! Petrus ist wieder da."
„Ach, Rhode, das ist doch nicht möglich", sagten die andern. Du irrst dich."
„Nein, er ist es bestimmt!" sagte das Mädchen. „Hört nur, er klopft schon wieder."
Da liefen sie alle zur Tür und machten sie auf. Und siehe, es war wirklich Petrus, der froh hereinkam.
„Petrus", riefen sie, „bist du es wirklich? – Bist du wirklich wieder frei? – Wie bist du aus dem Gefängnis gekommen? – Hat der König dich freigelassen? – Bist du heimlich weggelaufen? – Wie konntest du denn aus dem Gefängnis kommen?"
So redeten sie alle durcheinander.
Petrus wartete, bis sie sich beruhigt hatten. Dann erzählte er ihnen die ganze Geschichte. Da hörten sie, wie wunderbar der Herr ihr Gebet erhört hatte. Und sie dankten Gott dafür.
Aber Petrus konnte nicht bei seinen Freunden bleiben. Denn wenn die Soldaten aufwachten, würden sie ihn sicher in der ganzen Stadt suchen. Darum ging er in derselben Nacht fort, ganz weit fort, wo ihn der böse König mit seinen Soldaten nicht finden konnte.

Doch überall, wohin er kam, erzählte er von Jesus, der die Menschen liebhat, und der immer für sie sorgen kann.

## *PAULUS*

In Jerusalem lebte ein Mann, der hieß Paulus.
Einmal machte er eine weite Reise in eine andere große Stadt, nach Damaskus.
Er nahm Diener mit.
Er nahm auch Stricke mit.
Damit wollte er Männer und Frauen in Damaskus binden und nach Jerusalem schleppen, um sie dort ins Gefängnis zu werfen!
Das hatten die Männer und Frauen verdient, fand Paulus. Denn sie hatten den Jüngern dieses Jesus zugehört. Sie hatten auch selber diesen Jesus lieb.
Und das durfte nicht sein. Das hatten die Priester verboten. Wer es trotzdem wagte, diesen Jesus zu lieben, der mußte bestraft werden.
Denn dieser Jesus hatte gesagt, daß er der Sohn Gottes sei. Aber das war nicht so!...
Er war ein Betrüger. Darum hatten die Priester ihn bestraft. Darum hatten sie ihn getötet.
Seine Jünger waren auch Betrüger. Denn die erzählten, Jesus sei vom Tode auferstanden und nun im Himmel. Die mußten ebenso getötet werden.
Und alle Menschen, die es wagten, auf die Jünger zu hören, ebenfalls.
Wartet nur, euch werde ich schon erwischen! dachte Paulus. Ich werde euch ins Gefängnis stecken. Und ich werde euch verprügeln, bis ihr von euerm Jesus nichts mehr wissen wollt. So muß es sein. Das wird Gott wohl gefallen. Gott wird mich für einen besonders guten Diener halten.
Das meinte Paulus wirklich so: Er hielt sich für einen besonders guten Diener Gottes.
Darum gab er sich solche Mühe, all diese armen Menschen zu fangen. Darum half er den bösen Priestern. Denn er wollte so gern ein guter Diener Gottes sein.
Nun war er unterwegs nach Damaskus.
Denn er hatte gehört, daß dort viele Menschen wohnten, die Jesus liebhatten.
Denen wollte er es zeigen!
Sie durften nicht tun, was die Priester verboten hatten!
Sie durften nicht sagen, Jesus sei der Sohn Gottes!

Paulus war bereits kurz vor Damaskus.
Er sah die große Stadt schon in der Ferne liegen.
Aber dann geschah ein großes Wunder!
Da zeigte Jesus dem Paulus, daß er kein guter Diener Gottes war!
Es schien plötzlich ein Licht vom Himmel, oben über Paulus und über seinen Dienern. Ein Licht, so weiß, so hell, daß Paulus die Hände vor die Augen schlug und vor Schreck zu Boden fiel.
Da hörte er eine Stimme, die sprach zu ihm: „Warum willst du mir immerfort Böses antun? Warum verfolgst du meine Jünger?"
Paulus fragte mit bebender Stimme: „Wer bist du, Herr?"
Und die Stimme antwortete: „Ich bin Jesus, dem du Böses antun willst!"
Jesus? War das die Stimme Jesu? War er doch der Sohn Gottes?

Paulus fragte voller Angst: „Herr, was soll ich tun?“
Und Jesus sprach: „Geh in die Stadt, dort werde ich dir sagen, was du tun sollst.“
Dann ging das Licht wieder fort. Paulus stand auf. Er wagte es, seine Augen wieder zu öffnen, aber es blieb dunkel um ihn her. Er konnte nichts mehr sehen. Er war blind geworden.
Seine Diener nahmen ihn bei der Hand und brachten ihn so nach Damaskus.
Sie führten ihn in das Haus eines seiner Freunde. Da saß er nun und grübelte.
Er dachte: Wie schlecht bin ich doch gewesen! Ich meinte, ein Diener Gottes zu sein und war in Wirklichkeit ein Feind Gottes.
Man brachte ihm Essen und Trinken, aber er mochte nichts zu sich nehmen. Er konnte weder essen noch trinken, drei Tage lang nicht. Er war viel zu traurig. Er mußte nur immer daran denken, daß er so schlecht gewesen war.
Und an Jesus mußte er denken. Da begann er zu beten: „Herr, ich bereue so sehr. Vergib mir! Ich wußte nicht, daß ich so schlecht war. Und laß mich doch ein guter Diener sein.“

Und siehe, als Paulus drei Tage dort gesessen hatte, kam ein alter Mann zu ihm

herein, der hieß Ananias und hatte den Herrn lieb.
Der alte Mann legte Paulus die Hände auf den Kopf und sagte: „Paulus, lieber Bruder, Jesus hat mich gesandt. Du sollst wieder sehend werden. Und du sollst ein Diener des Herrn Jesus werden."
Da war es auf einmal, als fielen dunkle Binden von den Augen des Paulus.
Er konnte wieder sehen. Er stand auf und sagte: „Nun möchte ich gern getauft werden. Denn nun will ich auch ein Jünger Jesu sein."
Und so geschah es.
Von da an wußte Paulus mit Sicherheit, daß Gott ihm seine Sünden vergeben hatte. Er dachte: Nun will ich mir aber auch alle Mühe geben, um ein guter Diener Gottes zu sein. Und auch ein guter Diener des Herrn.

Paulus blieb noch ein paar Tage in Damaskus bei Ananias und den anderen Jüngern.
Er begann den Menschen zu erzählen, daß Jesus doch der Sohn Gottes ist. Und daß nur er allein die Menschen glücklich machen kann.
Die Menschen sagten: „Ist das nicht der Paulus, der hierhergekommen ist, um die Jünger zu fangen? Und nun ist er selber ein Jünger!"
Und sie waren sehr verwundert.
Es gab aber auch böse Priester in Damaskus. Die sagten: „Wir werden Paulus fangen."
Und sie lauerten ihm auf, um ihn zu ergreifen.
Da ging Paulus heimlich fort. Zuerst nach Jerusalem und dann in die weite Welt.
Und überall, wohin er kam, erzählte er den Menschen von Jesus.

## *IN DIE WEITE WELT*

Die Jünger sollten zu allen Menschen gehen und ihnen von Jesus erzählen. Sie sollten überall die frohe Nachricht hinbringen, daß er auf die Erde gekommen war, um die Menschen glücklich zu machen.
Das hatte der Herr so gesagt.
Und die Jünger befolgten es gehorsam.
Petrus und Johannes und Philippus und all die anderen zogen in die weite Welt.

Sie unternahmen lange Reisen, um überall die Menschen froh und glücklich zu machen.
Das war ein schönes Werk, aber auch ein mühseliges Werk. Und manchmal war es sehr gefährlich.
Denn die Menschen wollten meist nicht auf die Jünger hören. Oft wurden sie böse und wollten ihnen Schlimmes antun.
Aber die Jünger hatten keine Angst. Denn der Herr sorgte für sie. Das hatten sie gut gelernt: Wenn man ein Diener des Herrn Jesus ist, dann braucht man nie Angst zu haben.
So mühselig das schöne Werk zuweilen auch war, sie taten es doch gern.

Die größten Reisen hat Paulus gemacht. Weit über Land und weit übers Meer.
Einmal war er in einer Stadt, die hieß Philippi. Sein Freund Silas war bei ihm. Gemeinsam erzählten sie den Menschen von Jesus.
Aber dort wohnten böse Männer, die nicht wollten, daß die beiden vom Herrn Jesus erzählten. Sie ergriffen Paulus und Silas und schlugen sie mit Peitschen auf den Rücken und warfen sie ins Gefängnis, wo die Diebe und die Mörder und die andern Übeltäter saßen. Und sie sagten zu dem Mann, der die Gefangenen zu bewachen hatte: „Paß gut auf diese Männer auf! Sie behaupten, sie seien Diener Gottes, aber sie sind große Übeltäter. Paß auf, daß sie nicht weglaufen, sonst wirst du selbst bestraft."
Der Gefängnisaufseher wollte sich schon Mühe geben. Er steckte Paulus und Silas in die dunkelste Zelle. Er schraubte ihre Füße in einen schweren Holzblock. Und er dachte: So, nun können sie bestimmt nicht loskommen.

Da saßen Paulus und Silas nun. Ihr Rükken tat ihnen noch weh von den Schlägen. Der schwere Holzblock drückte ihre Füße. Und es war so dunkel um sie her.
Aber sie dachten: Gott sieht uns auch hier in diesem finsteren Loch. Gott wird schon für uns sorgen.
Und sie dachten auch: Jesus hat so viele Schmerzen für uns erlitten. Nun dürfen wir auch einmal Schmerzen für ihn erdulden.
Da waren sie nicht mehr traurig. Sie wurden froh, daß sie für Jesus Schmerzen erdulden durften. Sie sangen einen Psalm, mitten in der Nacht. Die anderen Gefangenen hörten zu.
Da kam auf einmal ein großes Erdbeben. Der Boden begann zu zittern und zu beben. Die Wände des Gefängnisses schwankten und barsten und fielen um. Die schweren Holzblöcke an den Füßen des Paulus und Silas fielen auseinander. Da waren die beiden frei. Sie hätten ohne weiteres weglaufen können.
Der Gefängnisaufseher schlief. Aber durch all den Lärm wurde er wach. Er sah, daß das Gefängnis offenstand, und dachte: Oh, nun sind bestimmt alle Gefangenen fort! Oh, jetzt werde ich bestraft werden! Und er wußte sich vor lauter Angst keinen Rat mehr.
Doch Paulus rief: „Hab keine Angst, wir sind noch alle hier."
Der Gefängnisaufseher konnte es fast nicht glauben.
Mit einer Lampe ging er ins Gefängnis, und wirklich, da standen Paulus und Silas

in voller Freiheit und waren nicht weggelaufen!
Dann waren sie aber auch keine Übeltäter!
Dann stimmte es doch: Sie waren Diener Gottes, die gekommen waren, um die Menschen glücklich zu machen.
Der Gefängnisaufseher fiel vor Paulus und Silas auf die Knie und bat: „Liebe Männer, laßt auch mich glücklich werden! Was muß ich tun, um glücklich zu werden?“
Paulus sagte: „Du mußt Jesus liebhaben, dann wirst du glücklich werden.“
Und dann brachten Paulus und Silas dem Aufseher und den andern Menschen, die im Gefängnis waren, die frohe Botschaft. Sie tauften sie auch. Da wurden sie alle Jünger Jesu.
Der Gefängnisaufseher nahm Paulus und Silas mit in sein Haus. Er wusch ihnen die Rücken, damit die Schmerzen aufhörten. Er gab ihnen zu essen und zu trinken. Und er überlegte, was er noch

alles tun könnte, um ihnen zu danken. Er war so glücklich!
Am folgenden Morgen wurden Paulus und Silas wieder freigelassen. Sie zogen weiter in die ferne Welt.
Und überall, wohin sie kamen, erzählten sie den Menschen von Jesus.

Sein Leben lang ist Paulus dann ein treuer Diener des Herrn Jesus geblieben.
Später kamen andere Männer, um das schöne Werk zu tun. Und dann wieder andere.
Und noch jetzt gibt es Männer und Frauen, die in die weite Welt gehen, um die frohe Botschaft zu verkünden.
Einst wird es kein Land mehr geben, in dem die Menschen noch nie von Jesus gehört haben.
Dann wird Jesus wieder auf die Erde kommen. Und die ganze Welt wird sein Königreich sein.

## *DIE GESCHICHTE VON DEN ZEHN MÄDCHEN*

Einst wird ein großes Fest sein. Ein Fest, so herrlich, wie es noch nie gefeiert worden ist.
Wann das sein wird, weiß niemand.
Aber daß es kommen wird, ist sicher.
Es wird ein Fest sein für die ganze Welt.
Und jeder darf mithelfen, um das Fest schön zu gestalten, so schön, wie nur möglich.
Das Fest wird gefeiert werden, wenn Jesus wieder auf die Erde gekommen ist.
Jesus ist jetzt im Himmel. Dort sorgt er für uns und für alle anderen Menschen.
Er ist der König des Himmels und der Erde, der König der ganzen Welt. Und darum soll auch die ganze Welt das Fest feiern, wenn er wiederkommt.
Wann das geschehen wird, weiß nur Gott allein. Aber daß es geschehen wird, ist sicher. Denn der Herr hat es selbst versprochen.
Doch das ist schon sehr lange her.
Nun gibt es aber Menschen, die nicht mehr daran glauben, daß Jesus noch kommen wird.
Die bereiten sich natürlich auch nicht auf das große Fest vor.
Aber die Menschen, die Jesus liebhaben, wissen genau, daß er kommt, wenn es auch noch lange dauert. Die warten auf ihn. Und sie bitten auch darum und sagen: „Lieber Herr Jesus, komm doch bald!
Für diese Menschen wird es ein froher Tag sein, wenn Jesus kommt.
Aber für die anderen nicht. Für die wird es ein ganz trauriger Tag sein. Das hat Jesus auch gesagt.
Davon hat er eine schöne Geschichte erzählt, als er noch auf Erden war: die Geschichte von den zehn Mädchen.

Es waren einst zehn Mädchen, die standen am Wegrand und warteten. Es war schon spät am Abend.
Sie hatten ihre schönsten Kleider an. Und sie trugen alle zehn eine Öllampe.
Ihr Freund und ihre Freundin wollten heiraten. Und darum sollte das Fest sein.
Er war ein Bräutigam und sie die Braut.
So heißen zwei Menschen, die heiraten wollen.
Und nun standen die Mädchen hier, um auf die Braut und den Bräutigam zu war-

ten. Die sollten hier vorbeikommen. Und dann würden sie in einem großen Zug zu dem Haus gehen, in dem die beiden wohnen wollten.
Dort war alles für das Fest vorbereitet.
Es sollte ein feiner, großer Hochzeitszug werden. Denn jeder, der eine brennende Lampe hatte, durfte daran teilnehmen. Jeder, der mithelfen wollte, das Fest möglichst schön zu gestalten, durfte es auch mitfeiern.
Die Mädchen sehnten das Fest sehr herbei.
Sie schauten manchmal in die Ferne, ob der Hochzeitszug schon näherkäme.
Aber der Weg lag still und dunkel, und es kam noch niemand. Es dauerte so lange!
Die Mädchen wurden müde und mürrisch vom Warten. Sie setzten sich an den Wegrand und stellten ihre Lampen neben sich nieder.
So saßen sie eine ganze Weile, aber der Bräutigam kam immer noch nicht. Da gähnten sie und legten den Kopf auf die Arme und schliefen ein.
Da lagen sie nun. Die zehn Lampen standen bei ihnen, zehn kleine Lichter. Aber sie wurden immer kleiner, denn das Öl war beinahe verbraucht.
Auf einmal erscholl Musik in der Ferne. Lichter wurden hin und her geschwenkt,

und fröhliche Stimmen riefen: „Nun kommt er an, der Bräutigam! Kommt schnell ihm entgegen!"
Da wachten die Mädchen erschreckt auf. Sie sprangen hastig auf und griffen nach ihren Lampen. Aber die waren fast aus, denn das Öl war alle. Sie waren beinahe leergebrannt. Und ohne brennende Lampe durfte niemand mit auf das Fest. Was sollten sie nun tun?
Fünf von den zehn Mädchen wußten es genau. Sie hatten sich gut vorbereitet auf das Fest. Sie hatten alle noch ein besonderes Fläschchen Öl mitgebracht. Sie gossen das Öl schnell auf ihre Lampen. Und die Lampen brannten wieder.
Aber die anderen fünf Mädchen hatten sich nicht vorbereitet. Die saßen verlegen mit ihrer Lampe herum.
„Gebt uns ein bißchen Öl", bettelten sie, „denn unsere Lampen gehen aus."
Aber das konnten die klugen Mädchen nicht tun, denn dann hatten sie selbst nicht genug.
„Lauft doch schnell in den Laden", sagten sie. „Und kommt rasch wieder."
Fünf Mädchen liefen fort in die Finsternis. Und fünf Mädchen tanzten mit im Hochzeitszug.
Die Türen des Hauses standen weit auf. Der ganze Zug ging hinein.
Fünf von den zehn Mädchen waren auch dabei.
Die Zimmer waren prächtig geschmückt. Die Musik spielte, und auf den Tischen standen allerlei gute Dinge.
Die fünf Mädchen und all die anderen setzten sich an die Tische. Dann wurden die Türen geschlossen. Das große Fest begann.

Kurz darauf wurde an die Tür geklopft, draußen ertönten Stimmen: „Macht auf, macht auf, wir wollen auch mitfeiern!"
Da standen die fünf dummen Mädchen, die erst noch Öl hatten holen müssen.
Nun hatten sie Öl, aber nun war es zu spät.
Der Bräutigam sagte: „Ich kenne euch nicht, ihr gehört nicht zu unseren Freunden, denn die sind alle mit uns hineingegangen."
Die fünf klugen Mädchen durften das Fest mitfeiern.
Aber die fünf dummen Mädchen mußten draußenbleiben.

Diese Geschichte hat der Herr Jesus erzählt.
Und als die Geschichte zu Ende war, sprach Jesus: „Gebt acht und bereitet euch gut vor, denn mit euch ist es genauso wie mit den Mädchen. Ihr wißt auch nicht, wann ich kommen werde. Aber ihr müßt stets bereit sein für das Fest."

## *KNECHTE DES HERRN*

Wenn Jesus auf die Erde zurückkommt, wird ein großes Fest sein.
Für dieses Fest müssen wir alle etwas tun. Die Kleinen ebenso wie die Großen. Wir sind eigentlich alle Knechte des Herrn Jesus. Große Knechte und kleine Knechte. Und er ist unser Herr, der kommen wird, um zu prüfen, ob wir unser Werk gut getan haben.
Darum dürft ihr nicht sagen: „Ich kann doch nichts für Jesus tun."
Der eine kann natürlich mehr tun als der andere. Wir sind nicht alle gleich groß und gleich klug. Aber wir können alle etwas tun. Wenn es auch nur ein kleines Werk ist, das macht nichts. Wenn wir uns nur Mühe geben!
Dann ist Jesus zufrieden mit uns. Dann sind wir seine guten Knechte. Aber wer faul ist und sagt: „Ich kann doch nichts", der ist ein schlechter Knecht. Der wird nicht belohnt.
Davon hat Jesus auch eine Geschichte erzählt.

Es war einmal ein Herr, der wohnte in einem großen Haus und hatte sehr viel Geld: gut acht Säcke voll. Er hatte auch Knechte, die für ihn arbeiteten.
Der Herr war ein Kaufmann. Er kaufte allerlei Dinge für sein Geld und verkaufte sie dann wieder teurer. So verdiente er Geld und wurde immer reicher.
Einmal mußte der Herr auf Reisen gehen. Er mußte weit weg, in ein anderes Land. Und es würde lange dauern, bis er wieder zurückkommen konnte.
Wer aber mußte nun die Arbeit für ihn tun? Wer mußte kaufen und verkaufen und Geld für ihn verdienen?
Das mußten seine Knechte tun. Der Herr rief sie zu sich.
Zuerst rief er den flinksten Knecht. Dem gab er fünf Säcke voll Geld. Fünf Talente, so hieß das. Er sagte: „Tu dein Bestes mit dem Geld. Kauf und verkauf und verdiene, soviel du kannst."
Dann rief er den zweiten Knecht. Dem gab er zwei Säcke voll. Und er sagte auch: „Tu dein Bestes mit dem Geld."
Schließlich rief er den dritten Knecht.

Dem gab er auch ein Talent. Das war noch immer viel. Ein ganzer Sack voll Geld. Etwa viertausend Mark! Und der Knecht bekam dasselbe zu hören: „Tu dein Bestes damit. Arbeite tüchtig und sei ein guter Knecht."
Dann war kein Geld mehr da.
Und es waren auch keine andern Knechte mehr da.
Es war keiner, der nichts bekommen hatte. Niemand konnte sagen: „Ich kann doch nichts tun für meinen Herrn."
Der Herr ging auf Reisen. Und die Knechte blieben allein zurück. Sie konnten tun, was sie wollten. Ihr Herr war ja nicht da.
Aber er würde zurückkommen. Und dann würde er fragen: „Was habt ihr für mich getan?"
Der erste Knecht, der die fünf Talente bekommen hatte, ging tüchtig an die Arbeit. Er kaufte und verkaufte und verdiente gut. Zuletzt hatte er doppelt soviel Geld wie am Anfang. Zehn Säcke voll! Der zweite Knecht gab sich auch Mühe. Er konnte zwar nicht so viel kaufen und verkaufen wie der erste Knecht, denn er hatte nicht soviel Geld. Aber er tat auch sein Bestes. Und zuletzt hatte er auch doppelt soviel Geld wie am Anfang. Mit zwei Talenten hatte er begonnen. Jetzt hatte er vier Talente!
Und die beiden Knechte hielten jeden Tag Ausschau, ob ihr Herr noch nicht zurückkäme. Sie hofften, daß er bald kommen würde. Sie sehnten ihn herbei.
Aber der dritte Knecht war ein schlechter Knecht. Der gab sich keine Mühe. Der faulenzte lieber.
Er sagte: „Was kann ich schon für meinen Herrn tun? Ja, wenn ich fünf Talente bekommen hätte oder zwei, wie die andern! Aber das eine Talent, was kann ich damit schon anfangen?"
Er wußte genau, daß das nicht stimmte, was er sagte. Er hätte ganz gut etwas tun können, aber er war lieber faul.
Er sagte: „Warum soll ich an die Arbeit gehen? Ich könnte das Geld verlieren. Nein, ich fange lieber gar nicht erst an."
Dann grub er ein Loch in den Boden und versteckte darin das Geld seines Herrn. So, dort lag es gut. Dort konnte es niemand finden. Dann setzte er sich hin und faulenzte.
Und er hoffte, sein Herr würde lange fortbleiben. Er sehnte sich gar nicht danach, daß sein Herr bald zurückkäme.
Der Herr blieb lange fort. Aber schließlich kam er doch wieder. Und als erstes rief er seine Knechte herbei. Denn er wollte hören, ob sie gut für ihn gearbeitet hatten.
Der erste Knecht kam froh herbeigelaufen und stellte zehn Säcke voll Geld vor ihm nieder und sagte: „Herr, fünf Talente hast du mir gegeben. Sieh, weitere fünf Talente habe ich hinzuverdient."
Da war der Herr zufrieden und sagte: „Nun, du guter und treuer Knecht, du hast dich um Weniges gut gekümmert. Ich werde dir viel geben. Geh hinein und feiere das Fest mit mir."
Der zweite Knecht kam auch und stellte vier Säcke voll Geld vor ihm nieder. Fröhlich sagte er: „Herr, zwei Talente hast du mir gegeben. Sieh, ich habe zwei Talente hinzuverdient."
Da war der Herr mit ihm genauso zufrieden wie mit dem ersten Knecht. Er

sagte ebenfalls: „Ei, du guter und treuer Knecht. Du hast dich um Weniges gut gekümmert. Ich werde dir viel dafür geben. Geh hinein und feiere das Fest mit mir.“
Dann kam der dritte Knecht. Er mußte kommen, ob er wollte oder nicht.
Er wußte genau, daß er ein schlechter Knecht gewesen war. Aber das bereute er kein bißchen. Nein, er versuchte, seinem Herrn die Schuld zu geben wegen seiner Faulheit. Er stellte den einen Sack voll Geld vor ihm nieder und sagte frech: „Sieh, Herr, hier ist dein Geld. Ich habe es im Boden versteckt, denn ich wußte genau, daß du sehr streng bist, und da hatte ich Angst, daß ich etwas davon verlieren würde. Aber nun hast du alles wieder. Nun kannst du mir bestimmt nichts nachsagen.“
Aber der Herr hatte doch etwas zu sagen, denn er war sehr unzufrieden mit diesem Knecht.
Er sagte: „Du böser und fauler Knecht! Du wußtest, daß ich streng bin, und trotzdem hast du dein Werk so schlecht getan. Nun werde ich dich bestrafen für deine Faulheit.“
Und er sagte zu den anderen Knechten: „Nehmt ihm das Geld ab, denn er ist es nicht wert. Gebt es dem andern Knecht, der schon zehn Talente hat. Der hat es

verdient, daß er noch mehr bekommt. Aber dieser hat nichts verdient. Packt ihn und werft ihn ins Gefängnis."

Habt ihr diese Geschichte auch gut verstanden? Solche Knechte sind wir alle. Große Knechte und kleine Knechte. Und unser Herr ist der Herr Jesus.
Jesus ist auch auf die Reise gegangen in ein fernes Land. In das himmlische Land dort droben.
Und es kann noch sehr lange dauern, bis er zurückkommt. Aber daß er kommt, ist sicher.
Und dann wird er einen jeden von uns fragen: „Was hast du für mich getan?"

## *WENN JESUS WIEDERKOMMT*

Nun will ich euch noch eine Geschichte erzählen. Und dann ist das Buch zu Ende.

Jesus ist nun im Himmel. Er ist unser König. Und wir sind seine Knechte. Große und kleine Knechte. Wir müssen alle etwas für ihn tun.
Einst wird der Herr wiederkommen auf die Erde. Und dann wird er einen jeden von uns fragen: „Was hast du für mich getan?"
Jesus ist der Heiland, der die Menschen alle liebhat und sie froh und glücklich machen will.
Und das müssen wir auch versuchen: die Menschen liebhaben und sie froh und glücklich machen. Nicht nur Vater und Mutter, sondern auch andere Menschen. Und wie wir das tun sollen, hat Jesus uns auch erzählt.

Kommt nicht zuweilen ein armer Mensch an deine Tür? Dann mußt du zeigen, daß du Mitleid hast mit armen und unglücklichen Menschen.
Dann bist du ein guter Knecht des Herrn Jesus. Dann ist er genauso zufrieden mit dir, als wenn du ihm selber etwas gegeben hättest.

Wenn du später groß bist und selbst ein Haus hast, und es kommt ein armer Mensch an deine Tür, der nirgends ein Plätzchen zum Schlafen finden kann, was tust du dann?
Und wenn dann einmal ein Mensch kommt, der fast keine Kleider mehr hat?
Vielleicht hast du einen Freund oder du eine Freundin, die krank sind und nicht draußen spielen dürfen.
Es ist ja nicht immer angenehm, bei einem Kranken zu sitzen. Es ist viel schöner, mit gesunden Freunden und Freundinnen zu spielen.
Aber du könntest das Kind froh machen und den Herrn Jesus auch.

Vielleicht hast du später einen Freund oder einen Bekannten, der im Gefängnis sitzt. Dann mußt du ihn auch einmal besuchen, selbst wenn er etwas ganz Schlimmes getan haben sollte.
Jesus suchte auch die schlechten Menschen auf. Er ist ja auf Erden gekommen, um Sünder selig zu machen!
So wie er es tat, so müssen auch wir zu tun versuchen. Dann sind wir gute Knechte des Herrn Jesus.
Und wenn dann Jesus wiederkommt, welch ein schöner Tag wird das sein! Welch ein großes und herrliches Fest!

Auf den Wolken des Himmels wird er kommen mit all den heiligen Engeln. Dann wird er sitzen auf seinem Thron, der König des Himmels und der Erden, und alle Menschen werden zu ihm kommen. Genauso wie die drei Knechte vor ihrem Herrn standen, so werden dann die Menschen vor Jesus stehen.
Dann wird er die guten Knechte zu seiner Rechten stellen und die schlechten Knechte zu seiner Linken.
Und dann wird er zu allen, die zu seiner Rechten stehen, sagen: „Kommt, liebe Freunde, geht mit in den Himmel, wo immer Festtag sein soll. Denn ich bin hungrig gewesen, und ihr habt mir zu essen gegeben. Ich bin durstig gewesen, und ihr habt mir zu trinken gegeben. Ich bin ein Fremder gewesen, und ihr habt mir ein Plätzchen eingeräumt, wo ich schlafen konnte.
Ich hatte keine Kleider mehr, und ihr habt mir Kleider gegeben. Ich bin krank gewesen, und ihr habt mich besucht. Ich bin im Gefängnis gewesen, und ihr seid zu mir gekommen."
Dann werden die Knechte sehr froh sein, aber auch verwundert.
Und sie werden fragen: „Herr, wann ist das denn alles geschehen?"
Und Jesus, der König, wird sagen: „Als ihr den armen Bettler froh machtet und den Fremdling und den kranken Freund und all die andern, da habt ihr mich auch froh gemacht. Was ihr meinem geringsten Bruder getan habt, das habt ihr mir getan."
Dann wird Jesus zu allen Menschen, die zu seiner Linken stehen, sagen: „Geht weg von mir! Denn ihr habt mich Hunger und Durst leiden lassen, ihr habt mir kein Eckchen gegeben, wo ich schlafen konnte, und auch keine Kleider, und ihr habt mich auch nicht besucht, als ich krank war und als ich im Gefängnis saß."
Dann werden ihn die schlechten Knechte fragen: „Herr, wann war denn das?"
Jesus, der König, wird sagen: „Ihr habt den armen Bettler weggeschickt und den kranken Freund nie besucht. Ihr habt nichts für andere Menschen getan. Und darum habt ihr auch nichts für mich getan."

*Wir wissen nicht, wie lange es noch dauert, bis Jesus wiederkommt.*
*Das weiß Gott allein.*
*Die Menschen, die Jesus nicht liebhaben und die nichts für ihn tun, hoffen, daß er noch lange fortbleiben werde. Daß er nie kommen werde.*
*Aber die ihn liebhaben, sehnen sich nach ihm und beten: „Lieber Herr Jesus, komm doch bald!"*
*Und wenn er kommt, was für ein Fest wird das sein!*
*Dann bleibt Jesus immer bei uns.*
*Dann werden kein Schmerz und kein Kummer mehr sein und kein Krieg. Und überhaupt keine häßlichen Dinge mehr.*
*Dann wird alles gut und herrlich sein.*
*Ein Fest, das ewig dauern wird!*
*Ja, komm bald, Herr Jesus!*
*AMEN*